세종, 대한민국 대통령이 되다

세종, 대한민국 대통령이 되다

신봉승 지음

초판 1쇄 발행 · 2012. 11. 5.
초판 5쇄 발행 · 2013. 1. 18.

발행인 · 이상용 이성훈
발행처 · 청아출판사
출판등록 · 1979. 11. 13. 제9−84호
주소 · 경기도 파주시 문발동 출판문화정보산업단지 507−7
대표전화 · 031−955−6031
팩시밀리 · 031−955−6036
홈페이지 · www.chungabook.co.kr
E−mail · chunga@chungabook.co.kr

ISBN 978−89−368−1037−5   03900

* 값은 뒤표지에 있습니다.
* 잘못된 책은 구입한 서점에서 바꾸어 드립니다.
* 본 도서에 대한 문의사항은 홈페이지나 이메일을 통해 주십시오.

대한민국 미래를 열 정치가의 표상

세종, 대한민국 대통령이 되다

| 신봉승 지음 |

청아출판사

사람과 사람의 가치

조선 왕조의 역사를 읽으면서 늘 감동하게 되는 것은 세계에서 가장 가난한 나라, 구태여 요즘 식으로 설명하면 국민소득GNP이 10달러 남짓도 될까 말까 한 가난한 나라가 500년이 넘는 장구한 세월 동안 왕권을 유지하였다는 사실이다.

이유는 간단하다. 사람다운 사람들에 의해 정치가 이끌어졌기 때문이다. 그렇다고 하더라도 사람의 자질을 갖추지 못한 우매한 무리들이 사람다운 지식인들을 모함하고 배척한 것은 오늘 우리가 체험하는 현실 인식과 조금도 다름이 없었다. 그것은 무리지어 사는 사람들이 겪어야 하는 필수 요건임을 역사는 가차 없이 적고 있다.

三判書不如一大司成

세 사람의 판서가 한 사람의 대사성에 미치지 못하고,

三政丞不如一大提學

세 사람의 정승이 한 사람의 대제학에 미치지 못한다.

十領議政不如一王妃

열 사람의 영의정이 한 사람의 왕비에 미치지 못하고,

十王妃不如一山林

열 사람의 왕비가 한 사람의 선비에 미치지 못한다.

선비(山林, 지식인)의 존재 가치를 극명하게 드러내는 사회 인식이 이와
같았다면 오늘 우리의 현실과 조금도 다름이 없다. 그러나 분명한 것은
불의에 타협하지 않는 지식인 집단이 살아 있었고, 그들의 불굴의 실천 의
지가 오늘을 경영하는 이른바 사이비 지식인 집단에 비해 월등히 우위에
있었다는 점을 인지하지 않으면 안 된다.

대한민국 정부가 수립된 이래 60여 년 이상의 세월이 흘렀고, 또 선거
를 통해 여러 대통령이 선출되고, 그가 임명한 장관과 차관의 수가 헤아릴
수 없이 많아도 오늘 우리 가슴에 새겨진 존경할 만한 사람은 눈 닦고 찾

아도 없다는 사실은 무엇을 말하는가.

지식인 집단이 공익에 이바지하기보다 사사로운 일의 테두리에서 벗어나지 못하였고, 꼭 해야 할 말을 하지 못한 채 입 다물고 있었던 결과가 오늘 우리가 겪어야 하는 참담한 현실임은 아무도 부정하지 못할 것으로 안다.

가난한 나라 조선의 역사를 정의로운 반석 위에 올려놓았던 사람들, 만에 하나라도 그분들이 다시 살아와 대한민국 정부의 대통령이나 총리, 장관의 임무를 수행하게 된다면 우리는 지난날과는 사뭇 차원이 다른 국가를 만들어 갈 수 있을 것이라고 확신한다. 그것은 그분들이 자신의 희생은 물론, 가솔들에게 미치는 손실을 감내하면서까지 정의로운 길, 지식인이 가야 하는 대로大路를 당당하게 걸었기 때문이다.

조선 시대의 공직을 이끌었던 명현들은 하나둘이 아니다. 그 무수한 분 중 스무 명 남짓한 지식인을 골라내어 지금 대한민국의 대통령이나 총리,

장관으로 임명한다면, 그 결과 세계에 자랑할 만한 모범 국가를 만들어 낼 수가 있을 것임은 불문가지의 일이다.

모두 죽고 없는 사람들이므로 다시 불러내는 일은 저자인 내 사사로운 취향이나 환상에서 벗어날 길이 없지만, 그 어느 누구도 거부하지 않았다는 사실이 나를 무척 고무되고 행복하게 하였다.

아, 내 의지로 불러낸 조선 지식인들이 경영하는 대한민국의 위상이 세계의 으뜸으로 빛난다면, 그것이 비록 환상이라 하더라도 조금도 아쉽지가 않다. 왜냐하면 오늘 우리 현실 정치의 모델이 되기 때문이다.

따라서 현실의 대통령이나 장관 그리고 고위 공직자들에게는 더없이 소중한 가르침이 될 것이며, 일반 국민의 정치 인식 향상에도 큰 도움이 될 것으로 믿어 의심치 않는다.

2012년 10월 상달에

州堂 安秦承

차
례

정부 수장들

◆ 대통령
성군 세종의 실천궁행 식견과 표준의 리더십 | 33

◆ 국무총리
오리 이원익의 청렴함과 책임감 세 차례의 영의정, 열여덟 번의 사임 상소 | 51

◆ 특임장관
백사 이항복의 직언과 원로의 소임 중풍이 든 몸으로 직언하고 귀양을 가다 | 67

실무 부서 수장들

차례

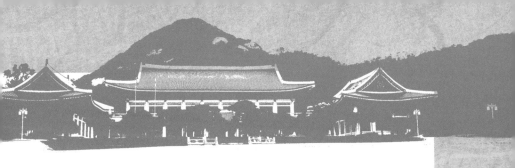

사람 노릇을 제대로 하는 사람

나라에 정도正道가 서 있을 때 녹을 받는 것은 영광스러운 일이지만, 나라에 정도가 서 있지 않을 때 녹을 받는 것은 수치스러운 일이다.

— 공자孔子

◆◆◆ 아무리 훌륭한 사람도 생물학적으로 분류하면 동물에 속할 수밖에 없다. 모든 사람에게 수성獸性이 있는 것은 그 때문이다. 그 수성을 끝까지 드러내지 않고, 이른바 인간의 본성만으로 살아가는 사람을 양식이 있는 사람이라고 말한다.

양식이 있는 사람은 지식인과 구별된다. 해박한 지식을 소유하고 있어도 그것을 행동으로 옮기지 못한다면 그 지식은 공염불이 되기 십상이다. 지식은 있는데 양식이라는 미덕을 수반하지 못하면 남의 존경을 받지 못하는 것도 그 때문이다.

"지식은 행동을 수반해야 한다."라고 말한 사람은 아리스토텔레스지만, 조선 시대는 지행합일知行合一을 선비의 덕목으로 삼았다. 다시 말하자면 알고 있는 것을 행동으로 옮기지 아니하면 아무 쓸모없는 지식으로 치부하였다는 뜻이다. 그 시절의 학문이나 철학은 성리학性理學으로 대변되고, 성리학의 근본은 아는 바를 행하는 것을 최선의 미덕으로 여겼다.

태어나서 처음으로 문자를 익히는 순간부터 성리학의 영역으로 들어서고, 그렇게 평생을 살아가면서도 그 뜻을 이루지 못하는 것은 사람 마음속의 이른바 수성이라는 동물적인 욕구를 다스리지 못한 데서 기인한다. 사람의 본성에서 동물적인 욕구를 다스리는 것처럼 어려운 일은 없다. 그것이 얼마나 어려우면 동서고금의 석학들이 한결같이 삶의 지표를 행동하는 미학으로 설정했겠는가. 그러한 가르침과 규범을 알고 있으면서도 뜻을 이루지 못하는 것이 인지상정임을 감안한다면, 양식을 수반한 행동이 얼마나 어려운지 확연히 알게 된다.

오늘을 사는 우리들이 역사를 읽으면서 한 인간의 인품에 감동하고, 삶의 가지런함에 존경을 표하기가 쉽지 않은 것은 행동을 수반한 지식인, 아는 것을 행동으로 옮긴 사람들이 흔치 않음을 뜻한다. 그기에 아는 것을 몸소 실천해 보인 선현들의 고사를 대하면 가슴 뿌듯한 감동에 젖게 된다.

세종 조에 유관柳寬이라는 영의정이 있었다. 그는 수상의 지위에 있으면서도 삼간 모옥茅屋에서 살 만큼 청렴결백하였다. 그는 비가 오는 날이면 방 안에서 우산을 받쳐 들고 책을 읽었다. 그의 아내인 정경부인은 방 구석에 쪼그리고 앉아 몸소 바느질을 해야 할 정도로 가난했다.

우산을 쓰고 책을 읽던 유관은 측은하기 한량없는 지어미 정경부인을 바라보며 걱정스러운 얼굴로 물었다.

"부인, 오늘같이 비가 많이 오는 날에 우산이 없는 집에서는 어찌 지낼꼬?"

이 기막힌 물음에 정경부인이 어떻게 대답을 했는지는 기록이 없어 알 수 없지만, 오늘날의 고위 공직자들이 귀담아 들어야 할 얘기임에는 분명하다.

어느 좌중에서 이 얘기를 했을 때 입 가볍고 경망한 전직 검사의 반응이 나를 몸서리치게 했다.

"그렇게 고지식한 자가 일국의 수상의 자리에 있었으니 나라가 온전할 수가 없었지!"

참으로 놀랍고 방자한 오만이 아닐 수 없다. 역사를 부정하고 외면하면 역사에 대한 존엄성이 결여된다. 또 그것은 현실의 삶을 깎아내리는 계기가 되기도 한다. 그러므로 미리 준비한 것은 아니었지만 나는 또 다른 사람의 일화를 들려주는 것으로 그의 오만을 다스릴 수밖에 없었다.

인조 조, 정묘호란丁卯胡亂이 발발했을 때의 일이다. 당시 영의정은 윤방尹昉이었다. 만주족 오랑캐의 주력 부대가 남진하고 있을 때 평안감사 윤선尹瑄은 싸울 궁리도 하지 않은 채 도주하고 말았는데, 공교롭게도 윤선은 영의정인 윤방의 친동생이었다. 조정에서 싸우지 않고 도주한 평안 감사의 직무유기를 논죄하는 것은 당연하다. 이때 가장 강력하게 윤신의 논죄에 앞장섰던 사람이 영의정이자 그의 친형인 윤방이었다. 놀랍게도 그는 자신의 친아우인 윤선의 효수梟首를 청하고 나섰다.

임금을 비롯한 대소 신료들은 윤방의 강청에 당혹감을 금하기 어려웠으나, 아우의 논죄를 주장하는 그의 강청은 조정의 기강을 세우자는 일이 아니겠는가.

조정은 날로 전세가 불리해지는 것을 기화로 윤선의 논죄를 뒤로 미루고 강화도로 몽진하게 되었지만, 윤방은 몽진하는 와중에도 틈만 나면 아우의 논죄를 주청한다. 공직에 있는 자가 임무를 소홀히 한 것은 용서할 수 없다는 것이 그의 주장이다.

마침내 조정은 강화도로 옮겨진다. 치욕적인 몽진이었으므로 윤방은 더더욱 아우인 윤선의 단죄를 요구한다. 그의 집요한 강청이 받아들여져서 윤선은 강화도에서 사형 선고를 받고 뭇사람들이 지켜보는 앞에서 목이 잘리는 효수형으로 처단된다.

혼란의 와중이었으므로 살리려면 얼마든지 살릴 수 있었던 친아우를 끝내 죽게 한 윤방의 집요한 강청도 옹졸한 소행이겠느냐고 정색하고 묻는 나를 보며 전직 검사는 얼굴을 붉히고 말았다.

조선 왕조의 역사를 살펴보면 유관이나 윤방과 같은 분들의 향기로운 삶이 엄청나게 많다. 그들의 양식과 행동이 조선 왕조를 500년이나 지탱하게 한 저력임은 말할 나위도 없다. 한 나라가 그 명예를 유지하면서 빛나는 역사를 기록해 가자면 권력의 상층부가 부패하지 않아야 하는 것은 동서고금의 역사가 가르치는 교훈이다.

일제의 사슬에서 벗어난 이래 이승만 독재 정권을 시작으로 30여 년이나 계속된 군사 정권을 거치는 동안 미래를 점칠 수 없는 혼돈의 시대를 살아야 했다. 그러므로 지식인들까지도 현실의 명리에만 집착하는 것으로 스스로 사이비 지식인으로 전락하는 길을 부끄러움 없이 걸었다. 그들은 그것이 안전한 삶의 보장이라고 생각하는 어리석음을 저지르면서도 자신들이 역사의 준엄한 흐름 속에 있다는 사실을 망각하였다.

역사의 준엄한 흐름은 어느 한 곳도 예사롭게 지나치지를 않는다. 특히 지식인들의 배덕과 오만을 눈여겨 살펴서 기록한다. 더구나 지금은 지난날과 달라서 문자로만 기록되는 것이 아니라 영상으로도 담겨 후세에 남김없이 전해진다. 이로써 지난 시대의 작은 과실도 마치 현실의 일처럼 선명하게 드러나곤 한다. 그러므로 양식과 악덕이 철저하고도 세밀하게 구분되는 것은 말할 나위도 없지만, 양식의 가면을 쓰고 파렴치한 행동을 저지른 사람들의 행적은 어느 시기에 반드시 백일하에 드러나게 되어 있다는 사실이 역사의 가르침이다.

우리가 역사를 읽으면서 선현들의 행적에 때로는 감동하고, 때로는 비감을 느끼듯이 후세 사람들도 우리의 행적을 보면서 때로는 감동하고, 때로는 비감을 느끼게 될 것이다. 그것이 역사의 준엄한 흐름이라면 행동을 수반하지 않는 양식이라는 것이 얼마나 알량하고 쓸모없는 속임수인가를 쉽사리 알 수가 있다.

그 모든 평가의 절대기준이 사람이다.

◆◆◆ 우리가 사는 대한민국이 선진국들의 모임인 '20−50클럽'에 세계에서 일곱 번째로 가입한 것은 기쁜 일임이 분명하다. 20−50클럽은 국민소득 2만 달러, 인구 5천만 명이라는 조건이 충족되어야 가입이 되는 선진국 클럽이다. 지금까지 여기에 가입한 미국, 독일, 영국, 이탈리아, 일본, 프랑스, 캐나다 등은 G7이라 하여 세계 최상급 경제 대국의 지위를 누렸다. 우리 대한민국이 마침내 이 대열에 동참하게 되었다는 사실은 진실로 가슴 뿌듯한 일이 아닐 수 없다. 더구나 동족상잔의 참혹한 전쟁을 겪으면서는 세계 각국의 원조가 없이는 살아갈 수 없었던 최빈국의 처지를 경험하였고, 또 그것이 분단국가의 비극을 뛰어넘은 성과여서 그 기쁨이 배가될 수밖에 없다.

그런데도 마음 한구석을 짓누르는 불안과 답답함이 있는 것은 우리가 알면서도 뿌리치지 못하는 천박하고도 고질적인 병폐 때문이다. 재물이 넉넉한 만큼 마음가짐이 너그러워야 한다는 것이 우리네 선현(역사)들의 가르침이다. 경주 최씨가 누리는 부의 원천은 '흉년에는 땅을 사지 말라'라는 가훈을 지켜 낸 보상이나 다름이 없지만, 가진 자의 오만은 더욱 살기가 돌아서 '흉년일수록 땅을 사는' 지경에 이르고 있다. 돈 많은 재벌들에게는 아예 국가 정체성이라는 개념이 눈 닦고 찾아도 없으면서 뒷골목의 상권까지 싹쓸이하여 자식의 부를 챙기는 데 혈안이 되고 있음을 부정할 길이 있던가. 정치권에서 '경제 민주화'라는 말이 위력을 발휘하는 지경이 이를 잘 말해 주고 있다.

마찬가지로 마땅히 군자君子라고 불리어야 할 지식인들은 권력에 아부하고, 눈앞의 실익 때문에 인생을 망치면서 감옥에 드나드는 판국인데 그들이 바로 권력의 실세요, 척분이요, 장관이요, 국회의원 신분인 것이 하루도 거르지 않고 TV 화면을 장식하는 마당이다. 세계가 우리의 형편없는 사정을 먼저 알고 있는 판국이어서 설혹 우리가 선진국 대열로 들어서더라도 그들의 존경을 받을 수 있을지가 걱정스럽거니와 또 경제 규모에 합당한 예우는 고사하고 영향력을 발휘할 수 있을지도 걱정이 앞선다. 불길한 예견은 이미 여러 사례(계수, 係數)에도 허다하게 나타나고 있기에 더욱 안타깝다.

우리 한국의 국제경쟁력 순위는 세계 142개국 중 겨우 24위에 그치고 있고, 경제협력개발기구(OECD) 회원국들의 국가브랜드지수를 살펴보아도 실제 지수와 이미지 지수가 각각 15위, 19위에 머물러 있어 G7 멤버로서는 얼굴을 내밀지 못할 창피한 꼴을 당하고 있다. 그 불행의 단초를 예단하는 것도 그리 어렵지 않다. 국민 전체가 졸부猝富의 근성에서 헤어나지를 못하였기 때문이다. 물불을 가리지 않는 벼락치기로 떼돈을 벌었지만, 남을 위한 배려는 전혀 고려하지 않고, 나는 있으되 남이 없는 구조로 양분화된 정치적, 경제적인 현실은 목불인견의 참경이나 다름이 없다.

국가는 있는데 다스림이 없으면 희망도 없어진다. 잘못투성이들이 떼를 지어 흘러가는데도 고칠 궁리조차 못하는 것이 작금의 정치판이다.

이런 몰골이라면 20—50클럽에 들어선 우리 대한민국의 경제적 지도력은 개발도상국의 처지에도 미치기가 어렵다. 이젠 다시 시작해야 한다. 하루라도 빨리 국가 정체성을 확립하여 민족의 진로를 정해 나가야 할 깃이며, 졸부 근성에서 벗어나 국제 사회에서 남을 배려할 줄 알고, 또 국제 사회에서 우리 역할을 찾아 묵묵히 실행해 나가지 않는다면 20−50클럽의 진정한 일원이 되기가 어려운 것은 불문가지의 일이다. 이는 누가 시켜서 되는 일이거나, 누가 대신해 줄 수 없는 일이기에 늦었더라도 우리 스스로 나서서 해결할 수밖에 없다.

이젠 지식인들이 나서야 할 때다. 보다 적극적으로 나서서 부정과 졸부의 시대를 응징하여 극복하는 것이 진정한 20−50클럽의 일원이 되는 단 하나의 길일 뿐이다. 그 모두가 명망을 갖춘 사람이 있어야만 가능하다.

아무리 좋은 정책이 있어도 그것을 집행하는 사람이 무능하면 사상누각을 짓는 일이 되기 때문이다.

◆◆◆ 온 매스컴이 학교 폭력 문제로 도배할 정도로 시끌시끌 거리는 데도 정작 그 개선의 방책에 관해서는 헛다리만 짚고 있을 뿐, 근본 문제는 거론되지 않고 있다. 오늘의 학교 폭력이 이런 지경까지 이른 것은 선생님들의 교권敎權을 무장해제한 데서 시작되었다. 선생님이 무력해지면 학교 폭력만 문제 되는 것이 아니라 끝내는 교육 그 자체가 무너진다.

참선생님 한 사람을 어찌 교육과학기술부 장관 100명과 비길 수가 있는가. 마찬가지로 참선생님 한 분의 인성은 열 사람의 교육감보다도 더

고귀하다는 사실을 안다면, 그 참선생님들의 교권을 존중해 주어야만 학교 교육에 위엄이 서고 그 성과가 있다는 것은 교육의 이론이 아니라 우리네 삶의 지혜나 다름이 없다.

편달鞭撻이라는 말만 살펴도 알 수 있는 일이다. 앞의 '채찍 편鞭' 자는 회초리라는 뜻이니, 교편教鞭을 잡는다는 뜻은 애초에 회초리를 들고 가르친다는 뜻이다. 다음 글자인 '매질할 달撻' 자도 잘못을 저지른 자녀나 제자에게 회초리를 들어서 볼기나 종아리를 때린다는 뜻으로 쓰이는 글자다. 2만 자가 넘는 한자 가운데 왜 하필이면 회초리로 매질히는 글자만을 골라서 '바로 가르쳐서 이끈다訓導'의 의미로 쓰게 되었는지를 곰곰이 생각해 볼 필요가 있다.

제자를 가르치는 교실에서 선생님이 회초리를 드는 일을 '학교 폭력'이라고 매도하면서 〈학생인권조례〉라는 것을 만들고, 그에 따라 학생의 소지품을 검사하는 일, 학생의 일기를 점검하는 일, 학생에게 회초리를 드는 일까지를 금지하게 한 것이 이 나라의 교육과학기술부가 한 일이다. 전쟁터로 나가는 병사들이 갖추어야 할 병장기를 모두 뺏어 버리고도 전쟁을 수행할 수가 있는가. 그래 놓고 학교 폭력의 심각성이 대두되자 겨우 한다는 소리가 1년에 세 번씩 학생들은 대상으로 '폭력 설문조사'를 하겠다는 식이다. 학교 폭력에 가담한 학생들이 그런 설문조사에 눈이나 깜짝하겠는가. 학교 폭력이 무엇인지 그 근본을 모르는 사람들이 모여 앉아서 헛소리나 하고 있는 교육과학기술부를 믿고서야 학교 폭력이 바로잡아질 까닭이 없지를 않은가.

이미 400여 년 전, 조선 예학의 종주宗主나 다름이 없던 사계 김장생沙溪 金長生은 교육의 정의를 명쾌하게 설파하였다.

> 법으로 규제하면 피동적인 국민이 되고, 예禮를 가르치면 스스로 알아
> 서 행동하는 상식적인 국민이 된다.

사람에게 각자의 체질이 있듯이 나라에도 오랜 세월 다듬어져 내려오는 관행이 있고, 풍속이 있다. 아무리 좋은 이론도 이 관행과 풍속에 융합되지 않으며 공염불이 된다. 그런 공염불이 성행하면 사람이 지켜야 하는 도리가 무너진다. 어린아이들이 듣고 있는 자리에서 선생님을 험담하는 어머니가 대학을 졸업한 고학력이라면 문제는 더 심각해진다.

참선생님들에게 회초리를 들게 해야 한다. 그래야만 '편달'이라는 말에 담긴 우리네 오랜 관행이 살아나게 된다. '편달'이라는 말은 꼭 아이들을 가르치는 일에만 쓰는 것이 아니다. 전당대회 때 돈 봉투를 돌리고, 그렇게 당선된 사람들이 정치 지도자로 행세할 때도 필요한 것이 회초리다.

이젠 정말로 매를 들어야 할 때다. 아이들을 잘못 가르치는 어머니의 종아리를 때려서라도 자식을 가르치는 참교육이 무엇인지를 깨닫게 해야 한다. 돈 봉투로 명예를 사서 행세하는 사이비 정치인들에게는 태장을 가해서라도 정의가 무엇인지를 깨닫게 해야 한다.

우리가 사는 사회 환경이 여기서 더 천박하고 어수선해진다면 나라의 미래도 가늠할 수 없게 된다. 변변치 못한 생각, 변변치 못한 사람들의 목

소리가 커지면 삶의 가치까지 전도될 위험이 있기 때문이다.

이 모두가 생각이 모자란 데서 기인한 일이다. 아무리 질 높은 교육 정책도 집행하는 사람이 마땅치 않으면 사상누각을 짓는 일에 불과하다.

어느 특정 분야를 가릴 것 없이 지금 우리에게 필요한 것은 지식과 실천궁행을 겸비한 참다운 사람이다.

◆◆◆ 역사란 지난 시대의 잘잘못을 가리는 판결문判決文이나 다름이 없다. 재판정에서 주심판사가 낭독하는 판결문에는 절대 권위가 담겨 있다. 판결을 언도하는 판사나 그 판결의 내용에 따라 형무소에서 실형을 살아야 하는 피고인은 똑같은 사람이지만, 한쪽은 판결을 언도하고 다른 한쪽은 그 판결에 따라야 하는 것은 똑같은 생명체에 주어진 모순이 아닐 수 없다. 그러면서도 판사에게 주어진 인격적인 신뢰가 그와 같은 모순을 잠재우게 된다.

역사 기록도 그와 같은 이치와 조금도 다름이 없다. 비록 오래전에 적힌 기사이지만, 오늘 읽어도 아무 하자가 없고, 오히려 가슴 서늘해지는 두려움까지 느끼게 되는 것은 인간의 행위와 그들이 속한 여러 제도나 관행을 소중히 하고 있기 때문이다.

명종 10년(1555)이면 지금부터 507년 전의 일이다. 남명 조식南冥 曺植 선생이 어린 임금 명종에게 나라의 미래를 걱정하는 상소문을 올렸다.

전하의 국사國事가 이미 잘못되고 나라의 근본이 이미 다하여 천의天意와 인심도 이미 떠났습니다. 비유하자면 마치 100년 된 큰 나무에 벌레가 속을 갉아먹어 진액이 다 말랐는데 회오리바람과 사나운 비가 언제 닥쳐올지를 전혀 모르는 것과 같이 된 지가 이미 오래입니다.

— 《명종실록》 10년 11월 19일자

　물론 500여 년 전에 쓰인 글이지만, 오늘의 지식인 한 사람이 대통령에게 이와 꼭 같은 글을 올렸다고 하더라도 사정은 조금도 달라질 것이 없다. 물론 여러 가지 계수는 다를 것이지만, 나라가 처한 천박한 행태는 그때와 달라진 것이 없다는 뜻이다. 역사를 입에 담을 줄 알았으되 역사 인식의 도출을 등한시하면 같은 일이 반복될 수밖에 없다.

　800여 년 전쯤, 몽골 제국의 상징이나 다름이 없는 칭기즈 칸이 세상을 떠나자, 그의 후계자 오고타이 칸(高潤台, Ogotai, 몽골의 태종)이 명재상 야율초재耶律楚材에게 "아버지가 이룩한 대제국을 개혁할 수 있는 좋은 방법이 없겠느냐?" 하고 물었다.
　야율초재의 대답은 기가 막혔다.

興一利不若除一害
한 가지 이로운 일을 시작하는 것은 한 가지 해로운 일을 줄이는 것만 못하고

生一事不若滅一事

한 가지 일을 새로 만들어 내는 것은 한 가지 일을 줄이는 것만 같지 못

하다.

참으로 놀랍지 않은가? 새로운 일을 만드는 것보다 지난날의 폐단을 줄이는 것이 현명한 정치라는 천여 년 전에 있었던 이 문답을 지금의 대한민국에 적용해도 아무 손색이 없다.

우리 대한민국이 짧은 시일 안에 중화학공업국으로 성공하여 원조를 받던 나라에서 원조를 주는 나라로 성장하였고, OECD의 일원이며, G20 세계정상회의를 개최할 수 있었던 것은 대통령 혹은 관 주도의 경제 성장 과정에서 필연적으로 야기된 정경유착政經癒着이 발전의 동력이 되었음은 새삼스러울 것이 없다. 그러나 지금 현실에서 보면 과거 관행이었던 정경유착의 꼬리를 잘라내는 것이 국가 발전의 기본이 되어야 함을 모르는 사람이 없다.

그러나 수없이 정권이 바뀌면서도 지난 시대의 대표적인 폐단인 정경유착, 전관예우 등 나라를 골병들게 하는 요건들이 계속 기승을 떨치고, 고치겠다는 말만 있을 뿐 실천해 보인 대통령이나 총리, 장관은 없었다. 오히려 그 병폐를 또 다른 권력이나 선심으로 이용할 정도로 부패와 무능이 만연하고 있는데도 이를 개혁해 정의로운 사회를 만들겠다는 의지가 없다면 말이 되는가.

그러므로 이번에 새로 뽑히는 대통령은 몽골의 명재상 야율초재의 충

언에 귀를 기울일 줄 아는 역사 인식을 갖추어야 한다. 그 첫째가 경경유착과 낙하산 인사를 뿌리 뽑는 일이다. 또한 공직을 끝낸 공직자들을 공기업의 임원으로 보내는 적폐를 철저하게 뿌리 뽑지 않고서는 능력 있는 지도자로서의 예우를 받을 수가 없다.

역사 인식을 몸에 간직하는 것은 학문이 하는 것도, 지식이 하는 것도 아니다. 오직 사람됨이 하는 일이다. 지도자의 사람됨이 변변치 못한데 사회 정의나 기강이 바로 설 수가 없다. 잘못을 고치는 것은 사람이 살아가는 데 가장 소중한 일이다. 공직에 있는 사람들이 잘못된 관행을 바로잡지 못하면 다른 일을 아무리 잘해도 아무 소용없다. 무엇을 어떻게 해야 악행이 일어날 여건이 개선되느냐 하는 것을 모르는 대통령이나 장관들은 없다. 모두가 알고 있으면서도 안한다면, 그 사람됨이 모자란다는 것으로 귀결될 수밖에 없다.

역사는 준엄하고, 언제나 살아서 꿈틀거리면서 흐른다. 강폭이 넓어지면 물결이 도도해지는 것이 하늘의 이치이자 역사의 가르침이다. 옳은 일을 한 공직자는 그 이름을 만세에 남기고, 임무를 소홀히 하고 개인의 이득에게 열을 올린 사람들은 하늘의 응징을 받으며 후대 자손에게까지 폐를 끼쳤음을 소상히 적고 있다.

역사를 교양으로 읽을 줄 알아야 식견識見이 확립되고, 표준標準이 정해지며, 윤리성이 살아난다. 역사에 기록된 잘못된 사람들의 전철을 밟으면 그 기록대로 망할 수밖에 없다. 반면 명현名賢들의 행적을 실행해 낸다면 당사자는 물론, 온 가족까지 명예를 남기게 된다.

역사는 재판정에서 낭독되는 주심판사의 판결문과도 같다. 지키면 사람의 도리를 다할 수 있고, 지키지 않으면 천 길 수렁으로 빠진다. 그러므로 대통령이나 장관들과 같이 나라의 미래를 걱정해야 하는 사람들은 역사를 바로 살필 줄 아는 안목이 있어야 한다. 역사가 사람의 잘잘못을 기복한 판결문과 같기 때문이다.

클린턴 전 미국 대통령의 선거 캐치프레이즈는 '지금 중요한 것은 경제야, 바보야!(It's the economy, stupid)'였다. 이 한마디에 담겨진 의미는 크고 다양하다. 이 파격의 한마디는 많은 유권자들의 마음을 뒤흔들고 사로잡았고, 그는 마침내 세계 최강 미국의 대통령으로 당선되었다.

우리도 이제 곧 새 대통령을 뽑게 된다. 후보로 나선 사람들이 뱉어 내는 말 중에서 가장 빈도가 높은 것이 경제 민주화요, 국민의 행복 지수를 말하지만, 그래도 클린턴 전 미국 대통령의 선거 전략은 패러디되어야 한다.

지금 중요한 것은 사람이야, 이 바보야!

조선 왕조와 대한민국의 정부

조선 왕조가 519년의 장구한 세월 동안 왕권을 유지하면서 스물일곱 분의 임금이 왕좌를 오르내렸다. 또 그 스물일곱 분의 임금을 보좌한 고위 관료의 수는 헤아릴 길이 없다.

단순히 계산하여 한 사람의 임금이 재임 중에 세 사람의 영의정을 거느렸다면 그 수가 81명이고, 여기에 좌의정과 우의정을 합하면 정승의 수만도 240여 명이다. 어디 조정에 의정부議政府만 있던가, 여섯 사람의 판서(判書, 요즘 말로는 장관)가 정승들과 임금을 보좌한다. 판서의 수를 정승의 경우에 비하여 산출한다면 무려 162명이 되고, 차관에 해당하는 참판參判의 수를 더한다면 323명이다. 그러나 조선 시대의 고위 관료는 이들이 전부가 아니다. 대제학, 대사헌, 대사간 등 중요 직급이 또 추가되어야 한다. 이 같은 계산이면 조선 왕조에서 임금을 보좌한 고위 공직자는 대략 600~700명을 헤아리게 된다. 물론 이 중에는 명현名賢의 이름을 만세에 남긴 사람도 있고, 사리사욕만을 일삼았던 간신도배奸臣徒輩들도 있다.

나는 이들 중에서 오늘의 대한민국을 맡아서 다스려야 할 대통령과 각급 장관들을 뽑아 볼 생각이다. 물론 선정 기준은 민족의 큰 유산인《조선왕조실록》에 기초를 두기로 하였다.

◈ 조선 왕조

의정부와 6조를 중심으로 구성되며, 의정부에서 국정 전반을 처리하고 6조에서
는 업무를 나누어 추진하였다. 세종은 조선 초기부터 시행된 6조 직계제 대신
의정부 사서제를 확립하여 이상적인 정치를 구현했다.

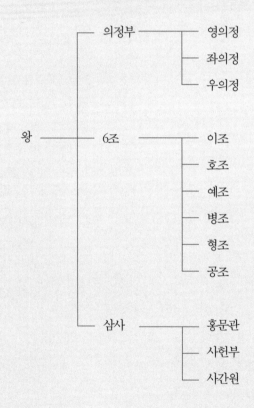

◈대한민국

행정부, 입법부, 사법부의 3대 헌법 기관으로 구성되어 있다. 행정부는 대통령
을 수반으로 하며, 대통령은 국무총리와 장관으로 구성된 국무회의와 협력해
업무를 처리한다. 행정부는 15부 2처 18청, 2원 3실 7위원회로 구성된다.

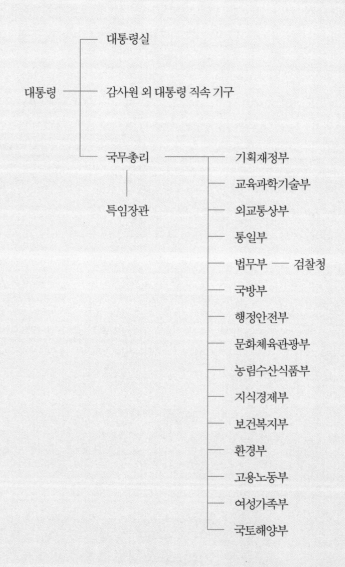

대통령 ─┬─ 대통령실
        │
        ├─ 감사원 외 대통령 직속 기구
        │
        └─ 국무총리 ─┬─ 기획재정부
            │   ├─ 교육과학기술부
          특임장관   ├─ 외교통상부
                     ├─ 통일부
                     ├─ 법무부 ── 검찰청
                     ├─ 국방부
                     ├─ 행정안전부
                     ├─ 문화체육관광부
                     ├─ 농림수산식품부
                     ├─ 지식경제부
                     ├─ 보건복지부
                     ├─ 환경부
                     ├─ 고용노동부
                     ├─ 여성가족부
                     └─ 국토해양부

政府

대통령 · 정부
국무총리 · 수장들
특임장관 ·

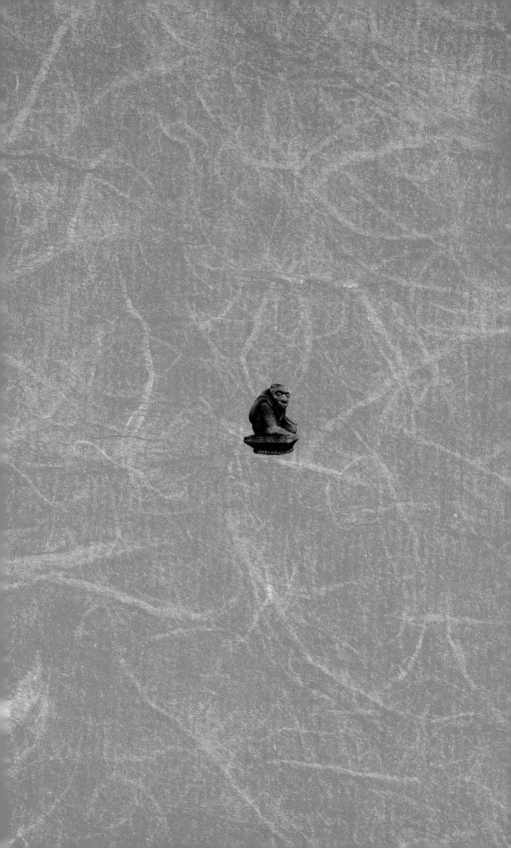

대통령

—

성군 세종의
실천궁행

식견과 표준의 리더십

+ 대통령

대한민국 국가원수. 국민의 직접 투표로 선출되며, 5년 단임제이다. 국내 법상 국가의 통일성과 항구성을 상징하며, 국내에서는 최고 통치권을 행사하고 대외적으로 국가를 대표하는 국가원수로서의 지위를 갖는다. 또한 정부 조직권, 행정 각부장 임명권, 감사원 조직 및 통할권, 국무회의 의장, 행정의 최고 지휘자 등 행정 수반으로서의 지위, 국가와 헌법의 수호자로서의 지위, 한반도 통일 책무자로서의 지위 등이 헌법에 명시되어 있다.

+ 세종 世宗, 1397~1450, 재위 1418~1450

조선 4대 왕. 이름은 도祹, 자는 원정元正, 존시는 영문예무인성명효대왕英文睿武仁聖明孝大王, 시호는 장헌莊憲, 묘호는 세종世宗. 태조 6년(1397) 3대 태종과 원경왕후 민씨 사이에서 셋째 아들로 태어났다. 22세에 왕위에 올랐으며, 54세로 승하할 때까지 국정 전반에 훌륭한 치적을 쌓았다. 어린 시절부터 폭넓은 독서를 통해 식견을 쌓았으며, 이렇게 배우고 익힌 바를 실천에 옮기는 실천궁행을 통해 조선 초기 선정을 이룩하였다. 세종은 특히 훌륭한 인재들을 적재적소에 등용하였는데, 황희, 맹사성 등으로 하여금 왕권이 안정되게 하고, 젊은 학자를 발굴해 학문을 진흥시켰다. 1420년에는 집현전을 설치하였으며, 1443년에는 훈민정음을 창제하고 1446년에 반포하였다. 또한 장영실을 발탁해 과학을, 박연을 통해 국악을 정비하는 것에 공헌하게 하였다.

一

　대한민국을 이끌어 갈 대통령의 재목이 꼭 조선 시대의 임금이어야 할 필요는 없다. 식견과 표준을 갖추고, 실천궁행의 삶을 보여 주었다면 설혹 그가 조선 왕조 시대의 참판(차관급)을 지냈다 하더라도 당연히 대한민국의 대통령으로 모셔야 할 인물이다. 그러나 불행하게도《조선왕조실록》에 등재된 수만 명의 인물 가운데 성군 세종을 능가하는 리더십을 갖춘 인물을 찾기가 어려웠다.

　나는 평소에도 '세종이 곧 조선이요, 조선이 곧 세종이다'라는 말을 노래처럼 불러 왔고, 조선 왕조 519년의 역사에서 세종의 재위 기간 32년을 빼면 아무것도 남는 것이 없다고도 말해 왔다.

　그렇다. 성군 세종이 살아서 돌아와 오늘 대한민국의 대통령 자리에 오른다면……. 아 생각만 해도 가슴이 벅차오른다. 세종대왕의 업적은 식견과 표준, 실천궁행으로 이어지는 참 사람됨이 이루어 낸 결과나 다름이 없기 때문이다. 지금 우리에게 필요한 대통령의 모습이 성군 세종의 삶에 모두 담겨 있다는 사실이 바로 역사가 현재의 맥락임을 입증하는 데 부족함이 없으리라 보기 때문이다.

　二

　세종은 스물두 살 젊은 나이로 아버지 태종의 뒤를 이어 임금의 자리에 올랐다. 20세를 약관弱冠이라고 하지만, 스물두 살이라고 하더라도 약관에 불과한 나이다. 재위 기간이 32년이면, 세상을 떠났을 때가 54세다.

지금의 대한민국에서 54세라면 모든 일에 겨우 일가를 이루는 시기다. 국회의원이라면 3선 정도를 한 나이가 되겠고, 공직에 있다면 장관, 차관이 되는 나이가 아니겠는가. 그러나 성군 세종은 그 나이에 세상을 떠났으면서도 상상을 초월하는 업적을 남겼을 정도로 위대한 지도자다.

세종대왕이 22세에 임금이 되어 나라를 다스리던 시절의 영의정(국무총리)이 황희이고, 좌의정(부총리)이 맹사성이며, 우의정이 박은이다. 교육부총리 격인 대제학이 변계량, 국방부장관이 조말생, 북방사령관이 김종서, 집현전 부제학이 정인지이다. 신숙주, 성삼문, 최항 등은 아직 신참이나 다름이 없었을 때다. 게다가 이분들이 모두 50, 60대라면 아버지뻘과도 같은 신하들을 스물두 살 된 젊은 임금이 "오시오, 가시오." 라는 식으로 다스릴 수는 없다. 그런 처지에도 젊은 세종의 행동거지는 나이 든 신하들에게 존경과 신뢰를 한 몸에 받았다. 식견과 표준을 갖추고 있었기 때문이다. 젊은 세종의 식견과 표준은 모두 그의 독서량이 바탕이 되었다.

어린 세종의 독서량은 가늠할 길이 없을 정도로 폭이 넓었다. 어렸을 때부터 책을 묶은 가죽 끈이 닳아서 끊어질 때까지 읽었다는 기록이 보인다. 책을 묶은 가죽 끈이 닳아서 끊어질 정도면 같은 책을 몇 번이나 읽어야 하는 것일까. 이에 대한 해답은 조선 말기의 석학 화서 이항로華西 李恒老의 일기에 나온다.

내가 《중용》을 외기를 만 번까지 하였는데 한 번 욀 때마다 뜻이 달랐다. 살아서 한 번 더 읽는다면 무엇을 깨닫게 될지 참으로 걱정스럽다.

대체 식견이라는 것이 무엇인가. 하고 있는 일에 대한 이해와 분석, 효율과 깊은 관계를 갖는, 그야말로 전문 지식을 말한다. 표준은 또 무엇인가. 판단과 결단을 유도하는 윤리성이다. 이 두 가지가 균형을 이루지 못하면 정치인이건, 기업인이건, 교육자건 제대로 될 까닭이 없다.

세종의 모든 식견은 이 같은 독서량에서 얻어진 참으로 귀중한 것이었고, 그것이 가없이 축적되면서 사물을 보는 표준을 이끌어 내게 된다. 그러므로 세종의 식견과 표준은 실천궁행實踐躬行으로 매듭지어진다. 배우고 익힌 바를 실천으로 옮기는 것이 조선을 통치하는 근본정신인 성리학性理學의 핵심이지만, 모든 통치자나 지식인에게 적용되었던 것은 아니다. 그러므로 조선의 역사도 선정善政과 악정惡政이 교차할 수밖에 없다.

조선 왕조에는 모두 스물일곱 분의 임금이 왕위에 있으면서 절대 권력을 휘둘렀으나, 유독 세종만이 성군聖君으로 불린다. 그분의 치적 중에 한글 창제라는 찬란한 업적이 있기에 가능한 것이라고 생각하는 사람도 더러 있을 것이지만, 세종에게 한글 창제를 훨씬 넘어서는 치적이 있었음을 아는 사람들은 그리 흔치가 않다.

정치를 잘하기 위해서는 먼저 사람이 되어야 한다. 사람이 되기 위해서는 하늘의 뜻을 거역하여서는 안 되고, 책 속의 가르침을 거슬러서는 안 된다는 사실부터 익혀 나간다.

관자管子와 같은 사람은 나라를 버티게 하는 네 가지 덕목이 있으니 예禮, 의義, 염廉, 치恥가 바로 그것이라고 하질 않았던가. 예, 의, 염, 치의 네 가지 중에서 하나가 없으면 나라가 위태로워지고, 둘이 없으면 나라가 흔들리고, 셋이 없으면 나라가 뒤집어지고, 네 가지 모두 없으면 나라가 망한다고 가르친다. 이 같은 가르침이 현실 정치에 반영되려면 다스리는 사람들의 식견과 표준이 실행으로 옮겨지지 않으면 안 된다. 여기에 지도자의 자질을 평가하는 척도가 있다는 사실을 분명하게 깨달아야 한다.

청년 세종이 임금의 자리에 오르면서부터 불행하게도 극심한 가뭄이 이어진다. 이때의 가뭄을 '세종의 7년 대한大旱'이라고 한다. 수리 시설도, 관개 시설도 오늘과 같지 않았던 그때라면 살아갈 방도가 없는 큰 재앙이 아닐 수 없다.

26세가 된 세종은 지금의 광화문 네거리, 그때는 '육조 관아'라고 했다. 그 육조 관아에 큰 가마솥을 내다 걸고 죽을 끓여서 백성에게 먹이게 하였다. 그것도 임금이 먹어야 하는 식량인 내탕미內帑米로 충당하게 하였다.

죽을 받아먹는 백성들의 몰골은 참담하기 그지없다. 뼈다귀에 가죽만 씌워 놓은 참혹한 몰골들이 와서 죽을 받아먹고 부들부들 떨면서 돌아간다. 세종은 이 참혹한 광경을 바라보면서 "내가 정치를 얼마나 잘못하면 저렇게 백성들이 고통을 겪어야 하나." 하고 탄식하면서 눈물을 흘린다.

경복궁으로 돌아온 세종이 경회루 앞에서 잠시 걸음을 멈추고 신하들에게 명한다.

"경회루 옆에다 초가삼간을 하나 지으세요."

신하들은 완강하게 반대한다. 경복궁의 모든 건물이 기와집인데, 거기에 초가집을 지었다가 불이라도 나면 어떻게 되느냐고. 그때 젊은 지성 세종은 한 술 더 뜬다. 짓기는 짓되 새 재목으로 짓지 말고 경복궁 어딘가에 낡은 재목이 있을 것이니, 그 낡은 재목으로 초가삼간을 지으라고 재촉한다. 그야말로 왕명이니까 거역할 수가 없다. 그리하여 공조를 동원하여 순식간에 초가집 한 채를 지었다.

세종은 그 초가집에서 집무를 시작하였다. 신하들은 당황하지 않을 수가 없다. 그 초가집에서 불과 30여 미터 거리에 정무를 살피는 사정전思政殿이 있고, 사정전 뒤에 침전인 교태전交泰殿이 있는데, 초가집에서 자고, 먹고, 정무를 살피면 어떻게 되나. 마침내 신료들은 초가집 마당에 꿇어앉아 정전正殿에서 집무하기를 눈물로 호소한다. 어디 신하들뿐이겠는가. 어질고 착한 왕비 소헌왕후昭憲王后까지도 초가집 마당에 꿇어앉아 애원을 한다. 그럼에도 젊은 세종은 이 초가에서 집무를 했다고 그분의 실록은 적고 있다.

임금이 경회루 동쪽에 버려둔 재목으로 별실 두 칸을 짓게 하였는데, 주초柱礎도 쓰지 않고 모초茅草로 덮게 하였으니 장식은 모두 친히 명령하여 힘써 검소하게 하였다. 임금은 이때에 와서 정전正殿에 들지 않고 이 별실別室에 기거하였다.

이 같은 기록은 아무리 많은 서양 책을 읽어도 찾을 수가 없다. 오직 우리의 왕조실록에서만 읽을 수가 있다. 그래서 위대한 민족은 역사를 기록할 줄 알고, 그에 못지않게 기록된 역사를 보존할 줄 안다.

역사는 누구라도 읽을 수가 있다. 그러나 역사를 읽고 '역사 인식'을 날세울 줄 모르면 아무 소용도 없다.

三

오늘날 세계는 140명 정도의 지도자들에 의해 각기 그 나라의 특성에 맞는 정치가 이루어진다. 정치 행위의 성공과 실패는 지도자의 능력에 따라 판가름나기 마련이다. 그 능력의 기준은 학식이 아니고 사람의 됨됨이다. 그러므로 사람의 도리를 다한 지도자를 만난 나라는 흥하였고, 사람됨이 모자라는 지도자를 만난 나라는 고생줄에서 벗어나지를 못했다.

성군 세종은 지도자가 필요로 하는 덕목을 고루 갖추고 있었다. 그 첫째가 용인用人이다. 천하를 다스리려면 능력이 있는 사람을 거느릴 수 있어야 한다. 세종대왕은 영의정 황희, 좌의정 맹사성 등 어질고 능력 있는 신하를 무려 20여 년 이상 가까이에 두었다. 재위 32년간 3분의 2에 해당하는 기간에 같은 사람을 정승의 자리에 두고 부리는 것은 어진 사람賢者을 가려볼 줄 아는 안목이 없이는 불가능하다. 그런 세종대왕의 식견이 변계량, 정인지, 김종서, 최항, 신숙주, 성삼문, 장영실 등 수없이 많은 능력 있는 사람들이 그의 곁에서 무한한 능력을 발휘하게 하였다.

둘째, 예나 지금이나 백성의 세금을 낮추어 매기는 것이 선정의 조건이다. 정부가 세금을 임의대로 매기면 민란民亂의 조건이 되고, 백성의 편의에만 매달리면 국고는 바닥이 난다. 지도자가 변변치 못하면 이 같은 일이 되풀이되고, 그런 정부가 파탄을 몰고 오는 것은 당연하다.

세종 12년 3월, 토지세를 개편하려 했을 때의 일이다. 영남과 호남의 토지는 1등급이고, 경기, 황해, 강원의 토지는 2등급이며, 평안도와 함경도의 땅은 3등급이므로 공평한 토지세를 매기기가 쉽지가 않았고, 이로 인해 백성의 저항을 받기가 십상이었다.

이에 세종대왕은 300여 명의 경차관(敬差官, 암행어사의 옛 제도)을 동원하여 전국의 가가호호를 방문하게 하여 백성의 의사를 직접 듣고 오게 하였다. 참으로 민주적인 발상이 아닐 수 없다. 오늘날의 국민투표보다도 더 정확한 조사 방법이기 때문이다. 그 조사 결과가 그해 8월 10일자 《세종실록》에 소상히 적혀 있다.

찬성하는 가구가 9만 8,657이고, 반대한 가구가 7만 4,149으로 나와 있다. 찬성한 가구 수가 반대한 가구 수보다 무려 2만 4,508이 더 많지만, 세종은 이 법안의 폐기를 명하였다. 평안도는 겨우 1,326가구가 찬성한 반면, 반대한 가구 수가 2만 8,474이어서, 찬성은 겨우 4.4퍼센트에 불과하였다. 경상도는 3만 6,262가구가 찬성하고, 겨우 377가구가 반대하여 무려 99퍼센트가 찬성하였다. 이렇듯 찬반의 양상이 극심하게 나타났기 때문이다. 백성들의 이해가 극명하게 엇갈린 양극의 형상을 인정하지 아니한 성군 세종의 식견과 표준은 하늘의 이치와도 다름이 없지를 않던가.

셋째, 백성의 마음을 하나로 묶는 것이 선정善政의 조건이다. 백성의 마음을 하나로 묶는 방법은 선정 외에는 없다. 아무리 무지한 백성이라고 하더라도 악정과 선정을 구별할 줄은 안다. 악정이 있으면 민란民亂이 따른다. 이것은 동서고금이 다르질 않다. 그러므로 조선 왕조에서는 '아흔아홉 가지 선정이 한 가지 악정을 상쇄하지 못한다'라고 하지를 않았는가.

세종은 백성들의 심성을 바르게 하기 위하여 《삼강행실도三綱行實圖》를 편찬하였다. 문맹이 많았던 시절이었으므로 한쪽은 글자로 적고, 다른 한쪽은 그림을 그려 넣도록 했다. 글을 모르는 백성도 배우게 하기 위한 놀라운 콘텐츠가 아닐 수 없다.

이 《삼강행실도》에 〈포은운명圃隱殞命〉과 〈길재항절吉再抗節〉이라는 항목을 포함하게 하였다. 〈포은운명〉은 정몽주의 일편단심(죽음)을 그린 내용이고, 〈길재항절〉은 야은 길재治隱 吉再가 끝내 태조 이성계에게 협력하지 않고 시골로 낙향하는 내용이다. 다시 말하면 두 사람 모두 조선 왕조의 창업을 반대한 사람들인데도 성군 세종은 이들 두 사람의 충정을 백성으로 하여금 기리게 하지 않고서는 조선에서 충신이 나오지 않을 것이라고 확신했다. 포용의 정치, 엄격과 관대함의 조화가 바로 백성의 마음을 하나로 묶는 지혜임을 세종은 실천해 보였다.

넷째, 나라에 위태로움이 생기기 전에 나라를 보호하라. 세종은 아버지 태종의 뜻을 받들어 세종 4년에 대마도를 완전 정벌하였다. 왜국의 노략질이 없게 하여 백성의 삶을 보호하는 쾌거가 아닐 수 없다. 또 함경도 지방에 육진六鎭을 설치하여 여진족의 남하를 막아서 북쪽 지방의 화근을 미리 방지하면서 영토를 정비하였다.

제왕이 천하를 다스림에 있어서는 능력이 있는 자를 가까이 두고, 백성들의 세금을 낮추어 주며, 백성의 마음을 하나로 묶고, 위태로움이 생기기 전에 나라를 보호하며, 혼란이 있기 전에 잘 다스리고, 관대하고 엄격함의 조화를 이루어 나라를 위한 계책을 도모해야 한다.

이것이 치도治道의 도리라면 지금의 어느 지도자에게도 필요한 덕목이자 자질이고도 남는다. 그러나 식견을 가지고 있으면서도 그것을 행실로 옮기는 표준이 서 있지 않으면 아무짝에도 쓸모가 없게 된다. 오늘날의 많은 지도자들이 맡은 소임을 다하지 못하는 것은 식견은 갖추었으되, 그 식견을 실행하지 못하기 때문이다. 식견의 실행은 자신의 손실을 부르기도 하지만, 때로는 가족의 손실도 각오해야 할 때가 있다. 바로 이 점이 실천궁행을 어렵게 하는 요건임은 동서고금이 같다.

四

성군 세종은 다른 임금들이 흉내도 낼 수 없을 정도로 엄청난 업적을 남겼다. 동래 관노의 집안에서 태어난 소년 장영실蔣英實을 발탁하여 과학자로 만들어서 앙부일구(해시계)를 제작하게 했다. 해시계는 처음에 두 개가 만들어졌다. 하루의 시간을 정확히 파악할 수 있는 경이로운 발명품이 두 개가 만들어졌다면 그것을 어디에다 놔두어야 하겠는가. 당연히 사정전이나 근정전 뜰에 놓아두고 대궐에서 사용해야 하지를 않겠는가. 그러나 세종은 그렇게 하지 않았다. 한 개는 지금의 동아일보 옆에(청계천 쪽) 있던 혜정교惠政橋에 놓게 했다. 사람들이 가장 많이 다니는 곳이기 때문이다. 그리고 또 한 개는 역시 사람들이 많이 다니는 운종(종로)거리의 종묘宗廟 앞 큰길에 놓게 했다. 다시 말하면 모든 것을 백성들을 위주로 하는 위민爲民, 민본정치民本政治를 구현하였다. 위민정치, 민본정치를 영어로 번역하면 어찌되는가. 'for the people, of the people, by the people'이 될 수밖에 없다. 세종은 링컨 미국 대통령보다 400년이나 앞서 조선 왕조를 다스린 임금이면서 오늘날 민주정치의 3원칙을 실행했다는 사실에 주목하지 않으면 안 된다.

세종 시대에도 일식과 월식이 있었다. 세종은 당대 과학자들인 정인지, 이순지 등을 불러 우리에게 맞는 일력(日曆, 양력)과 월력(月曆, 음력)을 계산하게 하였다. 그땐 코사인도, 탄젠트도, 루트도 없었다. 물론 미분 적분도 없었던 조건에서 일력과 월력을 계산해 냈다는 사실은 기적이 아닐 수 없다. 그것을 계산한 책이 《칠정산내외편七政算內外篇》이다. 그런데 의문이 하나 생긴다. 월식은 음력으로 계산하겠지만, 조선 시대에 무슨 태양력이 있었다고 일식을 계산할 수가 있겠는가.

조선 시대 초기에는 아라비아 사람들이 많이 들어와서 살고 있었다. 옛 기록에 '회회回回노인'이라는 구절이 많이 보인다. 바로 아라비아 노인을 뜻하는 구절이다. 아라비아 사람 중에는 사성(賜姓, 임금님이 내린 성)을 받아서 조선 성과 이름을 쓰는 귀화인歸化人도 있었다. 세종대왕은 수시로 회회노인들을 불러 치하하기도 하고, 그들이 병들면 어의를 보내 보살피기도 하였다. 때로는 식량을 내려 삶의 편의를 돌보아 주기도 하였다. 그 회회노인들의 협력으로 《칠정산내외편》이라는 책을 만들 수가 있었다.

세종 때 만들어진 이 책의 원본이 서울대학교 규장각에 보존되어 있다. 몇 해 전에 서울대학교 수학과 교수들을 동원하여 이 책을 검증한 일이 있다. 조선 시대에는 없었지만 지금은 사용하는 탄젠트, 코사인, 루트를 이용하여 검증하고 계산한 결과 1년이 '365일 점 찍고 2425' 등 소수점 이하 6자리까지 나와 있었다는 보고다. 그런 까닭으로 지금까지도 월식을 예고한 나라는 조선 세종 시대밖에 없다는 기록이 성립된다.

세종대왕이 36세가 되었을 때의 일이다. 당시 음악을 살펴보았더니 악기 대부분이 중국 악기였다. 게다가 연주되는 음악도 중국의 음악이어서 세종대왕은 조선의 악기와 음악을 정비하기 시작하였다. 고불이 뇌어 소리가 나지 않는 가야금, 거문고, 해금 등 모든 악기를 수리하여 다시 정비할 수가 있었지만, 석경石磬만은 복원할 수가 없었다. 국악을 연주하는 악기인 석경은 큰 기역자처럼 생긴 하얀 돌을 크기순으로 열여섯 개를 매달아놓고 막대기로 치면 소리가 나는 타악기다. 이 하얀 돌을 경석磬石이라고 하는 데, 이게 없어서 악기를 만들 수가 없었다. 세종은 음악가 난계 박연朴堧을 불러서 명한다.

"경이 악률을 안다면 경석을 찾으라. 목숨을 버려서라도 찾으라."

음률의 대가인 난계 박연은 국악을 정비하려는 세종의 높은 뜻을 받들었다. 그는 몇 해에 걸쳐 전국의 산천을 누빈 끝에 마침내 경석을 찾아냈다. 오늘 우리가 박연 선생을 '국악의 아버지'로 흠모하는 것은 세종 시대의 음악을 정비하는 일에 공헌하였기 때문이다.

조선의 고유 악기가 모두 복원되었는데, 이번에는 악보가 없어 연주할 곡목이 없다. 이 송구함을 악사들이 어떻게 감당해야 하나. 그들이 불충함을 무릅쓰고 세종에게 고하자, 세종대왕은 친히 작곡한 악보를 내려보낸다. 비로소 조선의 음률이 완벽하게 재탄생되는 순간이 아닐 수 없다.

지금 우리가 봄가을에 듣는 〈종묘제례악宗廟祭禮樂〉은 유네스코에서 세계기록유산으로 지정할 정도의 작품으로, 세종대왕의 작곡이라니 참으로 존경스럽고 놀라운 일이 아닐 수 없다.

세종대왕은 38세 때에 거대한 시계를 만들었다. 온 방 안이 전부 시계로 구성된 건물이 경복궁 경회루 옆에 위치한 흠경각欽敬閣이다. 이 건물의 방 안 전체에 우주 만물이 움직이는 형상을 만들어서 가득 채웠다면 세계 최대이자 가장 볼 만한 시계가 분명하다. 물론 실제 시간을 측정할 수 있는 정확한 시계였다.

《세종실록》은 이 내형시계가 설치된 흠경각의 조화를 아주 소상하게 적어놓고 있다. 흠경각이 세워지고 정밀한 시계를 작동하게 한 때가 세종 19년이다. 서기로는 1437년, 체코 프라하의 구시가지 광장에 천문시계가 세워진 해와 같은 해다. 그런데 지금의 우리 정부는 건물만 복원할 줄 알았지 정작 내용물(시계)은 복원할 궁리도 안한다. 이만저만한 무지요, 직무유기가 아닐 수 없다. 흠경각 내부의 정교한 시계가 하루속히 복원되어 우리 청소년들로 하여금 자부심을 갖게 해야 한다.

세종대왕 48세, 이해가 한글을 반포하던 해다. 세종은 일가를 이룬 음운音韻학자였다. 집현전 학사들과 함께 노심초사한 끝에 순수한 우리 글자인 정음(正音, 한글)을 만들어 반포하기에 이르자, 집현전 부제학 최만리가 '야비하고 상스러운 무익한 글자를 만들어서 중국을 버리고 스스로 이적夷狄과 같아지려 하는가' 등 여섯 조목의 사유를 들어 격렬한 반대 상소를 올렸다. 그때 세종대왕이 진노하면서 소리쳤다.

"네가 운서韻書를 아느냐!"

이 얼마나 자신만만한 카리스마인가. 그리고 최만리를 감옥에 가두었다가 다음 날에 방면을 한다. 이번에는 신하들이 놀라서 방면이 부당하다는 상소를 올렸다. 그때 세종대왕의 비답은 그야말로 성군의 자질을 그대로 보여 주고 있다.

"비록 최만리가 반대하는 상소를 올렸어도 그 상소의 내용이 논리가 정연하여 그 학문을 가상히 여기지 않을 수가 없다."

어떤가, 지도자의 엄격함과 관대함의 조화가 바로 이것이 아니겠는가.

세종대왕이 천하 없이 자신만만한 군주라고 하더라도 자신이 한글을 반포한 후 600년이 지나면 컴퓨터라는 물건이 나온다는 것을 알았을 까닭이 없다. 그런데 세종이 돌아가시고 600년 후에 컴퓨터가 나오는데, 그 물건의 도메인을 다스리는 문자 중에 가장 쓰기가 편하고 효율성이 높은 것이 한글이라면 얼마나 자랑스러운 일인가.

또 있다. 이젠 우리 모두의 상용 품이 된 휴대전화의 기능 중에 문자메시지는 국민 필수의 것이 되었다. 그 문자판을 보면 '·, ㅡ, ㅣ', 이 세 자가 있다. 이 세 자가 없으면 문자메시지가 성립될 수가 없다. 한글 중에서도 야, 여, 유, 요, 예, 워 등은 전부 이 세 가지 글자를 조합하도록 되어 있어서다. 그런데 이게 단순한 기호가 아니고 우리 민족 사상의 뿌리를 담고 있다. '·'는 해天를 이름이요, 'ㅡ'는 지평선地, 'ㅣ'는 대지 위에 사람人이 서 있는 것을 상징한다. 이 천지인天地人을 조선에서는 삼재三才라고 하는데, 삼재 밑에다가 사상을 붙이면 삼재 사상三才思想이 된다. 이 삼재 사상은 조선 민족이 간직하고 있는 가장 핵심 사상이다. 그러니까 삼재 사상을 한글 안에 다 풀어놓은 게 된다. 한글이 그냥 글자가 아니라 조선의 사상을 철학적으로 함축하고 있는 문자라는 사실에 유념해야 한다.

五

　제한된 지면 때문에 세종의 업적이나 지도력을 더 구체적으로 적을 수는 없지만, 세종대왕의 치적은 헤아릴 수가 없을 정도로 많다. 하루하루가 백성을 위한 고통이요, 하루하루가 종묘사직을 위한 고통이라 옥체가 성해 남을 까닭이 없다. 춘추 마흔여덟 살이면 청년이나 다름이 없는데도 세종대왕의 옥체는 병고의 덩어리가 되고 만다.

　우선 먼저 거론해야 되는 것이 당뇨병 말기였다는 사실이다. 예전에는 당뇨병이라고 하지 않고 '소갈병'이라고 했다. 즉 세종대왕은 소갈병 말기였다. 당뇨병의 부작용 중 제일 무서운 게 눈으로 오는 합병증이다. 세종대왕은 소갈병 말기 현상으로 2미터 앞에 앉아 있는 신하들의 얼굴을 알아보지 못한다. 신하가 다가와서 "전하"라고 소리 내면 그 목소리로 사람을 알아볼 정도였다.

　또 가슴과 등에 큰 창(헌데)이 생기는 것을 창병이라고 한다. 조선 시대의 의술로는 창병을 다스리지 못했다. 세자고 공주고 임금이고 왕비고 간에 창병에만 걸리면 모두 죽을 수밖에 없다. 그러면서도 매일 고름을 짜내야 한다. 그러니까 《세종실록》에 보면 '오늘 전하의 고름을 짰다. 한 홉 반이 나왔다'라는 대목도 있다. 임금의 몸에서 하루에 고름이 한 홉 반이면……. 그 오한, 발열은 또 어떻게 감당했을지 생각만 해도 민망한 노릇이 아닐 수 없다.

　당연히 신하들은 세종의 이 엄청난 고통을 보고만 있을 수가 없다. 신하들 또한 책을 1만 번씩 읽은 사람들이기 때문에 진맥은 못하지만 약의 처방은 잘할 수가 있다. 그런 토론을 거듭한 끝에 '검은 염소를 고아서 즙을 내어 올리자'라는 결론을 얻는다.

신하들은 세종의 탑전으로 몰려가 검은 염소를 다려서 즙을 내어 올리기로 했으니, "전하 이번만은 아무 말씀 마시고 드셔만 주십시오."라고 진언했다. 세종대왕의 비답은 성인聖人의 경지나 다름이 없다. 그 첫 반응이 "그 검은 염소라는 것이 어느 나라 짐승인고?"라는 반문이었다. 신하들은 검은 염소는 우리나라 짐승이 아니고 외국에서 들어온 짐승이라고 다시 고한다. 세종대왕의 비답은 참으로 놀랍고 고결하였다.

"어찌 임금의 몸이 편하자고 남의 나라에서 들어온 짐승의 씨를 말릴 수가 있겠느냐. 나는 먹지 않겠다."

바로 성인의 경지에 들어 있지 않고서는 이런 대답을 할 수가 없다. 서양식으로 말하면 Saint의 경지에 들어가야 할 대답이다. 대답만 그리한 것이 아니라 실제로도 들지 않았다. 나는 성군聖君 세종은 성인의 반열에 있어야 할 분이라고 굳게 믿는다.

성군 세종이 승하(昇遐, 돌아가심)하였을 때가 54세이다. 그분의 치적을 세세히 챙기면 이보다 더 감동적이고, 더 아름다운 얘기가 얼마든지 더 있겠고, 더구나 세종의 인품과 업적은 하늘을 찌르고도 남는다.

이분이 무엇을 한 사람인가? 정치 지도자의 한 사람이다.

세종대왕은 조선을 다스린 게 아니고 조선을 경영했다. 그래서 세종의 치적, 세종의 인품을 우리가 한 마디로 평가했을 때 세종은 오직 백성들을 위해서 정치를 했다. 다른 말로 바꾸면 민본정치의 표상이라고 말할 수밖에 없다. 백성을 위한 일이 아니거든 거론도 하지 않았던 정치 지도자 성군 세종을 지배한 것이 역사 인식이다.

> 대저 정치를 잘 하려면 지난날의 '치란治亂'의 자취를 살펴보아야 한다.
> 지난날의 치란의 자취를 살펴보기 위해서는 역사를 상고하는 것이 최
> 선이다.

'치治'는 잘 다스려진 시대이고, '란亂'은 잘 다스려지지 않은 시대가 아
니겠는가. 지나간 시대의 치란의 자취를 살펴보기 위해서는 역사를 살피
는 길이 최선이라는 가르침이다. 지금도 유효한 깨우침이 아닐 수 없다.

나는 송구함을 무릅쓰고 성군 세종을 대한민국의 대통령으로 모시지
않을 수가 없다. 이는 어디까지나 환상에 불과한 일이지만, 그 안에 담겨
진 의미는 심장하지 않을 수가 없고 또 가슴이 벅찰 일이고도 남는다.

대한민국 대통령의 자리에 올라 무소불위의 실권을 누렸던 분 중에는
아직 생존해 계시는 분들이 있다. 바로 그분들이 이 글을 읽는다면 얼굴
을 붉히지 않을 수가 없으리라.

그래서 역사가 거울임을 다시 한 번 깨우치게 된다.

국무총리

—

오리 이원익의
청렴함과 책임감

세 차례의 영의정,
열여덟 번의 사임 상소

+ 국무총리

대통령을 보좌하여 행정 각부를 통괄한다. 대통령 유고나 탄핵 때 임시로 대통령 권한대행의 권한이 있으며, 대통령 보좌 기관, 중앙 행정관청, 국무회의 부의장의 지위를 가진다. 특히 행정부에서는 대통령에 이어 제2인자로서 각부 장관을 지휘, 감독한다. 대한민국 공식 국가 서열에 있어서는 2위 국회의장, 3위 대법원장, 4위 헌법재판소장에 이어 5위이다. 국무총리는 국회의 동의로 대통령이 임명한다.

+ 오리 이원익 梧里 李元翼, 1547(명종 2)~1634(인조 12)

본관은 전주全州, 자는 공려公勵, 호는 오리梧里, 시호는 문충文忠이다. 태종의 여덟 번째 왕자 익녕군益寧君의 4대손으로 태어났다. 영의정을 세 번이나 역임했으며, 형조참판, 대사헌, 호조판서, 예조판서, 이조판서 등을 지냈다. 그가 부임했던 평안도의 백성들은 오리 이원익의 선정을 공경하고 애모하여 그가 떠난 다음에도 사당을 세우고 제사를 지낼 정도로 백성의 존경을 한 몸에 받았다.

—

현대 정부의 국무총리가 조선 시대의 영의정領議政이다. 영의정의 사전적인 해석은 의정부議政府의 수장으로 국왕을 보좌하며 정부의 업무를 관장하는 사람으로 정의되겠지만, 임금 다음으로 막강한 권력이 보장됨으로써 '일인지하, 만인지상一人之下 萬人之上'으로 추앙받는다. 다른 말로 표현하면 더 올라갈 자리가 없다는 뜻이기도 하다. 그러므로 조선 시대의 영의정은 오늘날의 국무총리에 비교될 수 없을 정도로 막강한 영향력을 행사한다.

우리는 항용 정승의 우두머리 격인 영의정을 거론하게 되면 세종 조의 방촌 황희尨村 黃喜를 떠올리게 되고, 그를 거론할 때마다 아주 자연스럽게 '황희, 황 정승'이라고 말하면서 정승의 대명사로 거론하곤 한다. 그럴 수밖에 없는 것이 황희는 68세에 영의정 자리에 올라 86세에 사임하기까지 무려 18년 동안 영의정의 대임을 수행하였다. 요즘 식으로 부연하면 대통령이 네 번 바뀌는 동안 한 사람의 국무총리가 임무를 수행했던 셈이 된다. 이만하면 영의정의 표상이 아닐 수 없고, 당연히 영의정의 대명사로 불리어야 마땅하다. 그런 엄연한 사실에도 대한민국의 국무총리로 불러낼 수가 없는 것은 워낙 성군인 세종대왕을 보필하였던 탓에 당대 업적이 모두 세종대왕의 선정으로 귀일되었기 때문이다.

큰 지도자를 지근에서 보좌하게 되면 그 업적 또한 지도자의 몫으로 귀일되는 것이 역사의 가르침이기도 하다. 그러므로 특출한 지도자를 보좌한 신하들은 지도자의 그림자에 가려지는 것이 상례다. 황희가 너그럽고 청렴하면서도 유머러스한 지도자였음을 입증하는 자잘한 에피소드는 많이 있지만, 그가 비할 데 없이 뛰어난 정치가였음을 입증할 만한 큰 기록은 찾기가 어렵다. 바로 이 점이 정승의 대명사와도 같은 황희, 황 정승을 대한민국의 국무총리로 모시지 못한 까닭이다.

독일의 철학자 막스 베버가 말하는 '카리스마의 저장량stock of charisma'을 우리말로 바꾸면 좀 애매하지만 '위신威信의 저장량'이 되지 않을까 싶다. 그러니까 위신을 많이 저장한 사람이 카리스마가 있는 사람이 되는 셈이다. 위신이 있다는 말은 꼭 벼슬이 높거나, 돈이 많은 것을 의미하지 않는다. 위신은 본분을 지키는 사람에게 저장되게 마련이고, 그 저장량이 많으면 많을수록 지도력을 오래 유지할 수가 있음도 당연하다.

역사상 그 이름을 빛낸 사람들도 따지고 보면 위신의 저장량에 따라 평가가 달라지곤 하였다. 카리스마라는 말을 전혀 쓰지 않았던 고려 시대나 조선 시대에도 물론 '강력한 지도력'으로 한 시대를 풍미했던 사람들이 많았다. 그들은 무엇으로 대중이나 조직을 움직였을까.

우선 대중이나 조직원들이 자신을 우러르게 하려면 거기에 합당한 위엄이 있어야 한다. 또한 그 위엄이 가짜가 아님을 믿게 하는 신망이 있어야 하는 것도 당연하다. 그러므로 위엄과 신망을 하나로 묶은 '위신'이라는 말이 카리스마의 요건이 된다고 보면 어떨까.

조선 시대에는 위신을 저축한 많은 공직자가 있었다. 그 많은 공직자 중에서 영의정을 세 번이나 역임한 인물은 오리 이원익梧里 李元翼 한 사람뿐이다. 선조 조에서 영의정을 처음 역임하였고, 그다음 임금인 광해군 때 두 번째로 영의정에 제수되었으며, 또 그다음 임금인 인조 조에서 세 번째 영의정을 지냈다. 물론 해당 임금들이 오리 이원익의 인품과 능력을 인정한 것은 엄연한 사실이지만, 그 배경에는 조정 중신들은 물론, 백성의 신망이 작용했기 때문이다.

오리 이원익은 세 번에 걸쳐 영의정을 역임하는 기록도 세웠지만, 재임 중에 사임 상소를 가장 많이 올리는 기록도 함께 세웠다. 《광해군일기》를 살피고 있노라면, 오리 이원익이 영의정의 자리에서 물러나겠다는 사임 상소를 올렸다는 기사가 도배했을 정도로 가득하다. 어느 경우에는 18일 동안을 하루도 거르지 않고 사임 상소를 올렸다는 기록도 있고, 사관史官들은 그의 사임 상소가 몇 번째임을 기록해 놓은 정도였다면 알만 하질 않던가. 그런 정황에서도 임금들은 그의 상소를 가납하지 않았다. 오리 이원익이 스스로 쌓아올린 카리스마의 저장량이 얼마나 크고 단단하였는가를 보여 주는 역사의 기록이어서 읽을 때마다 감동하게 된다.

二

오리 이원익은 태종의 여덟 번째 왕자 익녕군益寧君의 4대손으로 태어났다. 그가 과거에 급제하여 공직에 나가서 여러 고을의 수령을 역임하였을 때도 치적이 가장 훌륭했다고 왕조실록은 침이 마르게 상찬하고 있다. 오리 이원익은 관서(關西, 지금의 평안도)에 두 번 부임했는데, 평안도 백성들이 그의 선정을 공경하고 애모하여 그가 떠난 다음에도 사당을 세우고 제사를 지낼 정도로 존경을 한 몸에 받았다.

오리 이원익의 진면목은 임진년의 왜란으로 선조의 어가가 평양으로 몽진을 하였던 때 드러난다. 당시 명나라 병사들이 조선을 돕기 위해 원병으로 나왔으나 그들의 행패는 왜병 못지않았다. 왜병들이 '참빗'이면 명나라 병사들은 '얼레빗'이라는 노래가 생겨난 것도 그 때문이다. 그때의 조선 조정은 침략군인 왜병과의 싸움도 힘겨웠지만, 명색이 원군으로 온 명나라 병사들의 분탕질을 무마하는 일도 전쟁 못지 않은 큰일 중 하나였다.

바로 이 무렵 오리 이원익은 평양감사의 지위에 있었으나, 그 자리는 영광의 자리가 아니라 고통의 자리면서 치욕의 자리이기도 하였다. 명나라 병사들의 분탕질에 오리 이원익은 한편으로 치를 떨면서도 그들의 식량은 물론, 그들의 말이 먹는 사료까지 챙겨야 하는 수모도 겪는다. 그러면서 왜병들의 동태도 소홀히 할 수가 없다. 그 모두가 평양감사가 해야할 일은 아니지만, 나라가 풍전등화와 같은 위기에 몰려 있는 지경이면 몸이 부서지는 한이 있어도 나라를 구하는 일에 매달려야 한다.

바로 이 무렵인 선조 26년(1593) 3월 23일자 《선조실록》의 기사를 읽어보면 오리 이원익의 사람됨과 공직에 임한 그의 책임감이 어느 정도였던가를 소상하게 살필 수가 있다.

상이 부산원斧山院에서 주정晝停하였는데, 본도 관찰사 이원익이 맞아 뵈었다. 상이 인견하니, 참찬관 심희수沈喜壽가 입시하였다. 희수가 아뢰기를,

"어제 안정安定 길가에서 중국 관원의 행색을 멀리서 바라보았지만 누

구인지를 몰랐는데, 관사에 도착하여 물어보니 바로 심유경沈惟敬이 지나간 것이라고 하였습니다."

하니, 상이 이르기를,

"제독과 응답할 즈음에 주선해야 될 것을 미리 알아 두지 않을 수 없다. 말할 만한 것이 어떠한 일인가?"

하자, 이원익이 아뢰기를,

"한 가지 일만이 아닌 듯합니다."

하였다. 상이 이르기를,

"진병하는 일, 강화하는 일이겠는가?"

하니, 원익이 아뢰기를,

"강화하는 일은 제독이 이미 결정하였습니다."

하였다. 상이 이르기를,

"벌써 결정하였다면 8일에 서로 약정하자고 한 것은 무엇인가?"

하니, 원익이 아뢰기를,

"유격 주홍모周弘謨가 이 일을 들었기 때문에 신이 유격을 만나 보려고 하였으나 미처 만나지 못하고 그 집 하인에게 물어보았더니, 왜적은 1일로 하려고 하였으나 심 유격이 미처 올 수가 없다고 하여 다시 3일이나 4일로 기한을 정하였는데, 심 유격이 또 오고가는 데 많이 지체될 것이니 8일로 기한하자고 청하였다고 하였습니다. 그리고 근일 벽제에서 사로잡혀 갔던 중국군이 연이어 돌아와서 제독이 이 때문에 기뻐하고 있습니다."

하였다. 상이 이르기를,

"그렇다면 내가 비록 가서 간청하더라도 소용이 없을 것이 아닌가."

하니, 원익이 아뢰기를,

"심유경이 간 뒤 제독이 다시 패문牌文을 보내어 가지 못하게 하였습니다. 처음에는 심유경이 왜적과 만나서 대화하려고 하였으나 가지 말라는 제독의 명령이 있었기 때문에 강을 사이에 두고 말로만 전달하였는데, 왜적이 심에게 '너는 무엇하러 왔는가. 네가 먼저 여기에 온 연유를 말한다면 나도 말하겠다' 하자, 심이 조공을 허락하는 일이라고 말하였습니다. 청정淸正은 심이 왔다는 소식을 듣고 묻기를 '너는 무엇하는 사람인가?' 하니, 답하기를 '대명大明의 셋째 대장이 여기에 왔다' 하자, 청정이 '싸우고 싶으면 싸우고 강화하고 싶으면 강화하라' 하고 크게 써서 보이니 심이 매우 분노하여 꾸짖자, 청정이 다시 '내가 글을 몰라서 다른 왜인이 대신 썼기 때문에 이처럼 뜻을 잘 전달하지 못하였다' 하고 사과하였습니다."

하였다. 상이 이르기를,

"8일에 서로 약조를 한 뒤에는 적이 남김없이 다 돌아가겠는가? 내 생각으로는 돌아가지 않고 관백이 병사를 또 보내오기를 기다릴 것이다."

하니, 원익이 아뢰기를,

"그것 또한 알 수 없습니다."

하였다. 상이 이르기를,

"적의 실정이 그렇다면 명장이 강화하려 하는 것은 무슨 뜻이겠는가."

하니, 원익이 아뢰기를,

"벽제에서 한 번 패한 뒤로 위축되어서 그럽니다."

하였다. 상이 이르기를,

"예로부터 병가의 승패는 일정한 것이 아니다. 어찌 한 번 실패했다고 해서 이와 같이 하는가."

하니, 원익이 아뢰기를,

"제독의 군중에서 강화가 이루어진다는 소식을 듣고는 기뻐하지 않는 사람이 없어서 환호의 소리가 우레와 같았습니다."

하였다. 상이 이르기를,

"심유경이 온 뒤로 이와 같은가?"

하니, 원익이 아뢰기를,

"심이 오기 전에 그 소문이 날아들자 사람마다 모두 기뻐할 뿐만 아니라 제독도 매우 기뻐하였습니다."

하고, 희수가 아뢰기를,

"지금 이 강화의 의논은 원주사袁主事가 주장하고 유원외劉員外가 찬성한다고 합니다."

하였다. 원익이 아뢰기를,

"군량이 벌써 다하여 참으로 절박합니다."

하니, 상이 이르기를,

"중국의 군량을 쓰지 않기 때문인가?"

하자, 원익이 아뢰기를,

"중국의 군량도 쓰기는 하지만 식량을 축내며 머물러 있는 군병이 거의 1만 6천~7천인데, 중간에 오가는 군병의 수는 이 속에 들어 있지 않습니다. 이 때문에 이어 대기가 어렵습니다."

하였다. 상이 이르기를,

"나의 생각에는 제독이 진병한다 하더라도 하지 못할 듯하다. 그의 군병이 3만이 채 못 되는 데, 진병하려 해도 어떻게 하겠는가."

하니, 원익이 아뢰기를,

"명장도 이러함을 말하면서 '군병이 적은데 능히 해낼 수 있겠는가? 헤아려 보지도 않고 싸움을 청하다니 이는 참으로 조선이 어리석은 것이다' 하였습니다."

하였다. 상이 이르기를,

"여기에 있는 장관이 얼마나 되는가. 이를테면 척금戚金과 장도사張都司도 다 있는가? 이 제독과 양원楊元 외에도 만날 사람은 없는가? 제독은 어느 곳에 기숙하는가?"

하니, 원익이 아뢰기를,

"제독은 대동관大同館에 기숙하고 있으며, 그 나머지 양원, 정동지鄭同知, 조지현趙知縣, 장도사 및 유격 이하 장관이 거의 30원員이 머물러 있습니다."

하였다. 상이 이르기를,

"제독이 그곳에서 접견할 것인가?"

하니, 원익이 아뢰기를,

"대청에서 만나기 때문에 서헌西軒이 막차幕次가 되었습니다."

하였다. 상이 이르기를,

"제독이 여기에 있으면서 매일 습진習陣한다고 하는데 그러한가."

하니, 원익이 아뢰기를,

"제독이 기병 가운데 말이 죽은 사람은 보병으로 삼아 날마다 습진합니다."

하였다. 상이 이르기를,

"왜적이 관백關白의 명령을 기다리지 않고 마음대로 돌아가겠는가?"

하니, 원익이 아뢰기를,

"평양을 탈환한 뒤 적중에 비보가 이미 오갔을 것이므로 반드시 돌아오라는 관백의 말이 있었을 것입니다."

하였다. 희수가 아뢰기를,

"중국 장관의 처지로 말한다면 성상의 유지가 정녕하시어 적을 섬멸하지 않고는 의리상 돌아가지 못할 것인데 오늘날 하는 일이 이와 같으니 이러한 내용으로 물어보는 것이 옳을 듯합니다."

하니, 상이 이르기를,

"묻도록 하겠다."

하였다. 원익이 아뢰기를,

"적이 물러간다면 제독이 진병하려 할 것이라고 합니다."

하니, 상이 이르기를,

"적이 물러간 뒤에야 진병해서 무엇하겠는가."

하자, 원익이 아뢰기를,

"적이 물러간다면 진병하는 것이 마땅하지 않을 듯한데 이같이 계획하는 것은, 벽제에서의 주본奏本을 가지고 보건대, 적이 군사를 숨겨서 밤에 도망친다는 뜻으로 주본을 만들려고 하는 것 같습니다."

하였다.

인용문이 좀 길다는 느낌이지만, 단 하루의 기록으로 당시의 조선과 일본, 명나라의 사정이 비교적 소상히 적혀 있음을 알 수 있는데, 그 복잡 미묘하게 얽힌 사정을 평양감사 이원익은 빠짐없이 파악하고 있다. 명나라 장수 심유경은 물론, 일본 장수 가토 기요마사의 일까지도 소상하게 파악하고 있었음을 볼 때, 평양감사 이원익은 정승이 해야 할 일, 병조판서가 해야 할 일에 이르기까지 완벽하게 수행했음을 알 수가 있다. 바로 이 점이 공직에 임하는 오리 이원익의 책임감이다.

선조는 이와 같은 오리 이원익의 성실한 책임감을 잘 알고 있었기에 전란 중 그를 조정 내직으로 불러들이지 아니하고 평양감사 자리를 지키게 하여 전란을 수습하게 하는 절대 신뢰를 보였음은 말할 나위도 없고, 그의 공로를 시상하기 위해 아들이나 사위에게 관직을 제수할 정도였다.

평안감사 이원익의 사람됨은 내가 다시 말할 필요가 없으니, 지난날 우리나라에는 단지 이원익이 있을 뿐이라고 말할 정도였다. 그 자신은 이미 숭정崇政이 되었으나 만약 아들이나 사위가 있다면 관직을 제수하여 그의 노고에 보답하는 것이 어떻겠는가? 비변사에 이르라.

평안감사 이원익은 재주만 있는 것이 아니라 몸가짐이 절검節儉하고 나라를 위해 정성을 다하고 있으며 군기軍器, 군무軍務에 있어서도 모두 극진히 조처하느라 밤낮없이 근고勤苦하고 있다는데, 팔도八道를 전부 그와 같은 사람을 얻어 맡긴다면 힘들이지 않고 성효成效가 있게 될 것이다.

이 기록들은 선조의 마음에서 우러나는 상찬임을 읽을 수가 있다. 급기야 오리 이원익은 선조 28년(1595) 7월 13일에 우의정으로 제수되어 도성으로 돌아온다.

우의정 이원익이 평안도관찰사에서 체직되어 서울로 올라와 사은한 뒤에 아뢴 말을 읽어도 그의 인간됨을 잘 알 수가 있다.

"신은 지극히 어리석고 비루한 자로서 외람되게 성조聖朝의 은혜를 받아 벼슬길에 오른 이후로 청반淸班을 역임하였고 몇 해 되지 않아 높은 품질에 뛰어올랐으니 전후로 장려하는 뜻에서 발탁한 것이 성충聖衷에서 나오지 않은 것이 없었습니다. 신이 어떤 사람이기에 이처럼 세상에 드문 특별한 대우를 극진히 받는 것입니까. 마음속으로 항상 당황하고 자나 깨나 불안하였습니다. 머리가 부서지고 뼈가 가루가 되어도 보답할 길이 없었는데 뜻밖에 요즘 정승을 선발하는 정사에서 또 신을 뽑았으니, 하명下命을 듣고는 떨려서 정신이 달아나고 두려워 어쩔 줄 몰라 몸 둘 곳이 없습니다. 현재 종묘사직은 거의 망할 지경에서 겨우 보존됐고, 백성은 모두 죽을 뻔하다가 외롭게 살아남았는데 흉적이 족적을 거두면서 걱정은 더욱 커졌고 모든 일이 초창기草創期와 같아 두서가 없습니다. 이러한 때를 당하여 재능이 뛰어나고 덕이 높은 사람을 찾아서 맡기더라도 구제하지 못할까 염려되는데, 신과 같이 형편없는 사람을 정승 지위에 앉히다니, 이 한 몸이 낭패되는 것이야 아까울 것이 없지만 끝내 국사國事를 그르치면 뉘우친들 무슨 소용이 있겠습니까. 원컨대 성상께서는 빨리 명을 고치시어 공사公私 간에 온당하게 하소서."

하니, 상이 답하기를,

"국사가 이 지경에 이르렀으므로 경을 기다려 홍제弘濟하려고 하니, 사
양하지 말고 면력勉力하도록 하라."

하였다.

그리고 4년 뒤인 선조 32년에 오리 이원익은 일인지하요, 만인지상인
영의정의 자리에 오른다. 그러나 오리 이원익은 짬만 나면 사직상소를 올
려 물러날 것을 청한다.

상소의 내용은 한결같다. 학덕이 모자라 국정을 살피가 어렵고, 몸이
부실하여 중책을 감당할 수가 없다는 겸손함으로 가득한 내용이었다.

三

광해 즉위년(1608) 2월 14일, 다시 영의정으로 제수되었으나 정치적 혼
란이 가중되면서 오리 이원익의 사임 상소가 올라오기 시작한다. 어느 조
정이나 고위 관직에 있는 사람이 사임 상소를 올리는 예는 항용 있는 일
이지만, 오리 이원익의 경우만은 각별하다 아니 할 수가 없다.

광해 즉위년(1608) 2월 15일자의 왕조실록은 영의정 이원익이 사직하는
차자를 올렸다고 기록하고 있으니, 영의정으로 제수된 다음 날부터 사임
상소를 올린 것이 된다.

물론 광해군이 이를 허락할 까닭이 없다. 그러나 오리 이원익의 사임

상소는 끊임없이 이어진다. 왕명을 출납하는 승정원이나 그날그날의 일을 적어야 하는 사관들이 '영의정 이원익이 열여덟 번째 사임 상소를 올렸다'라는 식으로 그 횟수까지 적고 있는 것으로 보아서는 이원익의 사임 상소가 당대 정치 현실의 이슈가 되고 있었던 것이 분명하다.

마침내 광해 1년(1609) 8월 13일에 영의정 이원익의 사임이 허락된다. 오리 이원익은 홀가분해진 노구를 이끌고 향리인 여주驪州로 돌아가 삼간초옥三間草屋에 묻힌다. 그 집 앞을 지나가는 사람들이 오리 이원익 정승이 노후를 보내고 있는 초옥임을 몰랐다는 기록이 우리를 뭉클하게 한다.

광해군의 난정이 도를 더해 간다. 광해군은 친형님인 임해군臨海君에게 사약을 내리고, 이복 아우인 영창대군永昌大君을 쪄서 죽이는 패덕을 저지르면서 선조 비 인목대비仁穆大妃를 경운궁(慶運宮, 지금의 덕수궁)에 유폐하는 천하의 패덕을 자행하는 지경에 이른다. 그러자 오리 이원익은 관직에서 물러나 있는 처지인데도 광해군에게 강력한 소장을 올려 자전(慈殿, 인목대비)께 효성을 다할 것을 직언하였다.

광해군이 크게 진노하여 말하기를, "내가 효성을 다하지 못한 일이 없는데, 어찌 감히 이원익이 근거 없는 말을 지어내어 군부君父의 죄안罪案을 만들 수 있단 말인가." 하고, 마침내 강원도 홍천洪川에 부처하였다. 그리고 얼마 후 인조반정仁祖反正이 일어났다. 인조반정은 군사쿠데타나 다름이 없었는데도 새롭게 구성된 혁명정부에서 오리 이원익을 다시 모셔와 영의정을 맡길 만큼 그의 인품은 크고 빛났다.

오리 이원익이 영의정의 자리로 돌아왔을 때, 인목대비는 광해군을 죽이라고 핏발을 곤두세우고 있었고, 혁명을 성사시킨 공신들까지 광해군에게 사약을 내릴 것을 강력히 요구했다. 오리 이원익은 홀로 인목대비를 설득하고 공신들을 타일러서 광해군을 죽음에서 구해 냈다. 그 만큼 그의 어진 인품과 지도력은 탁월하였다.

오리 이원익은 연로하여 모든 공직에서 물러나서 금천衿川에 돌아가 다시 초야에 묻혔을 때도 비바람을 가리지 못하는 몇 칸의 초가집에 살면서 떨어진 갓에 베옷을 입고 혼자 지냈다. 그러므로 보는 이들이 그가 재상을 지낸 사람인 줄 알지 못했다는 일화를 남겼다.

오리 이원익을 우리 대한민국의 국무총리로 다시 모시고, 그가 자신의 식견과 실천 의지 그리고 책임감을 다시 보여 줄 수 있다면 우린 배가 고파도 능히 참을 수가 있지를 않겠는가.

특임장관

—

백사 이항복의
직언과
원로의 소임

중풍이 든 몸으로 직언하고
귀양을 가다

+ 특임장관

대통령이 특별히 지정하는 사무 혹은 대통령의 명을 받아 국무총리가 특히 지정하는 사무를 수행하는 기관으로, 국무위원의 지위를 지닌다. 장관 1명, 차관 1명을 비롯해 총 41명으로 구성된 소규모 조직이다. 대한민국 특임장관실은 2008년 정부조직법 개정으로 신설되었으며, 과거 무임소장관, 정무장관직을 부활한 것으로 이해할 수 있다. 2009년 초대 장관이 임명되었다.

+ 백사 이항복 白沙 李恒福, 1556(명종 11)~1618(광해군 10)

본관은 경주慶州, 자는 자상子常, 호는 필운弼雲, 백사白沙, 동강東岡이다. 권율 장군의 딸과 결혼했으며, 오늘날까지 한음 이덕형과의 우정이 유명하다. 선조 13년(1580) 알성문과에 병과로 급제한 후 예조정랑, 도승지, 병조판서, 이조판서, 우의정 등을 역임하였으며, 1600년 영의정이 되었다. 임진왜란, 정유재란이 벌어졌을 당시 다섯 번이나 병조판서를 맡아 전란 극복에 힘썼으며, 폐모론에 반대하다 1618년 삭탈관직되어 북청으로 유배되었고, 그곳에서 사망했다.

우리 정부의 기구표를 살펴보면 특임장관은 국무총리를 보좌하는 것으로 되어 있다. 차라리 이런 경우라면 특임장관보다 부총리를 두어 국무총리를 보좌하는 것이 더 효율적이지 않을까 싶은 생각이 드는 것은 조선왕조 시대 의정부의 구조가 더 이상적이기 때문이다. 조선 시대 초기의 의정부는 고려 시대의 잔재가 많았으나 《경국대전經國大典》이 완성되고부터는 그 조직이나 구조가 정착되기에 이른다.

영의정(정1품) 한 사람, 좌의정(정1품) 한 사람, 우의정(정1품) 한 사람 등 세 사람의 정승을 두고, 그 밑에 좌·우찬성(左右贊成, 종1품) 각 한 사람, 좌·우참찬(左右參贊, 종2품) 각 한 사람 등 막강한 인적 조직으로 6조(六曹, 내각)에서 올라오는 문건을 관장하고 관리하면서 임금으로 하여금 정확한 판단을 내리도록 보좌한다.

여기에 비한다면 대한민국의 특임장관은 꼭 해야 할 고유 임무로 부여된 업무도 정확지 않고, 다만 국회나 여러 정당과의 정치적인 문제를 풀어 가는 것으로 되어 있지만, 직급이 같은 장관이어서 업무 수행에도 어려움이 따르는 것으로 알고 있다. 또 교육과학기술부 장관이나 통일부 장관에게 부총리를 겸하게 하여 직무를 수행하게 하는 것도 여간 어색한 것이 아니다. 실질적인 효율보다 형식이 우위에 있게 되기 때문이다.

따라서 여기 특임장관의 임무나 활동 범위는 조선 시대의 좌의정이나 우의정이 갖는 상징성을 고려하게 되었고, 또 그것은 고위 공직자의 책임과 도리를 점검해 보는 일이기도 하였기에 백사 이항복白沙 李恒福을 특임장관으로 모시기로 하였다.

원로는 사회와 나라의 기둥이어야 한다. 원로는 늙어서 만들어지는 것이 아니다. 적어도 나라와 사회에 귀감이 되는 원로들은 젊었을 때 이미 지행(知行, 배운 것을 행하다)하는 것으로 후학들의 전범이 된다. 백사 이항복은 어렸을 때의 친구 한음 이덕형漢陰 李德馨과 함께 '오성과 한음'이라는 일화로도 널리 알려진 전설적인 인물이다.

二

백사 이항복은 젊어서부터 정의로운 선비로 명성을 떨쳤다. 임진왜란 때는 장인인 도원수 권율權慄 장군을 거느리고 병조판서의 소임을 훌륭하게 해내면서 수많은 일화를 남겼지만, 뭐니 뭐니 해도 백사 이항복의 진면목은 중풍으로 쓰러져 누운 몸으로 광해군에게 직언하여 젊은 후학들에게 용기와 바른 길이 무엇인지를 일깨워 주었다는 점이다.

광해군 조의 패덕을 말할 때 폐모살제廢母殺弟가 가장 큰 악덕으로 거론된다. 비록 계비繼妃이긴 했어도 모후가 분명한 인목대비(선조 비)를 서궁(西宮, 지금의 덕수궁)에 유폐하고, 부왕의 적자인 영창대군을 강화도에 부처하였다가 증살(蒸殺, 쪄서 죽이는 것)한 일을 폐모살제라고 한다. 광해군을 임금의 자리에서 몰아내게 되는 폐모 발의는 당대의 권신들인 정인홍, 이이첨, 이경전 등이 주도하지만, 사안이 워낙 패덕한 것이어서 논란만 거세질 뿐 좀처럼 결말을 짓지 못했다.

결국 국정 감시 기관인 3사의 상하 관원들이 모두 회동하여 중대사를 의논하는 일회一會을 열었고, 이 자리에서 대사헌 이각, 대사간 윤인, 부제학 성조 등은 최후통첩과도 같은 선언을 하게 된다.

이미 폐모론은 조정의 공론으로 굳어졌으니 변동이 있을 수 없다. 명색
이 벼슬아치요, 사대부라는 사람들은 이 일에 순종하느냐 거역하느냐
하는 것으로 살고 죽는 것이 결정된 것이로다.

어머니를 버리면 살고, 어머니에게 효도하면 죽이겠다는 이 패덕의 선
언이 온 조정을 벌집 쑤시듯 술렁거리게 하자, 내로라하는 대신들은 병을
핑계하면서 출사하지 아니하고, 장안에 들끓던 유생들도 하나하나 낙향
하기 시작한다.

56세의 영의정 기자헌은 깊은 수렁과도 같은 고뇌 속에서 허우적거렸
다. 무엇을 어찌해야 이 엄청난 패덕을 막아 낼 수가 있다는 말인가. 기자
헌은 이 패덕을 막는 것으로 자신의 삶을 마감하고 싶었다.

폐모를 한다면, 금상은 성명聖名 대신, 패덕의 이름을 만세에 남기리라.

조선의 선비가 걸어야 하는 당당한 길을 가기 위해 기자헌은 길고도 절
절한 차자를 써 올렸으나, 이미 조정은 백관들을 모아 수의收議하기로 결
정되어 있었으므로 그가 올린 차자는 가차 없이 불태워지고, 그에게 중벌
을 내려야 한다는 주청이 빗발치듯 일어난다.

현안인 폐모의 일을 놓고 신료들은 각자 명백한 의견을 말해야 하는, 소위 수의에 참가한 백관의 수는 어마어마했다. 원임을 포함한 신료가 930여 명, 종친이 170여 명, 합계 1,100여 명이었고, 물론 수의를 주재해야 할 사람은 영의정 기자헌이었다.

수의에 참석한 80여 명의 종친들까지 폐모를 찬성하고 나서자 영의정 기자헌은 탄식했다.

수많은 조정의 신하 중에 만일 두서너 사람이라도 바른 의논을 지키는 이가 있다면, 이를 따라 여러 사람의 뜻이 일치하지 않는다고 주청하여 전하의 심기를 돌이킬 수도 있을 것인데, 김상용과 같은 사람도 옳은 말을 하지 못한다는 말인가. 종친, 외척, 의빈(儀賓, 임금의 사위)들은 마땅히 나라와 함께 즐거움과 근심을 같이해야 하거늘……, 그들까지도 세력에 아첨한다는 말인가!

기자헌은 피 토하는 듯한 탄식을 남기고 대궐을 떠난다. 뒤늦게야 이 사실을 알게 된 백사 이항복은 병석에서 일어나 길고도 절절하게 폐비 반대의 직언 상소를 올렸다. 그는 중풍으로 반신불수가 되어 있었다.

신은 올 팔월 초아흐레에 다시 중풍을 얻어 몸은 비록 죽지 않았으나 정신은 이미 탈진된 상태입니다. 직접 뵙지도 못하고 멀리서 분수에 입각히어 죽음을 결심한 지도 지금 거의 반년입니다만 아직 병석에 누워 있사옵니다. 공무에 관한 모든 일에 대해서 대답하여 올리기 어려운 형편이지만, 이 문제는 나라의 큰일이오니 남은 목숨이 아직 끊어지지 않았는데 어찌 감히 병을 핑계로 삼고 입을 다문 채 잠자코 있을 수 있겠습니까. 대체 어느 누가 전하를 위하여 이 계책을 세웠사옵니까. 임금께 요순堯舜의 도道가 아니면 진술하지 않는 것이 옛날의 밝은 훈계이옵니다. 순임금은 불행하여 완악頑惡한 아비와 사나운 어미가 항상 순임금을 죽이고자 우물을 파게 하고는 뚜껑을 덮어 버렸으며, 창고의 지붕을 수리하게 하고 밑에서 불을 질렀으니 그 위급함이 극도에 달했던 것이옵니다. 그럼에도 순은 목 놓아 울면서 자신을 원망할 뿐, 부모에게 옳지 않은 점이 있다고는 보지 않았습니다. 진실로 어버이가 사랑하지 않더라도, 자식은 어버이에게 효도하지 않을 수 없는 때문이옵니다. 그러므로 춘추春秋의 의리에는 자식이 부모를 원수로 여기는 법이 없사옵니다. 효도의 중한 것이 어찌 친모나 계모가 다름이 있겠사옵니까. 지금 효도로써 나라를 다스려 한 나라 안에 점차 교화되어 가는 희망이 있는데, 이러한 말이 어찌하여 전하의 귀에까지 이르게 되었사옵니까. 지금의 도리로서는 순의 덕을 본받아 효도로써 화합하고 지성으로 섬겨, 대비의 노여움을 돌려서 자애慈愛로 만들고자 함이 어리석은 신의 바라는 바이옵니다.

－《광해군일기》 9년 11월 24일자

실로 원로의 소임을 다하는 명문의 상소가 아닐 수 없다. 반신불수로 쓰러져 누워 있는 이항복의 상소문……. 이 상소의 내용이 알려지면서 백관 사이에는 다시 동요가 일었고, 폐모론에 반대하는 신료들이 나타나기 시작한다. 폐모론의 주동자이자 권력의 핵심들은 재빨리 3사의 언관들을 동원하여 이항복, 기자헌 등을 처벌하라는 상소를 올리게 했다.

三

임금인 광해군도 조정이 신권을 징악한 권신들의 강청을 묵살할 수가 없다. 결국 기자헌, 이항복 등 두 원로는 유배형을 받게 된다. 처음에는 기자헌은 홍원洪原, 이항복은 홍해興海로 배소가 결정되었으나, 3사에서는 더 험한 벽지로 부처해야 한다고 다시 강청하였다. 이에 이항복의 배소는 홍해에서 창성昌城으로, 다시 삼수三水로 옮겨졌다가 거기서 또다시 북청北靑으로 변경되는 우여곡절을 겪었다.

이항복은 비틀어질 대로 비틀어진 반신불수의 몸을 이끌고 배소를 향해 떠났다. 그는 망우령(忘憂嶺, 지금의 망우리 고개)을 넘으면서 양주 쪽을 바라다보았다. 거기에 선조의 능침인 목릉穆陵이 있었기 때문이다.

인목대비는 바로 그분의 계비가 아니던가. 폐모가 부당하다 했다 하여 부처되어 가는 몸이면서도 선왕에게는 송구하기 이를 데 없다는 생각이 그로 하여금 통한의 눈물을 흘리게 했다. 이항복은 몸을 돌려 발길을 북쪽으로 재촉한다.

백사 이항복은 철령鐵嶺을 넘으면서 시조 한 수를 읊었다.

철령 높은 재에 지고 가는 저 구름아

고신孤臣 원루寃淚를 비 삼아 띄워다가

님 계신 구중궁궐에 뿌려 본들 어떠리.

이항복은 끝내 도성으로 돌아오지 못했다. 그는 배소인 북청 땅에서 세상을 뜨니 향년 63세였다. 실로 모범을 보인 원로의 모습이 아닐 수 없다.

지금 우리는 여러 분야에서 사람다운 사람들이 자기희생을 무릅쓰고라도 사회 공익에 이바지하는 모습들을 보고 싶어 한다. 또 그런 공직자의 모습을 그리워한다.

특임장관의 자리에 백사 이항복과 같은 참 원로가 있어 조정의 여러 일들을, 아니 단 한 건의 일이라도 처리함에 있어 절망에 시달리는 국민의 마음을 어루만져 주기를 기대하는 마음이 간절하다.

各部

실무 부서 수장들

기획재정부 장관 ·
교육과학기술부 장관 ·
외교통상부 장관 ·
통일부 장관 ·
법무부 장관 ·
국방부 장관 ·
행정안전부 장관 ·
문화체육관광부 장관 ·
농림수산식품부 장관 ·
지식경제부 장관 ·
보건복지부 장관 ·
환경부 장관 ·
고용노동부 장관 ·
여성가족부 장관 ·
국토해양부 장관 ·
검찰총장 ·
감사원장 ·

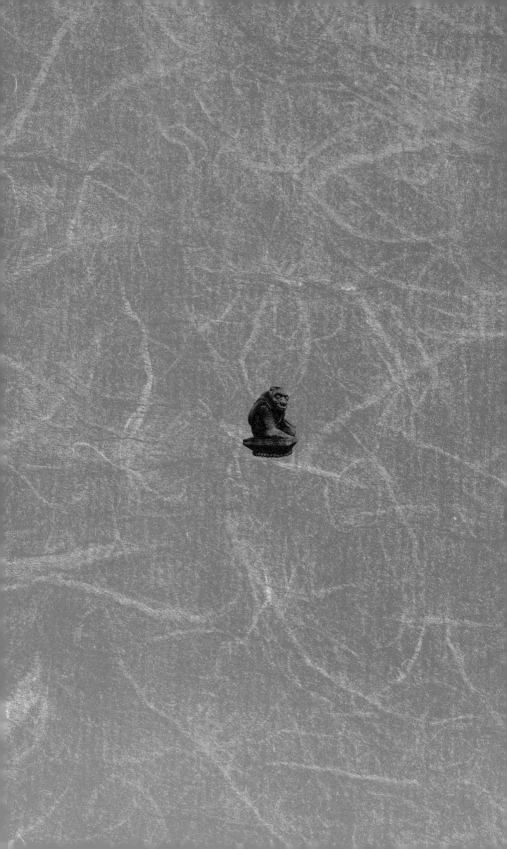

기획재정부
장관

─

퇴계 이황의
덕망과 학문

성지가 된 도산서원

+기획재정부

1948년 대한민국 정부가 수립되면서 재무부로 발족하였다. 이후 재정경
제원, 재정경제부를 거쳐 재정경제부와 기획예산처를 통합하여 현재의
기획재정부로 재편했다. 재정경제부의 금융 정책 기능은 금융위원회로,
경세사유구역 및 지역특화 기획은 지식경제부로 이관되었으며, 재정경제
부 장관이 맡던 부총리제를 폐지하였다. 기획재정부에서는 대한민국의
경제 정책을 기획, 총괄한다. 조세 및 외환 정책, 재정 정책 및 운용 계획
수립, 예산 편성, 재정 혁신 및 공공 혁신에 관한 사무를 담당한다.

+ 퇴계 이황 退溪 李滉, 1501년(연산군 7) ~ 1570년(선조 3)

본관은 진보眞寶, 자는 경호景浩, 호는 퇴계退溪, 퇴도退陶, 도수陶叟, 도옹,
청량산인이다. 고명한 학문과 근검하고 성실한 인격을 지녔다. 27세 때
향시에 합격해 생원이 되었고, 28세 때 진사시 합격, 32세 때 문과 초시 등
과, 34세 때 문과에 급제하였다. 40세에 홍문관 교리가 된 후, 쉰이 넘어 성
균관 사성으로 입사하여 형조참의, 병조참의, 상호군 첨지중추부사, 공조
참판, 공조판서, 부제학, 대제학, 예조판서, 이조판서, 우찬성 판중추부사
로 승차하였다. 이후에도 이황은 임금에 의해 공조판서, 대제학, 이조판
서 등에 임명되었으나 사양하였고, 고향에서 학문을 연구하던 중 세상을
떠났다.

조선 시대의 행정 체계는 관료를 문반과 서반으로 나누고, 다시 중앙과 지방으로 편제하였다. 먼저 중앙 체계의 행정 중심에는 의정부議政府와 육조六曹가 있는데, 최고의 행정 기관인 의정부는 영의정, 좌의정, 우의정 등 3정승의 합의제로 운영되어 모든 관리와 국가 정책을 총괄하였으며, 이조吏曹, 호조戶曹, 예조禮曹, 병조兵曹, 형조刑曹, 공조工曹의 6조는 실제적인 업무를 분담하였다. 또한 속아문屬衙門 제도라 하여 중앙 80여 개의 관청 대부분은 그 직능에 따라 6조에 분속되었는데, 이러한 제도를 통해 효율적이고 일원적인 행정이 가능하였다.

한편 지방의 경우도 8도 이하 부府, 목牧, 군郡, 현縣으로 행정 체계가 구성되어 관찰사觀察使, 부윤府尹, 목사牧使, 군수郡守, 현령縣令 등의 목민관牧民官이 지방의 대민 행정을 직접 담당하였다. 이렇듯 체계적인 행정 구조로 인하여 조선 왕조는 600년간 유지될 수가 있었다.

— 단국대학교 박물관 편,《조선 시대의 행정 구조》

지금까지 이 책에서 거론한 국무총리, 특임장관의 경우는 조선 시대 의정부 수장들의 경우를 대상으로 한 것이며, 지금부터는 6조에 해당하는 실무 부서의 수장들을 거론하게 된다.

조선 시대에는 여섯 개의 부서만으로도 충분히 나라를 다스릴 수가 있을 만큼 산업이나 조직의 구조가 단순하였다. 그러나 인구의 증가, 경제 규모의 확대, 또 같은 업종이라 하여도 세세하게 분업화되는 세계의 경향

그리고 민주주의를 운영하는 여러 나라와의 통상과 균형을 맞추어야 하며, 독창적인 운영과 효율을 찾기 위한 노력으로 대한민국의 행정 구조도 시의에 맞게 여러 차례 개정되면서 지금의 조직으로 발전되어 왔다.

따라서 조선 시대에는 여섯 사람의 판서判書가 모든 행정을 관장할 수가 있었으나, 현재 대한민국의 공식적인 정부 조직은 15개 부서로 되어 있다. 장관의 수도 15명으로 한정된다. 그러나 행정 조직의 외곽 조직인 방송통신위원회, 국가과학기술위원회, 감사원, 국가정보원 등의 수장들도 장관의 예우를 받고 있음을 감안한다면, 이른바 장관급 수장들의 수는 훨씬 더 많아진다.

따라서 이 책에서 거론하는 정부 조직의 수장은 15개 부서의 장관으로 압축되어야 할 것이지만, 조선 시대의 대사헌大司憲, 대사간大司諫의 직급은 판서의 서열에 미치지 못한다고 하더라도 그들에게 주어진 임무는 막중하였다. 또 오늘 대한민국의 정부 조직에 있어서도 검찰총장(대사헌)이나 감사원장(대사간) 임무는 막중하다 아니할 수가 없다. 따라서 이 책에서 거론되는 장관급의 명현은 모두 열일곱 분이다.

二

대한민국 정부 조직표의 첫 자리는 기획재정부가 차지하고 있다. 산하 조직으로 국세청, 관세청, 조달청, 통계청을 거느리고 있다면 그 업무의 중요성을 헤아릴 수가 있다. 조선 시대 정부 조직의 첫 순서는 이조吏曹였다. 정부 업무를 총괄하는 의미가 있었던 탓에 식민 시대를 청산하고 민주주의 시대를 열었을 때의 명칭은 내무부內務部였다. 그 후 행정자치부 등으로 불리면서 지금은 기획재정부로 정착되어 예산과 기금의 집행 및 성과의 관리, 재정 혁신과 공공 혁신에 관한 사무를 담당하게 되었다.

조선 시대의 이조는 초기에 문선사文選司, 고훈사考勳司, 고공사考功司 등 3사로 구성되어 관리의 임명, 공훈봉작, 관원들의 성적고사 등에 관한 일을 맡아 보았다면 지금의 행정안전부 업무와 중복된 감이 없지도 않다. 오늘날과 같이 경제 정책을 우선해야 하는 국제 정세의 변화로 본다면 기획재정부가 정부 조직의 첫 자리에 놓이는 것도 무리가 아니지만, 그 수장인 장관이 꼭 경제에 능통해야 되는 것은 아니다. 그런 까닭으로 조선 조정에서도 요직을 두루 거치면서 학문과 인품이 일세를 풍미하였고, 사림士林은 물론이요, 뭇 사람들의 존경을 한 몸에 받았던 퇴계 이황退溪 李滉을 기획재정부 장관으로 모시기로 하였다.

퇴계 이황退溪 李滉과 율곡 이이栗谷 李珥는 조선 성리학의 양대 거봉이다. 물론 성리학은 주자학朱子學을 일컫는 말이다. 이들 두 사람이 살았던 16세기는 조선 지성사에서 볼 때 사림의 성장기로 정리되곤 한다. 끊임없이 계속된 사화士禍를 겪으면서도 사림의 학문은 성숙되어지고, 학문하는 과정에서의 치열함은 사림의 세를 전국적으로 확장하게 하였다. 사士란 결국 성리를 궁구하여 그 이념을 실천하는 선비를 말하고, 사림士林이란 선비의 복수 개념이다. 이들은 수기修己하는 것으로 학자 관료인 사대부가 되었기에 치인治人하는 것을 기본으로 치세治世로 나아가는 계기로 삼게 되었다.

조선 왕조는 신유학인 성리학을 국학國學으로 삼고, 성리학적 이념을 국시國是로 천명했지만, 중국에서 들어온 새 물결 성리학을 소화하여 조선의 사상 체계로 정착시키기까지는 오랜 시간을 필요로 할 수밖에 없었다. 그러므로 성리학의 정통을 조선에 계승하고 선양한 퇴계 이황은 동방의 성사聖師로 평가될 수밖에 없다.

三

이황의 본관은 진보眞寶, 자는 경호景浩, 호는 퇴계, 도옹, 퇴도, 청량산인이며, 예안현에서 찬성공 이식李埴의 8남매 중 막내아들로 태어났다. 아버지 찬성공은 퇴계가 출생한 지 일곱 달 만에 별세하였다. 그때 32세였던 어머니 박씨는 넉넉지 못한 살림과 많은 자녀를 거느리고 홀몸이 되어 집안을 잘 다스리지 못할까 하는 염려 때문에 농사와 양잠에 더욱 힘을 기울였다. 박씨 부인은 언제나 "문장이나 글재간에만 힘쓸 것이 아니라 특히 몸가짐과 행동을 성실하게 하여야 한다."라고 가르쳤으며 또 "흔히 세상에서는 홀어머니의 자식들을 배우지 못한 것이라고 욕들을 하는데 너희들은 남보다 백 배 이상 공부하지 않으면 그 허물을 벗을 수 없다." 하고 훈계하였다.

퇴계 이황의 고명한 학문과 근검하고 성실한 인격과 행실은 바로 그의 어머니로부터 받은 영향이라는 게 정설이다. 퇴계 이황은 27세 때 향시에 합격하여 생원이 되었고, 1년 뒤인 28세 때 진사시에 합격하였다. 32세 때에 이르러 문과 초시에 등과하였으며, 34세 때 문과에 급제하자 당대의 세도가 김안로金安老가 우정 동향인이라면서 불렀으나 끝내 만나지 않을 만큼 세상을 읽는 눈이 밝았다. 그리하여 김안로의 미움을 사서 관직을 보전하기 어렵게 되기도 하였다.

퇴계 이황은 40세에 이르러서야 홍문관 교리가 되고, 41세 때 경연經筵에 참여하였으나 성리학 본연의 논리에 따라 실천궁행할 것을 청하게 되면서 '모난 돌이 정에 맞는다'라는 속언대로 외직으로 내몰리게 된다. 그러나 퇴계는 조금도 서운하게 여기지를 않았다. 옳은 일을 실행했다는 지식인 본연의 자부심 때문이었다.

율곡 이이가 벼슬을 사양하는 퇴계에게 물었다.

"어린 임금님이 처음으로 자리에 오르시어 나랏일에 어려움이 많으니 선생께서 물러가시면 안 됩니다."

퇴계 이황의 대답은 명쾌하였다.

"도리로써는 물러가는 것이 안 되지만 내 몸으로 볼 때에는 물러나지 않을 수 없소. 벼슬이란 남을 위해 하는 것이지마는 만일 남에게도 이익을 주지 못하고 오직 나에게 환患만 끼치게 된다면 그런 벼슬은 해서는 안 되오."

율곡 이이는 다시 청했다.

"선생께서 경연에 계신다면 많은 도움이 될 것입니다. 선생께서 조정에 계시면서 설사 하시는 바가 없다 하더라도 임금이 마음으로 의지하실 것이고 또한 사람들이 속으로 즐거워하고 기대하고자 하면 그것이 남에게 이득을 주는 것이 아니겠습니까?"

그러나 물러나기로 다짐한 퇴계 이황의 의지는 꺾이지 않았다.

46세 때에는 낙동강 상류 토계冤溪에 양진암養眞庵을 짓고 학문에 전념하였으며, 이 무렵에 호를 퇴계退溪라 하였다. 그리고 48세 때에 퇴계는 바라던 대로 외직으로 나가 단양과 풍기군수를 지냈으나 곧 사임한 것은 오직 학문에만 전념하기 위해서였다. 퇴계는 오래 생각하고 간직하였던 대로 전원에 보금자리를 틀고 후진 양성에 전념하게 된다.

퇴계 이황은 50세에 이르러 토계의 서쪽에 한서암寒栖菴을 짓고 독서와 사색에 열중하면서 후진 양성에 전념하고자 하였으나, 명종은 수없이 사신을 보내 조정으로 돌아올 것을 간곡히 청하였다. 물론 처음에는 완곡히 사양하였으나 왕명을 거역하기가 쉬운 일일 수는 없다.

퇴계 이황은 53세의 나이로 왕명을 받들어 성균관 사성으로 입사한 후 형조참의, 병조참의, 상호군 첨지중추부사, 공조참판, 공조판서, 부제학, 대제학, 예조판서, 이조판서, 우찬성 판중추부사로 승차하는 과정에서도 전원에서 학문에 몰두하는 일, 제자들을 일깨우는 일을 잊지 못하여 사임과 재서용再敍用을 거듭 되풀이하게 된다.

그 후 퇴계 이황은 전원에 마련한 서사에 머물면서 오직 성리性理의 학문에 전념하면서 《주자전서朱子全書》에 매달렸고, 그 교훈에 따라 진지眞知와 실천을 위주로 하여 제가諸家 학설에도 널리 통달하게 된다.

四

퇴계 이황은 인간의 바람직한 품성인 어짊, 의로움, 예의, 지혜 등 사단이 이에 의하여 발현된다고 보았다. 반면에 기쁨, 노여움, 사랑, 즐거움,

슬픔, 미움, 욕심 등 보통의 감정인 칠정은 기의 작용으로 나타난다고 믿었다. 이러한 대칭적 사고는 인심도심설人心道心說에도 적용되는데, 인심을 인욕(人慾, 사람의 욕구)과 같은 것으로 해석하여 기의 작용이라 하고, 도심은 인욕을 극복해야 도달할 수 있는 수준 높은 경지로 해석하여 이의 작용이라 하였다. 그러므로 사랑하는 제자들에게는 늘 "명예욕을 잘 다스리라." 하고 당부하였고, "무르익지 않은 공부로 높은 관직을 바라지 말라."라고 경계하였다. 오늘의 고위 공직자들에게도 꼭 들려주고 싶은 가르침이다.

퇴계 이황은 경敬을 제가諸家 수련의 덕목으로 삼고 일생 경건하게 삼가는 선비의 자세를 유지함으로써 겸허한 성격의 대학자가 되어 중종, 인종, 명종, 선조의 지극한 존경과 예우를 받을 수 있었다.

명종 대에는 임금이 그를 사모하여 송인宋寅을 도산으로 보내 퇴계가 거처하는 산수를 그림으로 그려다가 궁중 벽에 붙여 두고 멀리 있는 신하를 그리워한다. 명종은 또 문신들을 불러 〈초현부지(招賢不至, 불러도 오지 않는다)〉라는 시제를 주면서 시를 짓게 하기까지 하였다. 이는 도산의 풍광을 보고 싶어서가 아니라 그 풍광 속에 숨어 우주와 인간의 도를 깊숙이 궁구하면서 벼슬길에 휩쓸리기를 굳이 사양하는 높은 지조의 신하를 그리워함이 아니겠는가.

五

1567년, 선조가 즉위하자 이황은 사부(師傅, 왕의 스승)로 예우받게 되면서 잠시 도성에 머물기도 하였다. 이 영향으로 그의 제자들이 조정에 대거 등용됨으로써 사림 정치의 기반을 다지게 된다.

퇴계 이황이 68세 되던 해에 선조에게 올린 이른바 〈무진육조소戊辰六條疏〉는 노학자가 어린 왕을 위해 평생 축적된 학문을 여섯 항목에 담아서 풀어낸 '제왕의 길'이나 다름이 없다.

선조는 이황이 올린 〈무진육조소〉를 읽고 다음과 같은 비답을 내렸다.

내가 소장을 보고 여러 번 깊이 생각해 보건대 경의 도덕은 옛사람과 비교해 보아도 경만 한 사람이 적을 것이다. 이 6조목은 참으로 천고의 격언이며 당금의 급선무이다. 내 비록 하찮은 인품이지만 어찌 가슴에 지니지 않을 수 있겠는가.

— 《선조실록》 1년 8월 7일자

선조는 다시 도산으로 내려가 은거하고 있는 퇴계가 그리워 간곡한 말로 부르니 퇴계는 병이 들어 몸이 말을 듣지 않아 상경치 못한다고 아뢰고 일생 연구한 성리학의 요체를 열 가지 그림으로 해설한 〈성학십도聖學十圖〉를 만들어서 바쳤다. 조선의 학자로서 성리학의 체계를 재편성한 것을 일목요연한 그림으로 설명한 셈이다. 성학聖學이란 성리학적 제왕학帝王學을 일컬으며 궁극적으로 정치학을 말한다. 최고 통치자인 제왕이 하여야 할 치열한 자기 연마와 인격 완성의 방법을 제시한 것이나 다름이 없다.

〈성학십도〉를 올리면서 "신은 지극히 우루한 몸으로 헛된 이름이 잘못 알려져 임금의 부르심을 받고 강연의 막중한 자리에 나가 자리를 더럽혔습니다. 그러나 소임을 다하지 못하고 물러나 있는데 또한 부르심을 받으니 송구할 따름입니다. 바로 성학聖學을 권도勸導하여 임금의 학덕을 도야하여 요순시대 같은 덕치德治를 이룩하시기를 바라오며 전현의 것에 외람되게 신의 의견을 덧붙여 〈성학십도〉를 만들어 삼가 써서 받들어 올립니다. 신은 질병에 얽힌 몸으로 눈이 어둡고 손이 떨리어서 글을 단정하게 쓰지 못하였습니다. 만약 다행스럽게 버리지 않으신다면 경연관經筵官에게 내리시어 상세하게 논의해서 바로잡고 수정하여 글씨 잘 쓰는 사람에게 바르게 쓰게 하여 해당 관서에 보내어 병풍을 만들어서 평소 거처하시는 곳에 펴 두시고 별도로 조그마하게 수첩을 만들게 하시어 항상 책상 위에 놓아두시고 살피시어 경계를 삼아 주신다면 신의 간절한 충성심에 그보다 더 고마울 때가 없겠습니다." 하였다. 얼마나 정성 어린 충성심인가를 알 수 있다.

동방성사로 불리어도 아무 손색이 없는 퇴계 이황은 70세가 되던 해인 선조 3년(1570) 12월에 세상을 떠났다. 그날 아침에 모시는 사람을 시켜 매화분에 물을 주게 하고, 저녁에 누웠던 자리를 다시 바르게 하고 붙들어 일으키게 하여 앉아서 조용히 숨을 거두었다. 참으로 도학자다운 최후가 아닐 수 없다.

선조는 3일간 정사를 폐하고 애도하였다.

퇴계 이황이 받은 국가적 예우와 그 제자들의 정계 등장은 사림의 정치적 기초를 놓게 된다. 이것은 바로 이념적 자주로서, 외래 사상인 성리학이 조선에 정착하기 시작했다는 것을 의미한다.

　퇴계 이황은 죽어서 영의정으로 추숭되었고, 선조의 묘정廟庭에 배향되었다. 광해군 2년에 문묘文廟에 배향되었고, 예안의 도산서원을 비롯한 전국 방방곡곡 40여 개 처의 서원에 제향되었다.

　어떤가. 이만한 인품이면 대한민국 정부 조직의 첫 자리에 놓인 기획재정부 장관으로 모시는 것은 오히려 우리의 영광이 아닐까도 싶다.

장관 교육과학기술부

—

사계 김장생이
세운 예학의 법도

학문과 교육에 전념한 평생

+ 교육과학기술부

2008년 2월 29일 과학기술부와 교육인적자원부가 통합되어 교육과학기술부로 개편되었다. 과학기술부는 과학 기술 혁신 정책의 수립, 총괄, 조정 평가와 과학 기술 협력, 과학 기술 진흥에 대한 사무를 관장했고, 교육인적자원부는 인적 자원 개발 정책을 수립하고 총괄, 조정, 학교 교육 및 평생 교육, 학술에 관한 사무를 담당한 곳이다. 이 두 부처가 통합되면서 교육과학기술부는 이에 관한 모든 일을 통합적으로 관리하고 있다.

+ 사계 김장생 沙溪 金長生, 1548(명종 3)~1631(인조 9)

본관은 광산光山이고, 자는 희원希元, 호는 사계沙溪, 시호는 문원文元이다. 어려서 구봉 송익필에게 예악을 배우고, 율곡 이이에게 성리학을 배워 통달했으며, 우계 성혼에게도 사사해 기호학파의 세 거봉에게 모두 가르침을 받고 예학과 유학의 거두로 예우받았다. 국란을 겪는 와중에도 예치를 바탕으로 한 실천궁행을 솔선수범해 보였으며, 52세 때인 선조 32년(1599)에 《가례집람》을 완성했다.

一

21세기로 들어선 지도 어언 10여 년이 흘렀지만, 우리 주변을 눈여겨 살펴보면 강물이 흐르듯 유연하게 흘러가는 곳은 눈 닦고 찾아도 없다. 정부에는 지위가 높은 고관들이 많지만 하늘을 울릴 만한 감동은 고사하고 우리네 서민에게는 웃음거리에 지나지 않은 차선의 일에만 매달려 있을 뿐, 무엇이 본질인지조차를 가늠하지 못하고 있다. 국회라는 곳도 난잡하기는 매한가지다. 그 구성원을 살펴보면 교수, 박사, 장관, 판사, 검사 등을 지낸 최고 지성인 집단이 분명한데, 하는 짓거리를 보면 장터를 찾아 헤매는 보따리장수의 모양새나 다름이 없다. 심지어 법치의 상징인 재판정에서조차 피고가 판사에게 등을 돌려 앉는 전대미문의 광경이 벌어지고 있는데도 그 많은 법과 대학의 교수들은 입 다물고 있을 뿐, 그것이 얼마나 위험한 일인지 입에 담지를 않는다.

왜 나라 전체가 이토록 천박하게 되어 가는가. 모든 일의 근본이 잘못되었기 때문이다. 근본이 잘못되면 가치의 척도가 무너진다. 가치의 척도가 무너지면 나라도, 개인도 볼품이 없어진다. 역사는 이러한 것들을 경험하면서 흘러가고, 동시에 타개책도 함께 제시한다. 역사가 단순히 지나간 시대의 기록만이 아니라 미래와 이어 주는 맥락과 같다는 논리는 그래서 철칙이다.

조선 예학禮學의 종주宗主이자 거벽인 사계 김장생沙溪 金長生은 마치 오늘 우리의 일을 경계하듯 그 처방을 확실하게 제시하고 있다.

법으로 규제하면 피동적인 국민이 되고, 예禮를 가르치면 스스로 알아서 행동하는 상식적인 국민이 된다.

무려 400년 전의 기록인데도 오늘 우리의 현실을 눈여겨 살펴보면서 적은 구절로 착각될 정도다. '예'로써 청소년들을 가르치면 스스로 알아서 행동하는 상식적인 국민이 되고, '지식(법)'으로써 청소년들을 가르치면 피동적인 국민이 된다. '예'는 '의義'와도 같다.

우리 역사에 기록된 이 같은 선현들의 가르침은 그대로 교육의 기본이 되어야 하는데도 오늘의 교육은 장소와 때를 가리지 아니하고 '예' 보다 '지식'을 우선하여 가르친다. 사설 학원이 공교육을 지배하는 우리의 풍토가 '예'보다 '법'을 중히 여긴 결과이다. 그러므로 '예의 바른 국민과 도덕적인 문화 국가를 만들기 위한 통치 방법'을 모색하자면 '예'를 숭상하여 실천하는 교육이 아니고는 달리 방책이 없다.

지금 우리가 지향해야 할 길은 품격이 있는 나라를 만들어야 하는 일이다. 그 품격의 요체는 곧 예치禮治일 수밖에 없다. 이 중차대한 일이 이미 반세기 전에 우리의 선현들에 의해 토대가 놓였다면, 그 주인공을 우리 정부의 교육과학기술부 장관으로 모시고 지엽말단이 아닌 교육의 근본을 탐색하지 않을 수가 없다.

二

사계 김장생은 조선 조 예학의 종주이다. 대궐에서의 일이건 사가에서의 일이건 예禮에 관한 일이라면 모두 김장생에게 물었고, 그의 대답이 곧 예禮가 될 정도였다.

김장생은 명종 3년(1548), 서울 황화방 정릉동에서 김계휘金繼輝와 평산 신씨 사이의 외아들로 태어났다. 본관은 광산光山이고, 자는 희원希元, 호는 사계沙溪, 시호는 문원文元이다.

어려서 구봉 송익필龜峰 宋翼弼에게 예학을 배우고, 뒤에 율곡 이이에게 성리학을 배워 통달함으로써 예학과 유학의 거두로 예우받는다. 나라의 전례典禮나 모든 행사에 의문이 생기면 모두 김장생에게 물어보고 그 해답으로 규범을 삼았을 정도다.

사계 김장생의 첫 번째 전환기는 열세 살 되던 해, 구봉 송익필의 문하에 들어가 예학을 배우면서 맞게 된다. 이때 성리학의 기본서인 《근사록近思錄》을 익히며 학문적 기초를 착실하게 쌓아 간다. 그리고 스무 살 때 율곡 이이의 문하에 들어갔고, 그의 정통正統을 계승함으로써 기호학파畿湖學派의 학맥을 이어가는 주축이 되었다.

사계 김장생은 이 시기에 성학聖學, 帝王學을 터득하면서 예학에 정통하게 됨으로써 율곡 이이로 하여금 특별한 기대와 촉망을 걸게 하였다. 스승 율곡 이이로부터 극찬을 받을 만한 학문이었어도 시험 운은 극히 없었던 모양으로 사계 김장생은 과거에 응시는 하였어도 늘 실패만을 거듭하였다.

결국 선조 11년(1578), 등과가 아닌 학행學行으로 천거되어 창릉참봉昌陵

參奉이 된 후, 순릉참봉順陵參奉을 거처 동몽교관童蒙教官, 정산현감定山縣監 등을 지내면서도 오로지 학문의 궁구와 축적에 전념하였다.

선조 13년(1580), 서른세 살 때 파산破山에 있던 우계 성혼을 찾아가 배움을 청한다. 이로써 사계 김장생은 기호학파의 세 거봉인 율곡, 구봉, 우계의 학문에 연원淵源을 대게 된다. 그 세 선생은 아버지 김계휘와 동지이기도 했다.

사계 김장생은 자신의 주론인 예론을 실천하는 것으로 맡은 고을을 다스렸으므로 그의 선정은 고을 사람들의 존경을 한 몸에 받게 되었고, 또한 예론을 실천하는 것을 선정의 바탕으로 삼았기에 청렴결백함으로도 일세를 풍미한다. 물론 후일의 일이지만 청렴결백의 표상인 청백리淸白吏로도 녹선되었다.

그리하여 16세기 말 퇴계와 율곡의 조선 성리학을 학문적으로 토착화하고 있는 과정에서 사계 김장생은 임진년의 왜란과 정묘년의 호란을 모두 겪었다. 물론 개인적으로는 불운으로 치부될 수도 있으나, 두 번에 걸친 국란을 겪으면서 극도로 황폐해진 백성의 마음을 위로하여 하나로 통합하고, 도덕적으로 하자가 없는 국가를 재건하기 위해서는 예치禮治을 바탕으로 실천궁행하는 길이 최선임을 솔선수범해 보였다.

조정과 백성이 서로 예로써 신뢰하고, 의로써 바른 길로 가게 하는 것이 김장생의 신념이다. 그러므로 학문을 닦아서 그 성과를 알았다면 실천 궁행하는 것이 사림의 도리가 아니겠는가.

사계 김장생의 추구하는 예치(도덕 정치)에 결정적인 장애 요인이 등장한다. 광해군 5년(1613)에 일어난 소위 계축옥사癸丑獄事는 그의 예와 의를 일거에 무너뜨리는 일대 참변이나 다름이 없었다. 이른바 대북파의 거두이자 정권의 실세인 이이첨李爾瞻, 정인홍鄭仁弘 등이 광해군의 정봉성을 보장한다는 구실로 선조 조의 국구國舅인 김제남金悌男을 사사하고, 김제남의 따님이자 선조의 계비인 인목대비를 서궁(西宮, 지금의 덕수궁)에 유폐한다. 그리고 그분의 외동아들이자 선조의 적자인 영창대군을 강화 섬에 유배하였다가 쩌서 죽이는 참변을 저지른다. 역사는 이 사건을 폐모살제廢母殺弟의 패덕이라고 적었다.

사계 김장생은 탄식을 거듭한다. 예치만이 나라를 다스리는 최선의 길이요, 의義로운 길을 따르는 것이 품격 있는 나라를 만드는 첩경이라고 가르쳐 왔는데 조정 실세들에 의해 이 철칙이 무너지고, 한 술 더 떠서 임금이 이에 동조를 한다면 무지한 백성들은 도덕적 가치나 기준을 어디에다 두어야 하나.

설상가상이라고 했던가, 이때 김장생의 서제庶弟가 반대파에 연루됨에 따라 그도 화를 면할 수 없는 상황이 된다. 광해군은 장모인 정씨에게 김장생의 처단을 자문받는다. 정씨는 김장생이 당세의 대유大儒인 까닭으로 많은 선비들이 따르고 있는데 만약 체포하여 치죄하면 크게 인심을 잃을 것이라고 충고한다. 이 충고로 김장생은 화를 면하게 되었고, 이를 계기로 모든 관직을 사퇴하고 연산連山으로 은퇴하여 오직 학문의 궁구에만 전념하게 된다.

사계 김장생은 52세 때인 선조 32년(1599년)에 필생의 역작인《가례집람家禮輯覽》을 완성한다. 지금까지 가례의 전범이었던《주자가례朱子家禮》를 미완성으로 간주하고 여러 예기禮記의 학설을 모아 조목별로 재해석하여 보충했음은 물론, 책머리에 도설圖說을 실어 고금의 의물儀物을 증험證驗할 수 있게 하는 구체적인 내용을 담았다.

조선 예학의 집대성이나 다름이 없는《가례집람》의 특징은 조선의 현실에 적합한 예론 정립에 있다. 사실 이때까지만 해도 조선의 사람들은 상례喪禮와 제례祭禮를 행할 때《주자가례》를 조금씩 자신의 가문이나 현실에 맞게 수정하거나 보완하는 정도였으므로 조선에 알맞은 예서禮書의 출현은 시대의 요구에 부응하는 일이기도 하였다.

사계 김장생은 정암 조광조가 그랬던 것처럼《소학》을 최고로 평가하고, 그 가르침을 종신토록 삶의 준칙으로 삼았다. 그리고《중용中庸》,《대학大學》,《심경心經》,《근사록近思錄》등의 고전을 완벽하게 암송하여 마치 자기의 생각을 말로 옮기는 것처럼 유창하였다. 이러한 독서의 결과물이 또 하나의 명저《경서변의經書辨疑》이다. 어떤 책을 독서하면 그 책의 취지를 밝히고, 의심이 나거나 석연치 못한 부분을 평설하는 한편, 친구나 문인 후생에게도 문의하여 그들의 설까지 빠뜨리지 않고 함께 적은 책이다. 이《경서변의》는 1618년 71세 때의 역작으로《가례집람》과 쌍벽을 이루는 사계 김장생의 대표 저작이다.

三

사계 김장생이 세상을 떠난 다음에 벌어진 예송禮訟은 예의 기준을 정치 문제화한 것으로 서인과 남인 간 노선 분립의 주요 기점이 되었다. 예론禮論을 탐구하는 학문이 예학禮學이고, 예학의 입문서가 예서禮書이며, 예론을 정치 문제화한 사건이 예송이다. 김장생이 그러한 일련의 지적 풍토에 초석을 놓았다는 점에는 누구도 이의를 제기하지 않는다.

정원군의 추존으로 인조와의 갈등이 상존하는데도 사계 김장생은 인조 2년(1624), 이괄李适의 난이 일어났을 때 77세의 노구를 이끌고 충청도 공주로 이어지는 인조의 피난길을 호종하였다. 3년 뒤에 정묘호란丁卯胡亂이 일어났을 때는 80세의 노령임에도 아랑곳하지 아니하고 의병을 모집하는가 하면, 강화도 행궁行宮에 입시하는 등 임금에 대한 신하의 도리를 공손히 다하였다.

인조 9년(1631) 사계 김장생은 파란으로 점철된 생애를 마감한다. 향년 84세, 사람들은 그의 이름처럼 오래 살았다고 말하기도 한다. 김장생은 살아서 이미 당대 사림의 상징적 존재였고, 국가의 부름이 끊이지 않았던 말년의 7, 8년이 생애의 전성기였다 하여도 과언이 아니다.

사계 김장생이 세상을 떠나자 상복을 입은 문인이 수천 명에 이르렀고, 고향인 연산의 진금면 성북리에 묻혔다. 사계 김장생의 아들인 신독재 김집愼獨齋 金集 역시 가학家學을 이어받아 아버지의 예학을 완성하고, 아버지 사후에 그 제자들까지 계승했으니 문인들은 김장생을 노선생으로, 김집을 선생으로 불렀다.

대한민국의 교육과학기술부는 교육의 근본보다 학교 폭력이나 사교육의 팽창, 돈 봉투를 돌리는 등의 부정과 같은 지엽말단에 매달려 있다. 교육이 백년대계임을 안다면 시간이 걸리더라도 그 근본부터 바로잡아야 한다. 모든 일의 근본이 바로 잡히면 지엽말단의 일은 자연히 소멸된다.

사계 김장생의 학문과 사상 그리고 실천 의지가 지금 우리 교육과학기술부에 정착된다면 교육의 백년대계가 바로 잡힐 것으로 기대해 본다.

외교통상부 장관

젊은 승려
이동인의
불꽃 인생

사토 페이퍼가 의미하는 것

+ 외교통상부

외교 정책의 수립 및 시행, 외국과의 통상 및 통상 교섭, 대외 경제 관련 외교 정책의 수립 시행 및 종합 조정, 조약과 기타 국제 협정에 관한 사무 관장, 재외 국민의 보호 지원, 문화 협력 및 대외공보 사무 관장, 국제 사정 조사 및 이민 사무를 관장한다. 조직의 수장은 장관이며, 장관 휘하에 제1차관, 제2차관을 두며, 장관급인 통상교섭본부장이 따로 있다. 통상교섭본부는 기획재정부, 농림수산식품부, 지식경제부 등 통상 관련 부처의 의견을 총괄하고, 대한민국을 대표해 외국과 통상 교섭을 수행한다.

+ 이동인 李東仁, ?~1881(고종 18)

조선 말기 개화승. 개화사상에 눈뜬 이래 고종 16년(1879) 메이지유신 이후의 일본으로 밀항하여 조선 근대화를 위해 노력했다. 교토 히가시혼간지에서 10개월간 근대 일본을 살피고, 도쿄에서 일본 외무성 고위 관리, 사회 저명인사, 외국인 공사와 친교를 맺어 조선 수신사 김홍집에게 큰 도움을 주었다. 이후 조선의 비밀 외교관으로서 활약하며 고종의 총애를 받았다. 1881년 2월에는 통리기무아문 참모관으로 임명되어 고종의 밀명을 수행했으나, 3월 고종을 배알하고 퇴궐하는 길에 행방불명되었다.

—

　조선 시대는 오늘과 달라서 인접 국가와의 접촉이 있었어도 그 접촉을 요즘 우리가 사용하는 '외교外交'라는 용어로 일관하여 묶기는 어렵다. 오늘과 같은 교통수단이나 통신수단이 미비하였던 탓으로 접촉할 수 있는 국가가 많지를 않았기 때문이다.

　조선 왕조가 접촉할 수 있었던 나라도 중국(명나라, 청나라)과 왜국(倭國, 일본) 그리고 유구국(琉球國, 지금의 오키나와) 정도였다. 그러나 중국과의 관계에서는 알게 모르게 속방屬邦의 처지로 처신하였던 까닭에 중국에서는 공물이나 인질을 과다하게 요구하여 조선 왕조를 위축되고 난감하게 하였고, 조선의 처지로서는 조금이라도 더 탕감하기 위해 저자세로 임할 수밖에 없었던 것이 이른바 외교의 전말이나 다름이 없었다.

　교활한 중국은 조선으로 보내는 사신들을 조선의 내막을 잘 아는 조선 출신의 내시인 정동鄭同과 같은 자를 보냈던 탓으로 조선 조정은 그가 도착하기도 전에 그의 척족들에게 벼슬을 내리는 등 저자세로 임해야 했고, 장관급인 판서로 하여금 그의 편의를 돌보게 하였을 정도라면 외교라는 말을 쓰기조차도 민망해진다.

　반대로 조선 왕조에서는 새 임금이 등극하였다던가, 새 왕비를 맞으면 이를 중국에 알리는 사신을 파견하였는데 그 이름조차도 무엇을 청해야 한다는 뜻의 주청사奏請使였고, 또 천자에게 새해나 동지冬至의 문안을 올리는 사절단의 이름이 각각 하정사賀正使, 동지사冬至使 등이었다면 정상적인 외교의 관례라고 말할 수가 없다.

　왜국과의 경우를 살펴도 별로 다를 것이 없다. 왜국에 통신사通信使를 보낸 것도 일방적인 시혜에 불과했을 뿐 외교적인 관행으로 보기가 어렵다는 사실은 왜국이 단 한 번도 답례의 통신사를 보낸 일이 없다는 것으로 잘 드러난다. 더구나 왜국의 사정을 대마도 도주로 하여금 대행하게 하면서부터는 조선 조정의 명이 왜국으로 하달되는 수준에서 벗어나기가 어려웠다.

유구국과의 경우도 다를 것이 없다. 유구국의 산남왕山南王이 조선에 망명하여 조선 여인과 결혼하여 진주에서 살고 있었어도 별다른 외교적인 접촉은 없었고, 다만 그의 귀국을 종용하는 사신이 한 번 다녀갔을 뿐이다. 그러면서도 '유구국 국왕이 앵무새 한 쌍을 보냈다'라는 식의 기사가 왕조실록에 등재되어 있는 것이 신통할 정도다.

조선 왕조에서 외교라는 용어가 활발하게 쓰이게 된 것은 18세기 이후 세계가 근대화의 물결에 휩싸이어 영국이나 프랑스가 새 식민지를 찾아 동진東進을 시도하면서 인도, 인도차이나, 중국이 저들에게 유린되던 시기부터라고 보는 것이 정상이다.

병인년(1866)에 미국 상선 제너럴셔먼 호가 대동강에서 불탔고, 프랑스 해군이 강화도를 유린할 때도 외교 통로가 없었던 것이 피해를 더하게 하였다. 또 신미년(1871)에는 미국 해병대가 강화도를 쑥밭을 만드는데도 조선 왕조는 외교적인 개념의 대책을 수립할 수가 없을 정도로 무지하였고, 또 국제 정세를 헤아리지 못했다.

막부幕府 체제의 일본국이 메이지유신明治維新에 성공하여 세계에 문호를 개방하기에 이르면서 외교의 중요성을 깨닫게 되었고, 게다가 조선 침략이 구체화되면서 근대적인 외교 정책을 조선에 적용하려 들었다. 그러나 조선 조정은 그와 같은 신생 일본국의 외교 정책을 이해하기는 고사하고 '왜국의 오만' 정도로 치부하면서 그 문서조차도 접수하지 않는 무지(고자세)를 드러내면서 위기를 자초하였다.

조선 정부의 무지가 이런 정도일 때 조선 근대화의 요원한 불길을 올린 선각의 지식인들이 있었다. 백의정승이라 불리던 의원醫員 유홍기劉鴻基, 역관譯官 오경석吳慶錫 그리고 서울 신촌에 있는 봉원사奉元寺에 승적을 둔 젊은 승려 이동인李東仁 등이 바로 조선 근대화의 불꽃이었다.

二

1980년, 영국 외무성에서는 비공개 시효가 만료된 외교 문서 〈사토 페이퍼Satow Paper〉를 공개하였다. 이 문건은 조선 말기의 외교사를 다시 써야 할 만큼 충격적인 내용을 담고 있다. 이 〈사토 페이퍼〉가 쓰인 시기가 1880년 무렵이면, 장장 100년 만에 햇빛을 보게 된 셈이다.

문건을 적은 어니스트 사토Ernest Satow는 이동인이 일본으로 밀항하여 히가시혼간지(東本願寺, 일본 교토에 위치한 절)의 승려가 되어 일본에서 활동하고 있을 무렵, 주일 영국 공사관의 2등 서기관으로 근무하던 37세의 외교관이다. 그는 일본 근무를 마치면 조선으로 갈 생각이었던 모양으로 자신에게 조선어를 가르쳐 줄 개인교사를 초빙하고자 했다.

조국 조선의 근대화를 위해 물불을 가리지 않던 이동인에게는 낭보가 아닐 수 없다. 이동인이 지체 없이 주일 영국 공사관으로 달려가 어니스트 사토를 만난 날이 1880년 5월 12일이다.

"처음 뵙겠습니다. 제 이름은 아사노朝野라고 합니다."

"아사노라니요? 그것은 일본 이름이 아닙니까?"

"그렇지요, 그러나 나는 조선에서 왔으니까 조선 야만Korean Savage이라는 뜻이지요."

1880년 5월이면 한미수교조약이 체결되기 2년 전인데, 그러한 시기에 조선의 개화승과 영국의 직업외교관이 마주 앉아 일본어로 대화를 나누었다는 사실은 주목하고도 남을 일이다.

자, 이쯤에서 〈사토 페이퍼〉의 본문을 살펴보기로 한다.

오늘 아침 아사노朝野라는 이름을 가진 조선인 승려가 찾아왔다. 그는 아사노라는 이름이 조선 야만(朝鮮野蠻, Korean Savage)이라는 뜻이라고 재치 있게 설명하면서 세계를 돌아보고 자기 나라 사람들을 개화시키기 위해서 비밀리에 일본에 왔노라고 말했다. 그의 일본어는 서투른 편이었지만, 우리는 서로를 충분히 이해할 수 있었다. 그는 외국 문물이 엄청나다는 것이 거짓이 아니라는 것을 돌아가서 자신의 동포에게 확신시키기 위해 유럽의 건물이나 그 밖에 흥미 있는 것들을 찍은 사진들을 구입하고자 했다. 또한 영국을 방문하기를 열망하였다. 그는 자기가 서울 토박이라고 말하면서, 서울에서는 '쯔tz'라고 발음하지 않고 '츠ch'라고 발음한다고 말했다. 그는 오는 일요일에 다시 오겠다고 약속했다.

이동인과 어니스트 사토의 극적인 만남을 소상하고도 흥미롭게 기술

하고 있음을 볼 때, 두 사람은 초대면인데도 서로의 관심사에 대해 허심탄회하게 의견을 교환했음이 분명하다. 이동인이 영국을 방문하기를 열망하였다는 대목이 그 점을 입증하고 있으며, 또 조선말의 발음을 논의하면서 '쯔'가 아니라 '츠'로 발음해야 한다고 교정해 주고 있다면 어니스트 사토가 이미 조선어를 어느 정도 학습하고 있었음도 알 수가 있다.

〈사토 페이퍼〉는 더욱 흥미롭게 이어진다.

1880년 5월 15일.

나의 조선인 친구가 다시 왔다. 그는 조선이 수년 내에 외국과 수교를 맺게 될 것이지만, 그러기 위해서는 현 정부를 전복할 필요가 있을 것이라고 말했다. 그는 자기와 같은 생각을 가진 젊은 사람들이 날로 늘어나고 있다고 했다.

(중략)

나는 여러 건물들의 모습이 담긴 사진과 전쟁터의 사진 그리고 사진 잡지에서 추려 낸 사진들을 다 그에게 주었다. 그는 또 이홍장李鴻章이 청국 주재 영국 공사관의 제의에 따라 외국 열강들과 관계를 열도록 조선 정부에 충고하는 편지를 보냈는데, 그의 친구들이 일본을 좋지 않게 이야기했을 그 문서를 일본에 있는 자기에게 보내는 것이 안전하지 않다고 생각했기 때문에, 그 문서의 사본을 받아 볼 수 없었다고 말했다. 조선인은 16세기에 도요토미 히데요시가 일으킨 부당한 전쟁 때문에 일본을 싫어하며, 많은 조선 주민들이 일본인과 이웃하며 사는 것을 피하기 위해 조국을 떠났다고 했다.

그는 현재 한일 간의 무역에서는 전적으로 유럽 상품을 거래하고 있으며, 조선이 다른 나라와 교역을 하게 되면 일본과의 교역은 사라질 것이라고 하면서 영국이 조선과 교역할 생각이 있느냐고 나에게 물었다. 나는 영국이 어느 나라와도 교역 관계를 갖기를 열망하지만, 원하지 않는 나라에 사절을 보냈다가 거절당해 되돌아오게 되면 영국으로서는 그 모욕에 보복을 해야 하기 때문에 그러한 나라에는 사절을 보내지 않을 것이고, 따라서 조선이 교역 관계를 맺을 의욕을 보일 때까지는 그대로 둘 것이라고 말했다. 그는 1878년에 내가 가져갔던 문서의 사본을 보고 내 이름을 익혀서 나를 찾아왔던 것이다. 그는 3시간가량 머물다가 갔다.

나는 오는 20일, 시계를 사러 요코하마 시장에 데리고 가기로 약속했다. 그는 금, 석탄, 철 및 연해의 고래 등 풍부한 조선의 자원을 개발하는 일에 매우 깊은 관심을 가지고 있었다. 그는 좋은 인삼과 나쁜 인삼의 견본을 나에게 주었는데, 유럽의 의사들이 인삼을 이용할 수 있게 되면 인삼이 조선의 중요 수출 품목이 될 것이라고 생각하고 있었다.

이로부터 4년 뒤에 갑신정변甲申政變이 일어나게 되는데, 김옥균, 홍영식, 박영효, 유길준 등의 주역들이 모두 그의 문도였다는 사실을 감안한다면 이동인의 밀항이 갖는 의미가 더욱 소중해진다.

三

수신사로 일본을 방문했던 김홍집金弘集은 이동인의 주선이 없으면 아무것도 못할 정도로 곤경에 처한다. 통역이 있다 하여도 국제 정세를 모르니 임기응변의 화술을 취할 수가 없다. 그런 와중에서 김홍집 일행의 숙소가 동경 소재 히가시혼간지 아사쿠사 별원淺草別院으로 정해진다. 공교롭게도 거기가 바로 이동인이 머물고 있는 사찰이라면 하늘의 도움이나 다름이 없다.

이동인은 일본 외무성의 고위 관리는 물론, 사회 저명인사며 특히 외국인 공사들과도 친분을 두터이 하고 있었던 시절이다. 김홍집이 일본에 온 외교적인 소임을 다하기 위해서는 이동인에게 도움을 청하지 않을 수가 없다. 다른 말로 바꾸면 형조참의인 조정의 고위 관직자가 중인中人 신분인 승려에게 머리를 숙이게 된 것이나 다름이 없다. 조선에서라면 하늘이 두 쪽이 나도 불가능한 일이 비록 동경 땅 한복판에서라도 이루어졌다면 500년을 지켜 온 신분의 벽이 무너지는 경우나 다름이 없다.

젊은 승려 이동인의 종횡무진의 노력과 활약으로 김홍집은 소기의 목적을 훌륭하게 완수할 수가 있게 된다. 이를테면 외교의 힘, 혹은 외교의 수완이 국익을 좌우한다는 사실을 김홍집은 이동인을 통해 체험으로 터득한 셈이나 다름이 없다.

김홍집은 맡은 소임을 다하고 귀국하여 고종황제에게 복명을 하는 자리에서 놀랍게도 이동인이라는 젊은 승려의 존재와 외교 역량까지 보고를 한다.

"그 조선 승려가 어느 나라 말을 쓰던가?"

"능숙한 일본어를 구사하였습니다."

"그 승려가 지금은 어디에 있는가?"

"귀국한 줄로 아옵니다."

감동이 얼마나 컸던지 고종황제는 이동인을 창덕궁으로 부른다. 배불숭유排佛崇儒하는 나라에서, 승려의 도성 출입을 금지한 조정에서 고종이 극비리에 이동인을 대궐로 불러 만났다는 사실은 국법이 아니라 국시國是를 어기는 일이나 다름이 없다.

이동인의 입궐을 계기로 고종과 명성황후는 처음으로 조선인이 입에 담는 서구 문물과 일본의 근대화 과정을 소상히 알게 되었다. 또한 이동인이 마련해 온 사진 등으로 서구 문물의 실체를 확인하게 된다. 이로 인해 고종과 명성황후는 보다 확실한 조선 근대화의 방향을 모색하게 된다.

"동인은 다시 일본으로 가 과인이 지시하는 바를 수행할 수가 있겠는가."

이 또한 경천동지할 일이지만, 이동인은 한술 더 떠서 고종황제의 신임장을 요구한다. 이동인의 외교적인 능력을 인정한 고종은 이를 거부할 까닭이 없다.

고종은 이동인에게 신임장과 함께 금봉金棒 세 개를 내려 주면서 다시 한 번 일본국에 다녀올 것을 명하지만, 이 사실이 조정의 수구 세력에게 알려진다면 큰 문제가 야기될 것이 분명하다. 이에 고종은 스스로 "부산에서 떠나면 남의 눈에 띌 염려가 있으니 원산에서 떠나라."라고 몸소 당부했을 정도다.

〈사토 페이퍼〉는 이 사실까지도 입증하고 있다.

> 아사노가 어젯밤 갑자기 나타났다. 이제 막 도착했다면서 큰 가방을 들
> 고 있었는데, 국왕이 개명했다는 희소식과 국왕이 내준 여권(신임장)을
> 가지고 있었다. 그는 조선이 러시아로부터 공격당할 위험이 있다는 것
> 을 국왕이 깨닫고 있으며, 몇 주일도 채 지나기 전에 개화당이 현 배외
> 내각排外內閣을 대치하게 될 것 같다고 말했다.

이동인은 어니스트 사토의 소개로 고베에 주재하고 있던 또 한 사람의
영국 외교관(영사)인 아스톤W. G. Aston과 사귀면서 서신 연락을 하는 등 일
본국이 세계 여러 나라와 외교 관계를 수립할 때의 조약 문서를 모두 수
집해 조선어로 번역하여 대한제국의 대외 전략을 세우면서 비밀 외교관
의 구실을 완벽하게 수행한다. 그것은 조선 근대화를 위한 불길을 당기는
일이나 다름이 없었다.

이 같은 사정으로 미루어 본다면 당시 개화와 수구의 양 갈래로 갈라졌
던 조선 지식인 중에서 근대화의 필요성과 방향을 가장 정확하게 파악하
고 있었던 인물이 이동인이었다는 사실을 누구도 부정할 수가 없다.

四

이동인이 일본에서 비밀 외교관으로 활동하고 있는 동안, 대한제국은

통리기무아문統理機務衙門으로 정부 조직을 개편하고 6조 조직을 13개 사司로 늘리는 근대 정부의 형식을 취하면서 영의정 대신 총리總理를 정부의 수반으로 하는 정치 개혁을 단행하였다.

이 무렵 이동인은 고종의 밀명을 수행하고 돌아온다. 고종은 비로소 일본이 근대화되는 과정 및 세계 여러 나라와 외교 관계를 맺을 수밖에 없었던 내막을 소상하게 알게 되었다. 또한 그에 못지않게 이동인의 외교 능력을 탐내게 된다. 이동인을 정부 요직으로 등용하여 외교를 맡긴다면 낙후된 조선도 문명국 수준의 외교를 펼칠 수가 있을 것임을 확신하였기 때문이다.

"동인도 이젠 환로(宦路, 공직)에 나서야 하지를 않겠느냐."

출사의 권고나 다름이 없다. 의원, 역관, 승려 등의 중인들은 과거에도 응할 수가 없었고, 따라서 벼슬길에 나갈 수도 없었던 시절이다. 더구나 불교를 멀리하고 유학을 숭상하는 조선에서 젊은 승려 이동인을 고위 공직으로 발탁한다는 것은 모험이나 다름이 없다.

이동인의 급격한 부상은 수구 세력이나 젊은 개화 세력 양쪽 모두에게 위기감을 불러일으킨다. 과거에 응할 수 없는 승려 신분인 이동인이 조정의 고위 관원이 되고, 만에 하나라도 외교를 좌지우지하는 위치에 있게 된다면, 이 땅의 양반 사대부들에게는 굴욕이 아닐 수 없고, 500년을 이어 온 신분 제도의 벽까지 무너질 위험이 있다. 설혹 개화의 필요성을 느끼고 있는 젊은 관직들이라 하더라도 중인이자 승려의 지도나 지배를 받게 되는 것을 환영할 까닭이 없다.

뿐만이 아니다. 청나라에서도 국제 정세에 정통한 조선인의 출현은, 특히 청나라의 북양대신 이홍장에게는 눈엣가시와 같은 존재일 것이다. 일본도 처음과는 달리 자신들의 속내를 꿰뚫어 보는 이동인의 존재를 달갑게 여길 까닭이 없다.

이 같은 주변의 여러 사정이 복합적으로 작용하여 1881년, 이동인은 고종을 배알하고 퇴궐하는 길에 행방불명된다. 조선의 자주적인 근대화를 원치 않는 사람들에 의해 암살된 것이 분명하다. 그러나 언제, 어디에서, 누구에게 암살되었는지는 지금까지도 알려지지 않고 있다.

다만 많은 기록이 민영익이 주도하던 민씨 일문이나 흥선대원군 쪽의 소행일 것이라는 추측을 적고 있을 뿐이라 안타까운 노릇이다. 하지만 조선에 대한 영향력의 상실을 우려한 청나라 자객에게 살해되었을 가능성도 배제할 수 없으며, 혹은 조선의 자주 외교 노선을 차단하기 위한 일본 쪽 낭인에게 목숨을 잃었을지도 모른다. 물론 나의 생각은 후자의 범주에 있다. 확인할 방법은 없지만, 이때 이동인의 나이 서른 한두 살 정도로 추정된다.

그러나 이상하다. 이동인이 조선 근대화에 이바지한 공헌이 이같이 명백한데도, 이 엄연한 사실이 역사의 전면으로 부상하지 못하는 것은 고사하고, 역사 교과서에도 등재되어 있지 않은 까닭이 무엇일까. 역사학자들이 편협한 탓인가, 아니면 공부가 모자란 탓인가, 그것도 아니라면 당연히 역사 인식의 부족으로 지적되어야 마땅하다.

조선 근대화를 위해 스스로 목숨을 건 밀항까지 결행하면서 일본 승려가 되어 근대화된 일본국의 문물을 익히고, 일본 땅에 주재하고 있던 영국 외교관 어니스트 사토의 친분과 주선으로 다른 외국 공사관을 내왕하면서 조선 최초의 외교의 방향을 잡고 길을 텄던 젊은 승려 이동인. 그의 불꽃과 같았던 열정이 오늘 대한민국의 외교통상부 장관으로 다시 살아난다면 적극 외교의 대로가 열릴 것으로 기대해 본다.

통일부 장관

—

지천 최명길의
양시론

병자호란을 수습하는
양 갈래의 길

+ 통일부

사회 각계에서 제기된 통일 논의를 정부 차원에서 수렴하여 체계적이고 제도화된 통일 정책을 수립하고 추진하기 위해 출범했다. 이는 분단국이라는 특성을 반영, 통일 업무를 전담하는 중앙 행정 기관이 창설됐다는 의미를 지닌다. 통일부는 통일 및 남북 대화, 교류, 협력에 관한 정책 수립 및 통일 교육 등 기타 통일에 관한 사무를 관장한다.

+ 지천 최명길 遲川 崔鳴吉, 1586년(선조 19) ~ 1647년(인조 25)

본관은 전주全州, 자는 자겸子謙, 호는 지천遲川, 창랑滄浪, 시호는 문충文忠. 선조 38년(1605) 생원시 장원, 증광문과 병과에 급제하였다. 인조반정에 가담해 정사공신이 되었으며, 이조참판, 홍문관 부제학, 사헌부 대사헌 등을 역임했다. 정묘호란 때는 강화의 불가피함을 주장하여 화의가 성립된 후 지탄을 받았으며, 병자호란 때 역시 현실적인 문제를 고려해 주화론을 견지하였다. 삼전도의 굴욕 이후 전쟁이 매듭지어지고, 1641년 청나라로 끌려갔다가 귀국하여 영의정이 되었다.

一

두 가지 사안을 논란하면서 이쪽도 옳고, 저쪽도 옳다는 식으로 양쪽 모두를 옳다고 주장하는 견해를 양시론兩是論이라 한다. 양시론을 주장하는 사람을 '양다리를 걸쳤다'라고도 하고, 때로는 줏대가 없는 사람이라고 평가절하하는 것이 일반적인 견해다. 그러나 이쪽도 옳고, 저쪽도 옳을 수밖에 없는 부득이한 사정이 아주 없는 것은 아니다.

1627년에 정묘호란丁卯胡亂이 있었고, 9년 뒤인 1636년에는 치욕의 병자호란丙子胡亂을 겪었다. 조선 강토를 쑥밭으로 만들고, 조선 민족의 자존심까지 짓밟아 버린 두 호란은 차마 입에 담지조차도 못할 참담한 전화戰禍였다. 두 호란을 겪으면서 조선 조정은 죽더라도 나아가 싸워야 한다는 주장과 비록 오랑캐라 하더라도 서로 협상하여 전쟁만은 막아야 한다는 견해로 살인적인 대립을 하게 된다.

조선 민족의 자존심을 세우기 위해 나아가 싸운다면 이길 방도가 없고, 나아가 싸우지 않는다면 살아 있는 민족이랄 수가 없다. 참으로 딱한 지경이 아닐 수 없다. 그렇다고 하더라도 발등에 떨어진 불이다. 싸워서 전멸한다면 나라가 송두리째 없어질 것인데, 그런 비극을 막기 위해 오랑캐와 협상을 하여 전쟁을 막아야 한다는 주장을 나무랄 수도 없다.

나아가 싸우자는 자존심은 바로 충절과 연결이 되지만, 협상을 주장하면 비열하기 그지없는 금수禽獸가 되기 십상이다. 그러므로 나아가 싸우자고 주장하는 청음 김상헌淸陰 金尙憲은 천하에 다시없는 정의로운 사람이 되었고, 협상을 하여 전쟁을 방지해야 한다는 지천 최명길遲川 崔鳴吉은 개돼지가 될 수밖에 없었다.

지천 최명길은 개돼지의 취급을 받으면서도 끝까지 협상을 주장하였고, 청음 김상헌은 한 치의 승산도 없음을 잘 알고 있으면서도 나아가 싸워야 한다고 피를 토하듯 외쳤다. 싸워서 지면 나라가 없어진다는 사실을 알면서 그 길을 주장할 수밖에 없는 것이 충절의 길이다. 그러나 우여곡절을 거듭한 끝에 지천 최명길의 협상론이 채택되어 인조는 삼전도三田渡의 수항단受降壇에 나가 적장 홍타이지(皇太極, 청나라 태종)에게 치욕의 삼배구고두(三拜九叩頭, 세 번 절하고 아홉 번 머리를 조아리는)의 예를 올리고서야 나라의 명맥을 유지할 수 있게 되었다.

이 경우를 두고 후세 사람들은 청음 김상헌의 충절도 옳고, 지천 최명길의 협상론도 옳았다고들 한다. 이 고사가 양시론의 논리를 설명하는 단서가 되었다.

흔히들 입에 담는 '열지자裂之者도 가可요, 습지자拾之者도 가可라'라는 말이 있다. 더 알기 쉽게 풀면 '찢는 사람도 옳고 줍는 사람도 옳다'라는 뜻이 된다. 바로 이 말이 청음 김상헌과 지천 최명길이 실제로 맞닥뜨린 사건에서 기인되었다는 사실을 아는 사람은 흔치를 않다.

二

1623년, 광해군을 밀어내고 임금의 자리에 오른 인조는 광해군이 암암리에 추진해 온 실리외교實利外交에 대한 방향 전환에 골머리를 앓아야 했다. 반정反正으로 광해군을 밀어냈던 인조인지라 광해군의 향금정책向金政策을 지지할 수가 없었기 때문이다. 물론 조정 중신들의 의향도 향명배금向明排金이 우세하였던 시절이다.

이런 연유로 인조 5년(1627)에 정묘호란이라는 미증유의 국난을 맞게 된다. 이 무렵에 등장하는 것이 지천 최명길이 주도하는 화친론和親論과 청음 김상헌이 주도하는 척화론斥和論이다.

이 두 가지 견해는 목숨을 건 대립이었지만, 여기서는 그 배경을 상세히 기록할 지면이 없으므로 간략히 적기로 한다.

최명길이 주장하는 화친론은 당시 조선의 힘으로는 욱일승천의 기세로 치솟아 오르는 후금(後金, 후일의 淸나라)의 국력을 당할 수 없으므로 화친하여 조선의 안위를 보전하자는 것이었고, 김상헌의 척화론은 이미 200여 년이나 섬겨 온 명나라가 있으니 오랑캐(후금)와 화친을 꾀하는 것은 도리를 모르는 금수의 소행이므로 끝까지 싸워야 한다는 주장이다.

지금 우리는 이 두 가지의 대립을 놓고 객관적으로 평가할 수 있는 위치에 있기 때문에 최명길의 화친론에 타당성을 부여하게 된다. 하지만 당시의 사정으로는 그 명분에 있어서 김상헌의 척화론이 우위에 있었으므로 최명길의 화친론은 매국노의 누명을 써야 하고, 따라서 개돼지만도 못한 사람으로 취급될 수밖에 없었다.

그러한 어려운 여건인데도 지천 최명길이 보여 준 공직자로서의 소신과 용기에 아낌없는 박수와 찬사를 보내게 된다. 만일 최명길이 명리에만 급급해하는 안일 무사한 생각으로 자신의 소신에 아랑곳하지 않고 시세에만 영합했다면, 조선은 그때 명맥이 끊어졌을 것이 분명하다.

화친론과 척화론의 첨예한 대립이 계속되는 가운데 조선 조정은 또 다시 병자호란이라는 전대미문의 국난을 맞이하게 된다. 결과론이지만 최명길의 화친론이 조정의 공론으로 채택되었다면 병자호란과 같은 참극은 경험하지 않았을 테지만, 그가 매국노로 몰릴 만큼 척화론이 우세한 당시의 정세로서는 속수무책일 수밖에 없다.

남한산성이 청군淸軍에게 완전 포위된 지 23일째인 1637년 1월 18일, 조선 조정은 마침내 청나라의 진영에 화친을 청하는 국서를 보내기로 했다. 바로 그 국서를 최명길이 쓰고 있었는데, 김상헌이 그 사실을 알고 달려와 국서를 찢어 팽개치면서 최명길을 질타했다.

"지천, 자네의 선대부先大夫께서는 사우士友들 사이에서 지조 있는 선비라고 추앙을 받았는데, 자넨 어찌 그 모양인가. 선대부께서 통곡을 하고 계실 것일세!"

그러나 최명길은 태연히 대답했다.

"대감께서는 찢으셨지만, 저는 도로 주워야 되겠습니다."

그리하여 최명길은 김상헌이 찢어 팽개친 국서를 주워 모아서 풀로 붙였다.

찢은 사람裂之者은 김상헌이었고, 주운 사람拾之者은 최명길인 셈이다. 여기서 '裂之者도 可요, 拾之者도 可라'라는 말이 생겨났는데, 두 사람의 상반된 견해를 모두 옳다可고 보는 것은 두 사람의 참뜻이 모두 국가를 위해 불가피했기 때문이다. 나라를 아끼고 사랑하는 방법이 꼭 한 가지일 수만은 없다. 김상헌의 명분론도 때로는 필요한 것이었으나, 그 어려웠던 시기에 실리론을 펼칠 수 있었던 지천 최명길의 용기는 더욱 고귀하지 않을 수 없다.

그러나 역사라는 것은 참으로 묘한 결과를 우리에게 보여 주기도 한다.

산전도의 수항단에서 인조가 청 태종 홍타이지에게 치욕의 삼배구고두의 예를 올리며 항복하는 것으로 병자호란은 매듭이 지어졌지만, 화친을 주장했던 최명길과 척화를 주장했던 김상헌은 똑같이 청나라로부터 시달림을 받게 된다.

三

1641년, 전범戰犯의 죄인으로 청나라의 도성인 심양瀋陽 땅으로 잡혀가 하옥되어 있던 김상헌이 의주옥義州獄으로 옮겨졌다가 다시 심양 땅으로 끌려가서 무기수들이 수감되는 남관南館의 옥사로 옮겨졌다. 그런데 바로 그곳에 투옥되어 있던 최명길과 조우하게 된다. 이 무슨 운명의 만남이던가. 그렇게도 자신의 주장만을 고집했던 두 사람은 비로소 시심詩心으로 서로의 진심을 털어놓는다.

청음 김상헌이 먼저 읊었다.

從尋兩世好
조용히 두 사람의 생각을 찾아보니
頓釋百年疑
문득 백 년의 의심이 풀리는구려.

이에 대한 지천 최명길의 회답은 다음과 같다.

君心如石終難轉

그대 마음 돌 같아서 돌리기 어렵고

吾道如環信所隨

나의 도는 고리 같아 경우에 따라 돌리기도 한다오.

참으로 기막힌 사연이 아닐 수가 없다. 서로 상극과도 같았던 주장을
되풀이하다가 그토록 사랑하던 조국은 패전국이 되었는데, 두 사람 모두
적국의 감옥에 유폐되지를 않았는가. 그 애타는 이심전심의 우애로 7년
만에 서로가 품었던 오해를 풀어내는 순간이었다. 하지만 두 사람이 간직
한 사상은 다시 시로써 표현되어 나타난다.

여기서는 원문을 생략하고 핵심적인 부분만을 소개하기로 한다.

아침과 저녁은 바꿀 수 있을망정

웃옷과 아래옷을 거꾸로야 입을소냐.

김상헌의 명분론은 패전국의 전범이면서도 이와 같았고, 불행을 같이
하는 최명길의 실리론도 물러설 줄을 몰랐다.

끓는 물도 얼음장도 다 같은 물이요

털옷도 삼베옷도 옷 아닌 것이 없느니.

참으로 기막힌 선비들의 옹고집이 아닐 수 없다. 만리타국의 옥중에 유폐되어 있으면서도, 서로의 명분론과 실리론을 우정에 곁들여 주고받을 수 있는 우리 선현들의 경륜이 아름답기 한량없다.

최명길과 김상헌이 주고받은 시문 화답을 조선 땅에서 전해들은 이경여李敬興는 너무도 감동하여 한 편의 송시頌詩를 지어 두 사람에게 보냈다.

二老經權各爲公 擎天大節濟時功
如今爛熳同歸地 俱是南館白首翁

두 어른 經, 權은 각기 나라를 위한 것이니
하늘을 떠받드는 큰 절개요(김상헌),
한때를 건져 낸 큰 공적일세(최명길).
이제야 원만히 마음이 합치는 곳
남관의 두 분은 모두가 백발일세.

지천 최명길과 청음 김상헌.

오늘에 이르기까지도 흑백논리에 젖어 있는 많은 사람들은 이 두 사람을 화친론과 척화론이라는 상극의 대명사로만 평가하는 경향이 있다. 그러나 당대 지식인들은 아무래도 둥글면서도 도道를 잃지 않은 최명길의

경륜과 용기를 더 높이 본 듯하다. 당시의 석학이었던 택당 이식澤堂 李植
은 다음과 같이 말하지 않았던가!

> 청음(김상헌)이 남한산성에서 나와 바로 고향으로 돌아간 것이 비록 지
> 조가 높은 행위이기는 하나, 역시 그가 남한산성에서 나올 수 있었던 것
> 은 완성군(최명길)이 그 문을 열어 놓았기 때문이다.

정치에 관여하게 되면 국익 우선이라는 이념은 같을지라도 대책에 있
어서는 얼마든지 다른 방법을 취할 수가 있다. 이러한 의견의 상충을 유
독 조선 시대의 경우만을 당파싸움으로 규정하고, 마치 그것 때문에 나라
가 망했다고 생각하는 것은 역사 인식이 편협한 데서 기인한 것이라고 믿
어진다.

그렇다. 가장 어려웠던 시기에 개돼지보다 못한 사람으로 낙인찍히면
서도 오직 국가의 미래를 위해 화친론을 주장하여 나라를 위기에서 구해
낸 끈질긴 용단. 지천 최명길이 난마처럼 뒤엉킨 지금의 남북 관계를 슬
기롭게 열어 갈 통일부 장관이어야 우리의 밝은 미래가 하루라도 빨리 다
가오지 않을까 하는 생각을 하게 된다.

법무부 장관

—

면암 최익현의
위정척사와
나라 사랑

그와 함께 살아서 천하동생이요,
그와 함께 죽어서 천하동사다!

+ 법무부

검찰, 보호 처분 및 보안관찰 처분의 관리와 집행, 행형, 청소년의 보호와 보호관찰, 갱생 보호, 국가보안사범의 보도, 사면, 인권 옹호, 공증, 송무, 국적의 이탈과 회복, 귀화, 사법시험 및 군법무관 임용시험, 법조인 양성 제도에 관한 연구 및 개선, 법무에 관한 자료 조사, 대통령 및 국무총리와 행정 각 부처의 법령에 관한 자문과 민사, 상사, 형사, 행정 소송 및 국가배 상관계법령의 해석에 관한 사항, 출입국관리사무, 기타 일반 법무 행정에 관한 사무를 수행하는 대한민국의 중앙 행정 기관이다. 검찰청은 법무부 산하 기관이며, 법원은 행정부와 독립된 사법부 소속이다.

+ 면암 최익현 勉庵 崔益鉉, 1833(순조 33)~1906

본관은 경주慶州, 자는 찬겸贊謙, 호는 면암勉菴. 철종 6년(1855) 정시 문과에 병과로 급제하였으며, 성균관 전적, 사헌부 지평, 사간원 정언, 이조정랑, 지방관 등을 거쳤다. 1868년 흥선대원군의 실정을 상소해 사간원의 탄핵 을 받아 삭탈관직당했고, 1873년 동부승지, 호조참판 등을 역임하며 대원 군을 비판하였다. 고종 13년인 1876년 강화도조약이 체결되자 지부복궐 척화상의소를 올렸다. 1905년 을사늑약이 체결된 후 항일 의병운동을 전 개하다 일본군에 패하고 대마도에 유배된 후 음력 1906년 11월 17일(양력 1907년 1월 1일) 그곳에서 세상을 떠났다. 면암 최익현의 순국 후 국내외 많 은 인사들이 조의를 표하고, 그의 지조 높은 인품에 존경을 표했다.

一

정부는 있어도 다스림은 없는 대한제국이었다. 황실은 있어도 나라가 없는 꼴이나 다름이 없다. 모든 정령政令은 조선통감부에서 발령되었고, 대한제국의 정부와 대신들은 그것을 실행하는 도구로 전락하였다면 일본 제국의 꼭두각시나 다름이 없다. 뜻이 있는 사람들은 치욕감으로 몸을 떨다가 마침내 항일 투쟁전선에 몸을 던졌다. 그것이 나라가 위급지경에 이르렀을 때 '지식인이 취할 태도知行'라고 확신하였기 때문이다.

면암 최익현勉庵 崔益鉉의 생애는 조선 지식인의 표상이 아닐 수 없다. 그는 큰 의리와 성스러운 충의로 몸소 지행知行해 보인 유림의 거벽이기도 하지만, 위정척사衛正斥邪의 화신으로 민족자존을 품에 안았던 명망 높은 인품이었다. 사람들이 그의 삶은 최익현 한 사람의 삶이 아니라 천하동생天下同生이며, 그의 죽음은 최익현 한 사람의 죽음이 아니라 천하동사天下同死라고 말할 정도로 그의 인품은 지고하였다.

신 최익현은 돈수백배하고 삼가 아뢰옵니다. 신이 산림 속에 앉아 조정의 형세를 살펴보건대, 실로 울분을 금할 수가 없사옵니다. 벌써 오래 전부터 정치의 옛 규범이 무너지니, 조정의 모든 신하가 유약해져 삼공육경은 건의하는 일이 전혀 없고, 간관諫官과 승지들을 직언直言을 피하는 풍조가 만연해 있사옵니다.

—《면암집》

정치의 규범이 무너지는 것은 흥선대원군 이하응李昰應의 독선이 자행되기 때문인데도 간관과 승지들이 직언을 하지 않는다는 지적이다. 그리고 고종 임금의 생부요, 살아 있는 대원군으로 천하의 모든 독선과 위세를 마음대로 휘두르고 있던 흥선대원군 이하응의 실정을 조목조목 따져서 통박한 〈시폐사조時弊四條〉는 신료들에게는 물론, 뜻있는 사람들에게 참선비의 도리가 무엇인지를 일깨웠다.

흥선대원군의 격노는 이만저만이 아니었다. 그러나 고종은 최익현이 언관의 도리를 다하였다 하여 돈령부 도정(敦寧部 都正, 정3품의 한직)으로 승차시키면서 내쳤다. 그러나 최익현은 고종의 후의를 받아들이지 않고 다시 격렬한 상소를 올렸다.

면암 최익현의 직언 상소는 조정에 실정이 있을 때마다 신랄하면서도 직설적인 문투로 계속되었고, 아무도 예상하지 못했던 흥선대원군의 퇴진을 이루어 낸다.

고종 13년(1876) 1월, 일본 제국이 조선 침략의 마각을 드러내는 소위 '강화도조약'이 체결될 때가 최익현의 연치 44세, 그는 살을 에는 추위를 견디며 도끼를 들고 궐문 앞에 꿇어앉아(지부복궐) 척화상의소斥和上議疏를 올렸다.

왜倭는 서양 오랑캐와 마찬가지이니 결코 가까이 할 수가 없음이옵니다. 이들과 수호하자 함은 나를 파는 일이요, 짐승을 끌어들여 사람을 잡아먹는 데 하는 일이오니, (중략) 강화도조약이 받아들여진다면 조선은 멀지 않아서 망할 것이며, 조선의 쌀이 왜적에게 약탈되어 마침내 조선 백성들은 기근의 고통에서 헤어나지 못할 것이옵니다.

상소문의 내용에 강화도조약으로 인한 망국을 예언하는 구절이 있음을 볼 때, 당시 국제정세를 살피는 최익현의 통찰력이 얼마나 냉철한가를 알 수가 있다.

면암 최익현의 반일 사상은 조선 침략의 야욕을 불태우던 조선군 사령관에게는 눈엣가시가 아닐 수 없다. 조선 주차 일본군 사령관 하세가와 요시미치長谷川好道 육군대장은 면암 최익현을 충청도 정산 사제에 강제 연금하였다.

1905년에 통한의 을사늑약이 맺어진다. 면암 최익현이 예견하였던 그대로의 진행이다. 충청도 정산 사제에 연금되어 있던 최익현은 일본군 헌병대의 감시의 눈초리가 무디어진 틈을 이용하여 마음에 다짐하였던 결기를 행동으로 옮긴다.

1906년 2월 21일, 면암 최익현은 74세의 노구를 이끌고 가묘家廟에 하직을 고하고 가출을 단행하여 전라북도 태인泰仁을 향해 빠른 발걸음을 옮긴다. 태인에 임병찬林炳瓚이 있기 때문이다. 임병찬은 본시 군리郡吏였는데, 동학군을 토벌하는 대공을 세웠다 하여 낙안군수樂安郡守에 제수되었다가 친상을 당하여 시묘侍墓살이를 하고 있었다.

최익현은 노구를 이끌고 몸소 그를 찾아간다. 임병찬에게 있어서 최익현의 출현은 천명이 당도한 것이나 다름이 없다.

본시 나라에는 삼통三統이 있으니, 부통父統, 군통君統, 사통師統이라,

부통은 이체理體로 존재하니 체통體統이 되는 것이요, 군통은 이법理法

으로 존재하니 법통法統이 되는 것이며, 사통은 도리理道로 존재하니

도통이 아닌가. 그대에게는 지금 나라가 무너졌으니 이미 법통이 사라

졌음이요, 부모의 친상을 당했으니 체통이 또한 사라졌다. 이 두 가지

를 다시 살리기 위해서는 체통을 지키는 효를 법통을 지키는 충으로 옮

겨가야 하지를 않겠는가.

면암 최익현 사상의 집약이랄 수 있는 '삼통위일三統爲一'론이다. 상주의

몸인 임병찬도 스승의 사상을 피해 갈 방도가 없다.

"시생, 선생님의 도통(道統, 사제의 도리)을 따르겠습니다."

임병찬은 그날로 시묘살이를 중단하고 최익현의 분신이 된다.

6월 4일, 최익현과 임병찬은 태인의 무성서원武城書院에서 80여 명의 유

림들과 강회講會를 열고, 거병의 불가피함을 강론하다. 이때 결의된 행동

지침을 〈향약서고조약鄕約誓告條約〉이라고 한다. 이때 올린 최익현의 〈기

병소起兵疏〉는 다음과 같다.

신은 사사로이 옛사람들을 살펴보니 나라가 망하는 날을 당함에 몸을

감춘 사람도 있으니 중국 고대 은殷 왕조의 미자微子가 그러하였으며,

죽은 사람도 있으니 범경문范景文 등이 그러한 사람이며, 적을 토벌하

다 완수하지 못하고 죽은 사람도 있으니 한나라의 적의翟義와 문천상 文天詳이 그러합니다. 신은 불행이 오늘의 변을 보고 이미 숨어 있을 곳이 없으니 옳다면 오직 대궐에 들어가서 진소陳疏하고 폐하의 앞에서 스스로 목숨을 끊는 것뿐입니다. 그러나 폐하께서 능히 하실 수 없음을 잘 알고 있어 빈말로 번거롭게 소란을 피우는 것보다 한갓 글을 갖추어 올리는 것이 좋을 것 같습니다. 또한 인심이 아직도 국가를 잊지 않은 것을 보면 스스로 강궤(溝澮, 전답 사이에 있는 도랑)를 경영하며 또한 경정涇情을 가까이하여 이로써 숨어서 살다가 동지 약간과 함께 적의와 문천상과 같은 일을 도모한 지 또한 4, 5삭이 되었습니다.

단지 신은 본디 계략과 지모가 없으며 노환이 겹친 데다 그만두는 자가 10명이면 8, 9명이나 되어 이로써 천연遷延을 면치 못하게 되었으며 앉아서 세월만 보냈습니다. 이제 간신히 계획이 조금 정해지고 인사들도 모여서 이에 윤4월 12일에 전 낙안군수 임병찬을 파견하여 나아가 전주를 거점으로 동지들을 장려하여 차제에 북상하여 이등박문과 장곡천호도 등의 여러 왜놈들을 불러 모아서 함께 단판을 지어 늑약(勒約, 을사 5조약)을 취한 것을 소멸시키고 다시 나라의 자주권을 행사할 수 있도록 하며, 백성들의 씨를 바꾸는易種 화란을 면케 하는 것이 신의 바라는 것이며 대저 우리나라 사람으로 그들의 노예가 되는 것이 좋다고 날뛰면서 대의를 원수같이 보는 자는 죄도匪徒의 호칭을 붙이고 헐뜯으며 시끄럽게 구는 자는 신이 진실로 구휼할 틈을 주지 않겠습니다. (중략) 그러나 만일 하늘이 우리나라를 돕지 않고 이 뜻을 이루지 못한다면, 놈들에게 유린당하기 전에 신이 먼저 놈들과 싸워 죽는다면 악귀가 되어서라도 기어코 원수 놈들에게 이 땅에 용납하지 못하게 하겠습니다.

무성서원에 동참한 80여 명의 문도와 유림들은 피 끓는 결기를 새롭게 하며 '서고조약'을 행동으로 옮긴다. 수를 헤아릴 수 없는 무기와 탄약이 상여로 옮겨지고, 불과 보름 동안 의병의 수는 무려 10배에 가까운 800여 명으로 늘어나게 된다.

二

면암 최익현을 따르는 800여 명의 의병군은 큰 갓을 쓰고 도포를 입은 사람도 있었고, 총을 든 사람, 창칼을 든 사람 등 행색은 말이 아니었어도 충정만은 힘차게 타오르고 있었다. 그들 의병군이 정읍, 곡성, 순창 등을 중심으로 크게 위세를 떨쳐 나가게 되자, 6월 10일 정부에서는 남원진위대南原鎭衛隊와 전주진위대全州鎭衛隊를 파견하여 최익현의 생포와 의병군의 섬멸작전을 수행하게 한다.

조선통감부에서조차도 두려워했던 것은 면암 최익현의 명망과 인품이었다. 일찍이 조선통감 이토 히로부미伊藤博文도 말한 바가 있다.

조선군 10만은 두렵지 않으나, 진실로 최익현 한 사람은 두렵다.

만에 하나 면암 최익현의 명망을 따르겠다는 명분으로 전국의 유림들이 동요한다면 걷잡기 어려운 혼란이 야기될지도 모르는 일이다. 이에 일본군 사령부는 최익현의 의병군을 토벌하기 위해 일본군의 장비는 지원할 수 있어도 병력의 지원은 허락하지 않았고, 교활하게도 조선인끼리의 동족상잔을 획책하고 나선다.

1906년 6월 12일, 최익현의 의병군과 정부군은 교전하게 된다. 최익현은 자신의 의병군을 토벌하기 위해 동원된 병력이 조선군진위대임을 확인하고는 지체 없이 의병군에게 퇴각을 명한다.

"우리가 거병한 것은 왜병을 물리치는 것이었지 동족의 가슴에 총을 쏘기 위한 것이 아니었느냐!"

면암 최익현의 의지는 결연하였다. 그는 정부군에게 군사軍使를 보내 '동족끼리의 살생은 이로울 게 없다'라는 설득을 시도하였으나, 일본군 사령부의 지원을 받고 있는 정부군은 최익현의 충정을 무시한 채 의병군을 습격하여 최익현이 아끼고 사랑했던 약관의 서기書記 정시해鄭時海를 살해하였다.

"내가 너를 죽였음이니라!"

최익현은 정시해의 시신을 부여안고 통한의 눈물을 흘렸지만, 포로가 된 더 많은 문도들의 고초가 그의 괴로움을 더하게 한다.

면암 최익현은 지체 없이 의병군의 해산을 명한다. 임병찬 등 참모들은 의병군 해산의 부당함을 진언하면서 총공격으로 대적할 것을 적극 주장하였으나, 최익현은 동족과 싸울 수 없음을 재삼 강조하면서 의병군의 해산을 결행한다. 그리고 자신은 74세의 노구를 이끌고 그들의 앞으로 나가

스스로 포로가 되기를 자청한다. 임병찬을 비롯한 13명의 참모들도 통한
을 삼키며 스승의 뒤를 따랐다. 이때의 광경을 매천 황현梅泉 黃玹은《매천
야록梅泉野錄》에 다음과 같이 적었다.

> 최익현은 평소 중망이 있었고 충의가 일세에 뛰어났다. 그러나 군대를
> 부리는 데 익숙하지 못하고 나이 또한 늙어서 일찍이 기모奇謀가 있어
> 승산을 계획했던 것이 아니라, 수백 명의 오합지졸은 모두 기율이 없었
> 고 유생 종군자는 큰 관을 쓰고 넓은 옷소매의 의복을 입어 마치 과거장
> 에 나가는 것 같았으며 총탄이 어떤 물건인지 알지도 못했다.

6월 12일, 최익현과 임병찬을 비롯한 13인의 신병은 서울로 압송되어
조선 주차 일본군 사령부에 구금된다.

막상 최익현을 구금한 일본군 사령부도 난감한 노릇이 아닐 수가 없다.
최익현의 방면을 요구하는 유림들을 다독일 만한 명분도 없었고, 만에 하
나라도 조선의 유림들이 떼 지어 몰려와 최익현의 석방을 요구하며 난동
을 부린다면 여론만 악화될 것이 분명하다.

교활한 조선통감 이토 히로부미는 약식 군사재판의 판결임을 빙자하
여 면암 최익현 일행을 일본 땅 대마도로 송치할 것을 명한다.

다시 황현의《매천야록》에 적힌 바를 살펴보자.

7월 초8일(음력) 계묘癸卯에 일본인은 최익현을 구금하여 대마도에 구류하였다. 최익현과 임병찬 등은 사령부에 구금된 지 두 달이 지났으나 반항하며 굴복하지 않아서 일본인은 드디어 등급을 나누어 죄안罪案을 정하고, 김기술 이하 9명은 태笞 100을 때려 석방하고, 고석진高石鎭, 최제학崔濟學은 4개월을 더 수감하고, 최익현, 임병찬 등은 모두 대마도 위수영에 구류키로 하니 문인, 자제, 진신, 장보(章甫, 유생을 가리킴) 등 영송자 30여 명이 통곡하며 실성했다.

최익현은 웃으며 말하기를,

"제군들은 이같이 할 필요가 없다. 죽지 못한 것이 오히려 부끄럽다."

하고 흔쾌히 수레에 올라타고 가니 최익현의 자제 영조永祚와 임병찬의 자제 응철應哲은 부산항까지 따라갔으나 일본인이 칼을 휘두르며 쫓아서 그들은 통곡하며 돌아왔다.

8월 17일, 최익현과 임병찬 등 일행은 부산포에 당도하였다. 여기서도 면암 최익현의 우국충의는 여지없이 드러난다.

"자네, 물 한 동이 받아 왔으면 좋겠네."

임병찬이 스승의 명을 따르기 위해 자리를 비운 사이에 최익현은 초량의 길바닥 맨땅에 앉아 대님을 풀었다. 그리고 맨손으로 초량의 흙을 보듬어 버선 밑바닥에 깔았다. 설혹 일본 땅에 끌려가더라도 적지의 흙을 밟지 않겠다는 굳건한 결기를 다짐하는 것이며, 또 임병찬으로 하여금 물 한 동이를 받아 오게 한 것은 일본 식음을 거부하리라는 단식의 결기를 다지고 있었기 때문이다.

저녁 때가 되자 이들을 태운 배는 초량을 출발한다. 면암 최익현은 대마도로 가는 뱃전에 서서 아득히 멀어지는 고국산천을 하염없이 바라본다. 살아서는 다시 보지 못할 고국산천임을 그는 알고 있었다.

三

8월 18일 진시辰時, 면암 최익현은 임병찬 등과 함께 원한의 땅 대마도의 이즈하라嚴原에 도착한다. 이 뱃길은 예로부터 풍랑이 심하였는데 이날만은 평온하였다고 일본 측 사료에 적혀 있을 만큼 이날은 큰 관심사이기도 했다.

이즈하라의 일본군 수비대는 착검한 헌병들을 동원하여 최익현을 위수영 경비대의 임시 관저로 사용하고 있던 잠업교사蠶業教師의 집에 구금하였다. 일본군 경비대장이 불손한 태도로 말한다.

"여러분은 일본의 음식을 먹게 되었으니 마땅히 일본의 명령을 따라야 한다."

면암 최익현은 가가대소하며 대답한다.

"지금 이 지경에 이르러 너희들의 음식을 먹고 너희들의 명령에 따르지 않는 것도 의義가 아니니, 지금부터는 단식하고 먹지 않는 것이 좋겠다."

그제야 임병찬을 비롯한 그의 고제들은 물 한 동이를 마련한 스승의 높은 뜻을 알게 된다.

9월, 이때 이미 최익현은 세상과 하직할 것을 결심한 듯 고종황제에게 올리는 유소遺疏를 썼다.

죽음에 임한 신 최익현은 일본 대마도 경비대 안에서 삼가 서쪽을 향하여 머리를 조아려 절을 올리옵고 상소를 올리옵니다. 의거한다는 말씀은 대략 갖추어서 이미 금년 윤4월, 일을 시작할 때 상소로 올렸사옵니다. 그 상소를 받아보셨는지 여부는 신이 아직 알지 못하고 있사옵니다. 다만 신의 거사가 무상하여 마침내 사로잡히는 욕을 당하였고, 그리하여 금년 7월 초8일 일본 대마도의 이른바 저들의 경비대 안에 잡혀와 갇혀 있는 중이옵니다. 그들은 간교한 말로써 설득했습니다. 그러나 적정은 실로 헤아릴 수 없으니 저들은 반드시 신을 죽이고야 말 것이옵니다. 다시 엎드려 생각하옵건대 신이 이곳에 들어온 이래 한 숟갈의 밥이나 한 모금의 물도 모두 저들의 손에서부터 나온 것인즉, 설사 저들이 신을 죽이려 하지 않는다 하여도 신은 차마 그것을 먹고 입과 배로써 더럽힘을 받을 수가 없사옵니다. 그러므로 먹기를 거부함으로써 고인故人들이 스스로 죽음을 택했듯이 선왕께 헌신하던 의를 택하기로 하였사옵니다.

신의 나이 이제 74세, 죽은들 그 무엇이 애석하겠사옵니까. 다만 역적을 토벌하지 못하고 왜적을 멸하지 못하였으며, 국권을 회복하지 못하고 강토를 찾지 못한 4천 년 화하정도華夏正道가 시궁창에 빠졌는데도 붙잡지 못하고, 3천 리 적자赤子들이 어육이 되었는데도 구하지 못하였으니 이것이 바로 신이 비록 죽는다 해도 눈감을 수 없는 점이옵니다. 그러나 신이 생각하옵건대 왜적에게는 반드시 망하고 말 징조가 있으니 그것은 이제 멀어 봐야 수년밖에 남지 않았사옵니다. 다만 우리가 대응하는 방법이 그 도리를 다하지 못할 것을 우려하옵니다. (중략) 바라건대 폐하께서는 국사가 어찌할 수 없게 되었다고 하지 마시고, 건강乾剛의 덕을 분발하시고, 성지聖旨를 확립하여 퇴미한 것을 떨치시고, 인순因循에서 깨어나 참아서 안 될 일은 참지 마시고 믿어서 안 될 일은 믿지 마시고, 허위虛威를 지나치게 겁내지 마시고, 아첨하는 말을 달게 듣지 마시고, 더욱 자주의 계획을 군허 영원히 의뢰하는 마음을 끊으시고, 세상의 형평을 살펴 그 가운데서 할 일을 선택하오소서.

면암 최익현은 부산의 초량에서 마련해 온 조선의 물만 마실 뿐 일체의 식음을 거부한다. 임병찬 등 고제들도 스승의 뜻에 따를 것을 결의한다.

"선생님, 저희들도 따르겠사옵니다."

임병찬, 이식, 유준근柳濬根, 안항식安恒植, 남규진南奎振 등이 간곡하게 다시 청했으나, 면암 최익현의 대답은 단호하고 완강하였다.

"자네들은 내 뼈를 수습하여 조선 땅으로 돌아가야 할 것이며, 뿐만이 아니라 다시 거병하여 왜적을 물리치기 위해서라도 굳건한 모습으로 살아남아야 할 것일세!"

이같이 비장한 면암 최익현의 저항은 일본군 수비대장을 비롯한 관련자들을 전전긍긍케 하고도 남을 일이 아니겠는가.

보고를 접한 조선 주차 일본군 사령관 하세가와 요시미치는 황급히 통감부로 달려가 이토 히로부미에게 이 사실을 보고한다. 이토 히로부미는 당황하지 않을 수가 없다. 그럴 수밖에 없는 것이 최익현으로 하여금 다시 조선 땅을 밟게 할 수도 없거니와 그렇다고 대마도에서 죽게 할 수도 없었기 때문이다.

"면암을 굶어서 죽게 해서는 안 된다. 수단과 방법을 가리지 말고서라도 단식을 중단시키라."

일본군 사령관 하세가와 요시미치 대장은 바로 정산 본제에 사람을 보내 최익현의 장자 최영조를 불러올린다.

"모든 지원은 아끼지 않겠소. 면암 선생의 단식을 중단하게 해주시오. 그것이 자식 된 도리일 것이오."

"보약을 지어 가도 되겠소."

"괘념하지 않겠소."

"문도와의 동행도 허락하시오."

하세가와 요시미치는 최영조의 요구를 들어주지 않을 수가 없다. 사정이 지금과 같다면 최익현을 설득할 수 있는 사람은 오직 그의 맏아들인 최영조밖에 없었기 때문이다.

최영조를 비롯한 문인 오봉영吳鳳泳, 임응철林應喆 등이 대마도를 두 차례 방문하여 최익현을 문병하고, 조선에서 가지고 온 탕제를 권하였어도 면암 최익현은 이를 받아들이지 않는다.

급기야 10월 19일, 면암 최익현의 병환이 심해진다. 처음에는 감기로 편찮다가 점점 위중하게 되었는데, 경비대장이 군의軍醫와 약을 보냈으나, "이것으로서 자진自盡할 것이니 일본 약물은 일체 쓰지 않는 것이 좋다." 하며 거절하였다.

11월 17일(양력 1907년 1월 1일), 인시寅時에 면암 최익현은 순국殉國하였다. 면암 최익현이 임종을 지키는 분도들에게 남긴 절명시는 다음과 같다.

起瞻北斗拜瓊樓

白首蠻衫憤悌流

萬死不貪秦富貴

一生長讀魯春秋

일찍 일어나 북두를 우러르고

임금님 계신 곳에 절하면

흰머리 오랑캐의 옷자락에

분한 눈물 쏟아져 흐른다네.

만 번을 죽는다 해도

부귀는 탐하지 않으리

평생을 읽은 글이

노나라의 춘추라네.

'一生長讀魯春秋'라는 마지막 대목에 유념하지 않을 수가 없다. 글자만을 풀이하면 '평생을 읽은 책이 노나라의 춘추'라고 될 것이지만, 최익현의 참뜻은 《춘추》를 장독하였던 탓에 신하의 소임을 다할 수가 있었고, 자식 된 도리, 부형 된 도리, 스승의 도리를 다할 수 있었다는 후회 없는 일생이 담겨져 있는 절편이 아닐 수가 없다. 결국 역사의 가르침을 평생의 지표로 삼았다는 뜻이 된다.

11월 18일, 입관하여 이웃한 수선사修善寺에 옮겨 모셨다가 11월 20일, 술시에 조선으로 운구하였다.

四

겨울 바다는 싸늘하게 식어 있다. 저무는 동짓달의 찬바람도 아랑곳하지 아니하고 수많은 인파가 몰려든다. 모두가 슬픔에 잠긴 얼굴이다. 마침내 면암 최익현의 유해를 모신 배가 보인다. 누군가가 소리 내 흐느끼기 시작하자, 삽시간에 통곡소리가 온 바다를 뒤덮고야 만다.

면암 최익현이 살아 있음에 천하동생天下同生이요, 그가 세상을 떠났기에 천하동사天下同死라는 말을 실감하게 되는 장면이 아닐 수 없다.

11월 21일, 진시辰時에 부산 초량에 내린 면암 최익현의 시신은 상무사(商務社, 요즘의 상공회의소)에 안치된다. 명정銘旌은 '大韓國 正憲大夫 議政府 贊成 勉菴先生 崔公之柩'라고 적었다.

면암 최익현의 시신이 부산포로 떠나서 향리로 운구될 때까지의 광경을 매천 황현은 역시 자신의 《매천야록》에 다음과 같이 적었다.

21일 영구가 부산에 이르니 우리 상민들은 파시하고 통곡하되 친척이

죽은 것 같이 슬퍼하였다. 남녀노유가 모두 뱃전을 잡고 매달려 울어서

곡성이 넓은 바다를 진동시켰다. 상인들은 그 회사에 호상소를 마련하

고 상여를 꾸몄으며, 하루 머물러 있다가 출발하니 상여를 따라오며 펄
펄 뛰며 우는 자가 수천수만이었다. 산승山僧, 방기坊妓, 걸인 등속의 사
람들까지 존광尊筐을 가지고 와서 뒤섞여서 저자를 이루었고, 만장을
모아 몇 필의 말에 실려서 왔으니 종일토록 10리를 지나지 못했으며, 입
으로 부음이 급속히 전해져서 인사들이 모여들었다.

동래에서 출발하던 날에는 상여가 몇 번이나 떠나갈 수 없어서, 일본인
은 사람이 많아서 변이 있을까 두려워하여 방호를 매우 엄하게 하였으
나 마침내 능히 몰아서 오지 못하게 하지 못했다.

상여가 상주에 이르니 일본인은 괴로워하여 상여를 물리치고 기차에
싣고 순식간에 고향집에 도착하였다. 그러나 상주에 오기까지 300리 길
을 10일간이나 허비하였다. 항간의 곡성은 온 나라에 퍼졌고, 사대부로
부터 길거리에서 뛰어노는 어린이와 달리는 군졸에 이르기까지 모두
눈물을 흘리며 서로 조상하되,

"최 면암은 죽었구나."

하였다. 국초 이래 죽어서 슬퍼함이 이같이 성황을 이룬 적은 없었다고
한다. 그러나 홀로 조정에서만은 은전이 없었으니 적신들이 나랏일을
담당하였기 때문이다.

최익현이 죽기 수일 전 밤에 서울 동쪽에서 큰 별이 보이더니 바다 가운
데로 떨어졌고 얼마 지나지 않아서 부음이 이르렀다. 영구가 동래항에
이르자 갑자기 처량한 비가 내리더니 쌍무지개가 물가에서 일어났다.
장례를 치를 때 큰 비가 쏟아지더니 소상과 대상에 모두 고우苦雨가 온
종일 쏟아져서 사람들은 더욱 이상하게 여기고 슬퍼하였다.

면암 최익현의 유해가 창원에 이르자 10여 명의 병사들이 마항馬港에서 길을 차단하고 협박하면서 상여를 기차에 싣고자 하니 종자從者들이 정색으로 거절하자 일본군도 도리 없다는 듯 물러서는 지경이었다. 또 상여가 창녕읍에 이르자 일본군 헌병소위 히라타가 지휘하는 일단의 병사들이 조선 주차 일본군 사령관 하세가와 대장의 명령이라면서 길을 막자 종자들이 밤새도록 팽팽히 맞서 싸우기도 하였다.

곁에서 보고 있던 사람이 "이날 싸움은 10만 군대보다 강하여 왜적이 조선을 경영한 지 30년 만에 처음으로 저의 뜻대로 하지 못하였다."라고 말할 정도로 흐뭇한 일이었다.

12월 7일(양력 1월 21일), 정산定山 본댁에 도착하고, 다음 해 4월 1일, 노성魯城 월오동면月午洞面 지경리地境里 무동산舞童山 아래 계좌癸坐 언덕에 안장하였다.

면암 최익현의 지고한 삶과 장렬한 최후는 외국 인사들에게까지 애석의 도를 넘는 조의를 표하게 하였고, 조선 지식인의 굳건한 모습을 세계에 알리는 계기가 되었다.

매천 황현을 비롯한 나라 안의 많은 유림과 선비들은 앞을 다투어 애간장을 녹이는 만사輓詞를 써서 적지에서의 순국을 애도하였다. 멀리 중국의 원세개袁世凱도 장중한 조사를 보내어 그의 선비 됨에 찬사를 아끼지 않았으며, 특히 면암 최익현이 끝까지 원수로 지목했던 조선통감 이토 히로부미까지 다음과 같은 조사를 지어 그의 지조 높은 인품을 백이, 숙제에 비하면서 존경의 뜻을 표시하였다.

起揮韓王又哭公

臨風麗淚雨蒼空

名山何處占幽宅

坐以夷西向魯東

한 왕께 절하고 공의 앞에 호곡하니

바람에 젖은 눈물은 하늘에서 쏟아지네.

이름난 산 어디에다 유택을 정할 거나

백이숙제의 땅에 앉아 공자의 땅을 바라보네.

면암 최익현이 주장한 대의大義 정신은 아我와 비아非我가 함께 이기는 공승공존共勝共存의 고귀한 사상으로 갈등과 반목을 일삼아 온 현대인에게는 큰 교훈이 될 것이며, 나라의 사정이 위난지경에 이르렀을 때 원로元老나 지식인들이 취해야 할 도리가 무엇인지를 명명백백하게 보여 준 귀감이고도 남는다.

우리 대한민국 법무장관의 재목으로 면암 최익현의 나라 사랑과 위정척사의 정신을 근간으로 삼아야 하는 것은 물어보지 않아도 아는 불문가지의 일이지 않을까 싶다.

국방부 장관

—

중봉 조헌의
도끼를 든 상소문

7백 의총의 원혼들

+ 국방부

국방에 관련된 사무를 관장한다. 외부의 군사적 위협과 침략으로부터 국가를 보위하고, 평화 통일을 뒷받침하며, 지역 안정 및 세계평화에 기여하는 것이 목표이다. 국방부 장관은 대통령의 국군통수보좌로서 군정 및 군령에 관한 사부를 관장하며, 합참의장과 각 국 참모총장을 지휘, 감독한다.

+ 중봉 조헌 重峯 趙憲, 1544(중종 39)~1592(선조 25)

본관은 백천白川, 자는 여식汝式, 호는 중봉重峯. 명종 22년(1567)에 시행된 식년시 문과에 급제하여 교서관 부정자에 제수되었다가 파주목과 교수를 겸임하였다. 이때 우계 성혼의 문도가 되었으며, 이후 율곡 이이에게도 가르침을 받는다. 이를 계기로 조헌은 기호학파의 맥을 이은 서인으로 분류된다. 임진왜란이 발발하자 전국에 격문을 돌려 의병을 일으켰다. 8월 1일 청주 전투에서 승리를 거두었으나 8월 18일 금산 전투에서 최후를 맞는다. 고경명, 김천일, 곽재우 등과 임진사충신으로 추앙받으며, 유학자로서 최고의 영예인 문묘에 배향되었다. 시호는 문열文烈이다.

一

조선 왕조 시대의 역사를 상고하노라면 쉽사리 떠올리게 되는 것이 '직언直言'이라는 단어다. 직언의 사전적인 해석은 '(어떤 사람에 대하여) 옳고 그름에 대해 기탄없이 말하는 것'이라고 되어 있다. 여기서 말하는 '어떤 사람'은 반드시 윗사람을 지칭한다. 그렇기에 조선 시대의 역사를 거론하면서 쓰게 되는 '직언'의 본뜻은 임금에게 하는 곧은 말, 껄끄러운 말, 더 구체적으로는 임금이 듣기 싫어하는 말만을 골라서 '쏘아 댄다'라는 설명이 더 적절할 수도 있다.

임금이 듣기 싫어하는 말이란 무엇일까. 사사롭게는 성정性情의 잘못을 입바른 소리로 따지는 것이고, 종사의 일로 보았을 때는 정치를 잘못하고 있음을 뼈아프게 지적하면서 그 개선책을 제시하는 경우가 대부분이다. 직언은 경연經筵과 같은 자리에서라면 임금의 면전에서 따지는 경우도 있겠지만 대부분 상소문으로 올리게 된다.

대개의 상소문은 긴 문장으로 구성되어 있다. 고금의 역사를 살피면서 현실의 일을 비판하려면 구체적인 내용이어야 하기 때문이다. 그러므로 길고 긴 상소를 올리면서 더러는 '만언소萬言疏'라고도 하고, 율곡 이이는 스스로 '만언봉사萬言封事'라고까지 하였다.

임금도 사람인 까닭으로 자신의 과실을 칼날과도 같은 문장으로 질타한다면 그 글을 읽고 마음이 편할 까닭이 없다. 더러는 비답批答을 내려서 수긍하고 찬사를 보내는 경우도 있지만, 반대로 노여움을 참지 못하고 직언 상소를 올린 신하를 귀양 보내거나 아주 심하면 사약을 내리는 경우도 없지 않았다. 귀양을 가는 것이 두렵고, 사약을 마시는 것이 겁나서 직언 상소를 올리지 못한다면 적어도 조선 시대에는 사림士林의 대열에서 이탈한 사람이나 다름이 없다.

상소문 중에서 가장 강력한 것을 '지부복궐상소持斧伏闕上疏'라 한다. 문자 그대로 '도끼를 몸에 지니고 대궐 뜰에 엎드려 상소를 올린다'라는 뜻이고, 자신의 직언을 받아들이지 않겠거든 몸에 지닌 도끼로 목을 쳐달라는 초강력의 직언(상소)이기도 하다.

조선 왕조 시대를 통틀어 지부복궐상소를 올린 이는 단 두 사람밖에 없다. 첫 번째 올린 사람은 임진왜란 때의 의병장 중봉 조헌重峯 趙憲이었고, 또 한 사람은 대한제국 때의 면암 최익현이다. 두 사람 모두 당대의 석학이면서도 배우고 익힌 바를 실천궁행實踐躬行함으로써 많은 문도와 후학들의 귀감이 된 분들이다.

중봉 조헌은 중종 39년(1544), 응지應祉의 아들로 태어났다. 본관은 백천白川이며, 자는 여식汝式, 호를 중봉重峯이라 하였다. 어려서부터 자질이 뛰어나고 효순孝順하였다고 기록되기도 하였다.

명종 3년(1548), 어느 봄날 김포金浦 서감정리西坎井里의 큰길가에 있는 한 정자에서 마을 아이들이 모여 천자문을 읽고 있었다. 때마침 정자 아래의 대로로 위엄을 갖춘 어느 높은 벼슬아치의 행차가 지나가자 글을 읽던 아이들이 모두 그 요란한 행차를 구경하려고 달려 나갔다. 그런데 이제 겨우 다섯 살이나 되었을까 한 아이만 그대로 앉아 글을 읽으면서 미동도 하지를 않았다. 지나가던 벼슬아치가 이를 보고 기특히 여겨 정자에 올라와 "다른 아이들은 모두 내 행차를 구경하는데 너만은 왜 그냥 있느냐?"라고 물었다. 그 아이는 "오로지 글 읽기에만 마음 쓰라는 아버지의 말씀을 따랐을 뿐입니다."라고 또렷이 대답하였다. 이에 감복한 벼슬아치는 그 아이의 아버지를 만나 "우리나라에 참다운 학자가 또 하나 나오게 되었습니다, 그려." 하고 칭송하면서 극진한 예를 올리고 떠났다는 일화가 있다. 물론 다섯 살 때 조헌의 모습이다.

또 조헌이 스무 살이 되던 때는 서울에 다녀오던 길에 양천강陽川江을 건너다가 심한 풍랑을 만났다. 이때 배 안의 사람들이 모두 당황하여 어찌할 바를 몰랐으나 조헌만은 조금도 동요하지 않은 채 태연히 앉아 있었다. 겨우 강을 건넌 뒤 일행이 조헌의 너무도 태연했던 태도를 심하게 나무랐을 때 더욱 침착하고 당당하게 "죽고 사는 일은 모두 명에 달려 있는 것인데 날뛰고 울부짖는다고 죽음을 면할 수 있겠소." 하였다. 함께 배를 탔던 사람들은 아직 약관인 조헌의 침착함과 담대함에 놀라지 않을 수가 없었다는 기록도 보인다.

二

명종 20년(1565), 중봉 조헌이 성균관에 진학하였을 때 섭정攝政을 하던 문정왕후文定王后가 세상을 떠났다. 문정왕후가 섭정하던 시절에는 불교를 지나치게 숭상하였던 까닭으로 배불숭유排佛崇儒하는 나라임에도 불교가 매우 성하게 되었고, 봉은사奉恩寺의 승려 보우普雨가 그 세를 믿고 많은 잡음을 일으키고 있었다. 그때 성균관의 학생이었던 조헌은 동료들과 함께 보우를 탄핵하는 상소를 올리고 대궐 앞에 엎드려 비답을 기다리고 있었으나, 임금으로부터는 아무 반응도 없었다. 이에 함께 상소문을 올렸던 동료들은 하나둘 물러가기 시작하였으나, 오직 중봉 조헌만은 끝까지 자리를 지켜 동료들의 두터운 신망을 얻게 되었다.

중봉 조헌은 명종 22년(1567)에 시행된 식년시式年試 문과에 당당히 급제, 교서관校書館 부정자副正字에 제수되었다가 파주목坡州牧과 교수를 겸임하게 되었다. 이때 조헌은 파주에 살고 있던 대학자 우계 성혼牛溪 成渾을 찾아가 문도門徒가 되기를 청한다. 그러나 조헌보다 아홉 살이나 연상인 우계는 조헌의 학문을 높이 평가하여 친구로 대하였다는 기록도 있다.

조헌은 우계를 만난 다음 다시 율곡 이이를 찾아가 그의 가르침을 받게 된다. 당대의 대학자들인 우계, 율곡과의 교류는 중봉 조헌의 생애에 막중한 영향을 미치게 된다. 이때를 계기로 중봉 조헌도 기호학파畿湖學派의 맥을 이은 학자로 지칭되면서 서인西人의 한 사람으로 분류된다.

명종의 뒤를 이어 선조가 보위에 오른다. 선조 7년(1574), 질정관質正官으로 부름을 받고 성절사聖節使 박희립朴希立을 따라 명나라에 가게 된 것은 중봉 조헌에게 국제 정세를 살필 수 있는 안목을 넓히는 큰 경험이 아닐 수 없다. 명나라에 다녀온 후, 교서관校書館 박사博士, 호조좌랑, 예조좌랑, 성균관 전적, 사헌부 감찰 등을 역임한 후 통진현감通津縣監이 되어 다시 외직으로 나가게 된다.

처음으로 지방 수령 직을 맡은 조헌은 지성으로 백성을 돌보면서 지방 관아의 여러 가지 폐단을 없애기 위하여 백방으로 노력하였다. 그 와중 횡포가 극심하고 방자하기 이를 데 없는 관노官奴 한 사람을 장살杖殺하게 된다. 이 일로 그는 오히려 남형濫刑한다는 탄핵을 받게 되었고, 부평에 유배되는 불행을 당하기도 하였다.

선조 17년(1584), 스승 율곡 이이가 세상을 떠나자 조헌은 모든 관직에서 물러난다. 그리고 후율정사後栗精舍라는 서실을 짓고 자신의 학문을 연마함과 아울러 후진을 가르쳤다. 후율後栗이라는 서실의 이름은 율곡의 뒤를 따르겠다는 큰 결기가 담겨 있다

임진왜란이 발발하기 한 해 전인 선조 24년(1591), 일본에 갔던 통신사 황윤길黃允吉과 김성일金誠一이 왜승 현소玄蘇 등 일본 사절과 함께 돌아오자 조헌은 옥천에서 상경, 대궐 앞으로 달려가 일본 사신을 처단하고 일본의 침략에 대비를 하자는 상소를 올렸다. 상소를 본 선조는 "조헌은 광망된 상소를 올리다가 귀양살이를 수차하였는데도 아직 그치지 않으니 참으로 안타까운 일이로다." 하면서도 3일이 지나도록 아무 비답을 내리지 않았다. 이에 조헌은 주춧돌에 머리를 부딪쳐 얼굴에 피가 홍건하게 쏟아져 흘렀다. 이를 본 사람들이 조헌을 말리면서 그의 지나친 행동을 나무랐더니, 조헌은 "조정에 좋지 않은 사람이 있어 성총聖聰을 흐리게 하여 국난에 대비를 못하니 명년에 난리가 나면 어떻게 할꼬! 명년에는 산속에서 숨어야 할 것이니 그때는 내 말이 생각날 것이다."라면서 왜란이 일어날 것임을 예언하였다.

三

마침내 도요토미 히데요시는 전국일본戰國日本을 통일하면서 조선 침략을 획책하고 나선다. 국내의 불안한 정국을 조선 출병이라는 사슬로 묶

으려는 속셈도 있었다. '사람으로 보려 하면 원숭이고, 원숭이로 보려 하면 사람이었다'라고 할 정도의 기괴한 외모였어도 판단력이 출중하였던 도요토미 히데요시는 조선 조정에 '명나라로 가기 위해 길을 빌리자假道入明' 하고 운을 뗀다.

중봉 조헌은 수년 전부터 일본과의 교섭은 불가하다는 강경한 상소문을 올린 바가 있었고, 또 왜란이 있을 것임을 예언하지 않았던가. 국란을 앞에 두고 조헌은 집권 세력인 동인의 실정을 통박하는 상소문을 다시 올린다. 상소를 읽은 선조는 상소문을 불살라 버리라면서 대노하였다.

"조헌을 길주吉州에 부처하라!"

중봉 조헌은 옥천에서 길주까지 장장 2천 리 길을 걸었다. 발바닥이 부르트고 피가 흘렀어도 조헌은 조금도 굽히지 않고 왕명을 받을 정도로 강직하였다. 당시 이를 본 춘천부사는 감탄한 나머지 그를 철한鐵漢이라 부르기까지 했다.

선조 25년(1592) 4월, 도요토미 히데요시는 가토 기요마사加藤淸正, 고니시 유키나가小西行長 등의 심복 장수들을 선봉으로 조선 침략을 감행한다. 그해 4월 20일에 부산에 상륙한 왜군은 다음 날로 동래성을 짓밟으며 파죽지세로 북상한다. 전란에 대비하지 않았던 조선 병사들의 무기는 활과 칼이었고, 오랫 동안의 전란을 경험한 일본 병사들은 신식 무기인 조총鳥銃을 사용한다. 조선 병사들의 패퇴는 예정된 일이나 다름이 없다.

이 참담한 소식을 접한 중봉 조헌은 어머니를 청주 동면으로 피난시키고, 문하생 김절金節, 김약金鑰, 박충검朴忠儉 등과 함께 향병鄕兵 수백 명을 모아 보은에서 봉기하였다. 조헌의 향병들은 차령을 넘어 왜적의 진로를 막는 등 부분적인 전과를 올리고 있었다. 그러나 조정에서 내려보낸 이일李鎰 장군의 부대가 상주에서 참패하자 왜병들은 문경새재를 넘어 무인지경을 달리듯이 진격하였고, 마지막 보루로 여겼던 신립申砬 장군의 군병들마저 충주에서 대패하기에 이르자 선조는 도성을 버리고 몽진하게 된다. 전란이 발발된 지 불과 보름 만의 일이다.

이에 중봉 조헌은 문하생 이우李瑀, 김경백金敬伯, 전승업全承業 등과 의논하여 의병을 일으켜 나라의 위기를 구하고자 다짐하고 전국에 격문을 돌린다. 격문을 읽은 많은 장정들이 나라를 구하겠다는 일념으로 속속 그의 막하에 모여들어 며칠 만에 1천여 명을 넘어섰다. 하지만 이때 순찰사 윤선각尹先覺은 조헌 막하에 의병이 많이 모이는 것을 시기하여 방해 공작까지 하는 지경이었다.

그러나 중봉 조헌의 구국충정에 감동한 이광윤李光輪, 장덕익張德益, 신난수申蘭秀, 고경우高擎宇, 노응탁盧應晫 등이 부하를 이끌고 조헌의 휘하로 달려옴으로써 1,600명이라는 대병을 확보하게 되었다. 그리고 마침내 7월 4일, 공주에서 잔치를 벌여 군사들을 위로하고 출정의 기치를 높이 들었다. 이때 의병대장 중봉 조헌은 다음 같은 훈시를 하였다.

"민폐를 끼치지 말고 적병을 두려워하지 말라. 오직 국난만 생각하고, 오직 진격만 생각하라. 공명심을 누르고 오직 의로움만을 생각하라."

참으로 놀랍다. 중봉 조헌은 율곡 이이와 우계 성혼이 인정한 주자학자다. 그 학문만으로도 입신양명에 아무 부족함이 없을 것인데 나라가 위난 지경에 처하자 분연히 일어나 의병장이 되었다면 그의 나라 사랑과 빛나는 실천궁행이 어느 정도였는가를 규명하기는 어렵지 않다.

중봉 조헌이 이끄는 의병이 최초로 왜군과 조우한 것은 8월 1일 청주 전투였다. 청주에 진을 치고 있던 왜군의 군세는 만만치 않았다. 장차 충청도 일대를 장악할 기세였던 탓이다. 방어사 이옥李沃, 유징기卅庭祺 등의 관군이 계속 공격하였으나 모두 패하고, 승병장僧兵長 영규靈圭의 군사만이 왜병과 대치하는 형국이었다.

소식을 접한 중봉 조헌은 이옥의 남은 군사 및 영규의 군사와 합세하여 왜군의 진지를 급습하여 대승을 거두고 마침내 청주에 있던 왜군을 모두 쫓아낸다. 이 청주 전투에서 승리를 거둔 것은 중봉 조헌의 고결한 인품과 터럭 끝만 한 사심도 없는 충의심忠義心에 모두 감복하였기 때문이다.

四

의주로 옮긴 조정에서는 조헌의 활약상을 전해 듣고 그에게 봉상시奉常寺 첨정僉正의 벼슬을 내리고 공을 표창하는 교서를 보냈다. 그러나 불행하게도 중봉 조헌은 왕명을 받기 전 금산 전투에서 장렬한 최후를 맞는다.

중봉 조헌은 수하의 의병을 거느리고 선조가 파천해 있는 북쪽(의주)으로 가려 하였으나, 왜적들이 금산에 진을 치고 있음을 알고 그 무리를 먼저 무찔러 없애고자 하였다. 승병장 영규의 군사와 연합하고 호남 순찰사 권율과도 연락하여 총공격을 하기로 하였다. 약속한 날 조헌은 생사를 같이하기로 맹세한 700명의 군사를 지휘하여 금산으로 진군하였다. 그때 권율은 적진의 사정이 여의치 않으니 작전일을 연기할 것을 제의하는 편지를 보낸다. 그러나 권율의 편지가 미처 도착하기 전에 조헌의 군사는 이미 금산 가까이 이르러 있었다. 이를 탐지한 왜병들은 조헌의 의병들이 미처 싸울 준비도 하기 전에 대대적인 공격을 감행한다.

중봉 조헌은 의병들에게 다만 죽음만을 각오하고 물러서지 말 것을 훈시한 후 진두에서 독전하며 적을 맞아 싸웠다. 날이 저물고 화살이 다해가도 왜병들의 기세는 꺾이지 않았다. 조헌은 오늘 이곳이야말로 종사를 위해 목숨을 버릴 곳이라 굳게 결심하고 700의사들과 함께 마지막 순간까지 싸우다가 장렬히 최후를 마친다. 이때 조헌의 나이 마흔아홉이었다.

지금 충청남도 금산군 금성면 의총리에 있는 칠백의총七百義塚은 1592년 8월 18일 의병장 중봉 조헌과 함께 장렬히 전사한 700여 의병들의 유골을 모아 큰 무덤을 만들고 사당을 지은 성스러운 곳이다.

중봉 조헌은 어려서 유달리 침착하고 착한 소년이었고, 관계에 진출한 후에는 곧은 성격과 남다른 우국심으로 여러 차례에 걸쳐 만언소萬言疏를 올렸다. 이로 인하여 여러 번 귀양살이까지 하였으나 그가 지향하는 일편단심은 단 한 차례도 변한 일이 없었다. 그는 평생 하늘의 뜻을 거역하지 않았고, 책 속의 가르침에 어긋나지 않았던 실천궁행의 참선비였다. 그리하여 나라와 겨레의 제단에 아낌없이 몸을 던져 영원한 삶을 얻은 그 정신, 그 행동은 오늘에도 내일에도 마냥 빛나는 거울이 아닐 수 없다.

사람에게는 태산보다 무거운 의리가 있고, 터럭보다 가벼운 목숨이 있다는 옛말이 있다. 중봉 조헌에게 꼭 맞는 말이 아닐 수 없다. 중봉 조헌은 율곡 이이의 문인 중 가장 뛰어난 학자의 한 사람으로 '기발이승일도설氣

發理乘一途說'을 지지하며 율곡의 학문을 계승, 발전시켰다.

충청도 옥천沃川에는 중봉 조헌이 후학을 양성하던 이지당二止堂이 우뚝하다. 본채 양쪽으로 누마루를 거느린 당당한 건물의 대청에는 우암 송시열尤庵 宋時烈이 쓴 편액이 걸려 있다.

高山仰止

산이 높으면 우러르지 않을 수 없고,

景行行止

큰 행실은 그칠 수 없다.

《시전詩傳》에서 뽑은 글 중 두 개의 지止자를 따서 '이지당'이라고 쓴 우암 송시열의 비유야말로 중봉 조헌의 기개와 삶을 절묘하게 표현한 대목이 아닐 수 없다.

중봉 조헌은 임진왜란이 끝난 후 선무원종 일등공신宣武原從 一等功臣에 봉해지고, 대광보국 숭록대부大匡輔國 崇祿大夫 의정부 영의정議政府 領議政에 추증되었으며, 유학자로서 최고의 영예인 문묘文廟에 배향되었다. 시호는 문열文烈이다. 중봉 조헌은 고경명高敬命, 김천일金千鎰, 곽재우郭再祐와 함께 임진사충신壬辰四忠臣의 한 사람으로 추앙받는다.

그의 높은 학문과 실천 의지, 구국의 일념은 오늘 대한민국의 국방부 장관으로 한 점의 부족함도 없다.

행정안전부 장관

—

율곡 이이는
왕도를 깨우치고

임금을 일깨운 〈성학집요〉

+ 행정안전부

1998년 총무처와 내무부를 통합해 행정자치부가 발족되었고, 2008년 2월 중앙인사위원회, 국가비상기획위원회, 정보통신부 일부를 통합해 행정안전부로 개편하였다. 행정안전부는 국무회의의 서무, 법령 및 조약 공포, 공무원, 상훈, 정부 혁신, 행정 능률, 전자 정부 및 정보 보호, 청사 관리, 지방자치제도와 지방자치단체의 사무 지원 및 분쟁 조정, 선거, 국민 투표, 안전 관리정책 및 비상 대비, 민방위, 재난 관리에 관한 사무를 담당한다.

+ 율곡 이이 栗谷 李珥, 1536(중종 31)~1584(선조 17)

본관은 덕수德水, 자는 숙헌叔獻, 호는 율곡栗谷, 석담石潭, 우재愚齋. 아버지는 증좌찬성 이원수, 어머니는 신사임당이다. 태어나면서부터 총명하여 일곱 살 때 이미 경서에 통달했으며, 열세 살에 초시에 합격했다. 어머니 신사임당의 죽음 후 잠시 불교에 심취하였으나 외가로 돌아가 성리학 공부에 전념하였고, 그해 겨울 열아홉의 나이로 별시에서 장원을 거두고, 이를 전후로 과거마다 장원을 거듭하여 구도장원이란 칭송을 받는다. 자주 조정과 고향을 오가며 호조좌랑, 서장관, 청주목사, 황해감사, 대사간, 대사헌, 호조판서 등을 역임하였다. 《성학집요》를 통해 그의 정치사상을 정리하였으며, 임금의 마음가짐과 나라의 정체성, 지식인의 도리를 제시한 〈만언봉사〉로써 현실 정치를 냉혹하게 비판하고 제왕학을 강론하였다.

一

조선 왕조 시대의 많은 제도 중에서 경연經筵 제도처럼 아름다운 것은
없다. 임금은 열심히 상소문을 읽어서 민심의 향배를 헤아리기도 하지만,
아침에는 조강朝講, 낮에는 주강晝講, 저녁에는 석강夕講, 밤에는 야대夜對
를 열어서 부족한 학문을 보완한다. 그 경연에서 임금과 신하가 주고받은
이야기를《조선왕조실록》은 가감 없이 적어놓고 있다.

임금과 신하가 마주 앉아서 학문을 논하며, 현실 정치를 토론하면서 때
로는 군왕의 실정失政을 직언으로 지적하기도 한다. 임금의 면전에서 직
언을 하기 위해서는 자신에게 밀어닥칠 불이익을 각오하지 않고서는 불
가능하다.

율곡 이이栗谷 李珥는 경연에 들 때마다 군왕의 참된 도리를 준엄하게
입에 담곤 했다.

"나라를 다스리자면 무엇보다도 시기를 알아야 하는 것입니다. 임금이
아무리 훌륭한 정치를 하고자 해도 권간權奸이 국정을 전제하거나 소
요스러운 병란이 일어난다면, 비록 그러한 뜻을 갖더라도 치무治務를
이루기가 어려운 것입니다. 지금 다행히 권간이 없고 또 융마(戎馬, 오랑
캐의 기마 등)도 없으니 이때야말로 전하께서 보람 있는 정치를 할 때입
니다."

하니, 상이 이르기를,

"그 말이 옳다. 그러나 전국戰國이 소요스러울 때에 맹자는 제왕齊王, 양

왕梁王에게 왕도를 행할 것을 권했으니, 그렇다면 비록 융마가 있더라도 왕도를 행할 수가 있는 것이 아니겠는가."

하자, 이이가 배사拜謝하여 아뢰기를

"전하의 소견이 참으로 천하의 으뜸이십니다. 하지만 왕도의 시행은 실시 사공事功에 있는 것이 아니고, 말로만 행하는 것은 더욱 아닙니다. 맹자는 '임금만 바르게 하면 나라는 절로 된다'라고 하였는데, 그것이 가장 중요한 말입니다."

하였다.

— 《선조수정실록》 2년 7월 1일자

임금과 신하가 주고받는 말들을 이토록 명확하게 전하면서도 왕조실록은 말하는 사람의 인물평까지 적어놓고 있다.

오늘을 사는 우리가 지난날의 역사를 이끌었던 사람들의 인품을 살필 수 있는 것은 정말로 행복한 일이 아닐 수 없다.

율곡 이이는 성품이 준수했고 총명이 전륜했다. 나이 겨우 7세에 읽지 않은 책이 없었고, 문장과 박학으로 사람들은 신동이라 했다. 커서는 산수에 노닐면서 시를 읊으며 자득自得하였고 원대한 뜻이 있었다.

— 《명종실록》 20년 11월 18일자

이이는 사람됨이 총명 민첩하였고, 박학강기博學强記하였으며 글도 잘

지어 명성이 일찍부터 드러났다. 한 해에 연이어 사마시司馬試와 문과
文科의 두 시험에 장원으로 뽑히자 세상 사람들이 영광스럽게 생각하
였다. 다만 소년 시절에 아버지의 첩妾에게 시달림을 당하여 집에서 산
사山寺를 전전하며 살다가 오랜 기간이 지나서야 돌아왔다. 혹자는 '머
리를 깎고 중이 되었다'라고 하였다.

─《명종실록》 19년 8월 3일자

二

율곡 이이는 퇴계 이황과 함께 16세기 조선 유학을 아우르는 양대 거봉
이다. 율곡 이이가 이루어 놓은 태산준령과도 같은 학문에 비한다면 그의
몰년(沒年, 세상을 떠난 해)에 관해서는 안타까운 마음을 지워 낼 수가 없다.

명종 13년(1558), 22세의 청년 이이가 57세의 대석학 퇴계를 찾아가 성리
학을 논할 때, 퇴계가 그의 재능에 크게 감탄하였다는 기록이 있다. 그 감
탄은 성리학을 궁구하는 젊은 날의 율곡과 의기 상통하고 서로의 학문적
보완 관계를 유지하는 계기를 마련하게 하였다. 퇴계가 새로운 시대의 사
상인 성리학을 완벽하게 이루어 냈다면, 율곡은 퇴계가 이룩한 학문의 토
대 위에서 조선 성리학을 토착화하는 임무를 완수하였다는 의미를 내포
한다.

퇴계 이황이 70세를 일기로 그 빛나는 생애를 마친 것에 비해 율곡이 49
세의 아까운 나이로 세상을 떠났음은 후학들의 아쉬움으로 남지만, 인명
재천이요, 생자필멸이라는 범주에서는 벗어날 길이 없다.

율곡 이이의 본관은 덕수德水, 강원도 강릉 죽헌리竹軒里의 외가에서 태어났다. 강평공康平公 명신明晨의 5대손이며 좌찬성 원수元秀의 아들이다. 자는 숙헌叔獻, 호는 율곡栗谷, 아명兒名을 견룡見龍이라고 한 것은 어머님 사임당師任堂 신申씨가 그를 잉태하였을 때 꿈에 용을 보았기 때문이며, 그가 태어난 방을 몽룡실夢龍室이라 하는 것도 같은 맥락이다.

이이는 태어나면서부터 신이神異하고 총명하며 지혜가 숙성하여 일곱 살에 이미 경서經書를 통달하고 글을 잘 지었다고 전한다. 타고난 천성이 지극히 효성스러워 열두 살 때 아버지가 병들자 팔을 찔러 피를 내어 올렸고, 조상의 사당에 나아가 울면서 쾌차를 빌어 그의 효성으로 아버지의 병이 나았다는 기록도 있다.

여덟 살에 부모를 따라 아버지의 고향인 임진강 가, 그의 5대조가 지어 놓은 화석정이 있는 파주 율곡리로 옮겼다. 화석정은 임진왜란이 발발하고 선조가 북으로 몽진할 때 칠흑 같은 밤에 비까지 쏟아져 앞을 분간할 수 없게 되자, 어가를 호종하던 백사 이항복의 기지로 화석정에 불을 질러 그 불빛으로 무사히 강을 건널 수 있었다는, 바로 그 화석정이다.

이이는 열세 살에 초시에 합격하여 세상을 놀라게 하였다. 그러나 열여섯 살에 하늘과도 같았던 스승이자 삶의 귀감이었던 어머님 신사임당을 여의고 세상의 허무를 통감하며 어머님 무덤가에게 오두막을 짓고 3년 동안의 시묘살이를 마쳤다. 명종 9년(1554)에 금강산으로 들어가 불교에 심취하였던 것은 삶에 대한 회의를 풀고자 했던 큰 방황이었으나, 율곡 이이는 1년 만에 그 방황을 끝내고 강릉 죽헌리 외가로 돌아와 외할머니와 재회한다.

외할머니의 자애로운 보살핌을 받으면서 이이는 마음의 안정을 되찾게 되었고, 다시 공부에 열중하면서 앞날을 설계한다. 이때 자기를 완성시키는 〈자경문自警文〉을 지어 좌우명으로 삼는다. 이것은 유학에서 불교로 잠깐 들어갔다가 다시 유학으로 돌아온 후, 스스로 큰 결단을 한 데서 나온 반성문이나 다름이 없다. 자경문의 내용은 이러하다.

첫째, 큰 뜻을 세우고 성인을 본보기로 삼아야 하되 털끝만큼이라도 성인에 미치지 못한다면 나의 일은 끝나지 않음이요.

둘째, 마음이 안정된 자는 말이 적다. 그러므로 마음을 안정시키는 일은 말을 줄이는 일이다.

셋째, 마음이란 살아 있는 사물과 같다. 잡념과 헛된 망상을 없애기 전에는 마음의 동요를 안정시키기 어렵다.

넷째, 항상 경계하고 두려워하며 혼자 있을 때는 삼가는 마음을 가슴에 담으며 게으리하지 않아야 한다.

다섯째, 항상 경계하고 두려워하며 홀로 있을 때도 생각을 게으리하면 안 된다. 글을 읽는 것은 옳고 그른 것을 분별하기 위한 것이니, 만약 이를 살피지 아니하고 오롯이 앉아서 글을 읽는다면 쓸모없는 배움에 지나지 않는다.

여섯째, 재물을 이롭게 여기는 마음과 영화로움을 이롭게 여기는 마음을 비록 쓸어 낼 수 없다고 하더라도, 만일 일을 처리할 때 조금이라도 편리하게 처리하려 한다면 이 또한 이로움을 탐하는 마음이 된다.

일곱째, 만약 해야 할 일이라면 정성을 다하여 해야 하고, 만약 해서 안될 일이라면 일체 끊어 버려서 가슴 속에서 옳으니 그르니 다투게 해서는 안 된다.

여덟째, 한 가지의 불의를 행하고, 무고한 사람을 죽여서 천하를 얻을 수 있다고 하더라도 그런 일을 해서는 안 된다.

아홉째, 어떤 사람이 나에게 이치에 어긋나는 악행을 저지른다면 나는 스스로 돌아서서 반성을 하면서 그를 감화시켜야 한다.

열 번째, 밤에 잠을 자거나 몸에 질병이 있는 경우가 아니면 누워서는 안 되고, 공부는 급하게 해서는 안 되며 늦추어서도 안 되는 것은 죽은 뒤에야 끝이 나기 때문이다.

아무리 자신을 도야하는 준엄한 약속이라 하더라도 열아홉 살 어린 나이의 다짐으로는 완벽을 넘어서는 성숙도를 보이고 있다 해도 과언이 아니다. 그리고 율곡 이이는 외할머니와 작별하고 고향인 임진강 가 화정리로 돌아와 성리학 연구에 몰두하게 된다.

그해 겨울 별시別試에 장원하고, 이를 전후하여 과거마다 장원을 거듭하여 구도장원九度壯元이란 칭송을 받으면서 그 명성이 거침없이 퍼져 나가게 된다.

명종 19년(1564)에 호조좌랑으로 제수된 것을 시초로 관계에 진출하게 되었고, 선조 1년(1568)에는 서장관書狀官으로 명나라를 다녀오면서 당시의 국제 정세에도 눈뜨게 된다.

선조 3년(1570), 해주海州 야두촌野頭村에 돌아가 학문의 터를 닦으려 하였으나, 다시 조정의 부름을 받고 청주목사淸州牧使에 제수되었다. 그러나 이미 학문의 성취를 이루기 시작하였던 때라 정중한 상소로 다시 사직하고 파주로 돌아와 조선 성리학의 궁구로 일념하고자 한다. 하지만 통치자(임금)의 주변에 학문과 경륜 높은 인재가 있고서만 도덕적으로 하자가 없는 조정이 건재하게 되고, 백성들은 그 건재한 조정에 의지하며 생업에 종사할 수 있는 것은 예나 지금이나 다를 것이 없다.

선조 7년(1574), 율곡 이이는 군왕의 간곡한 소청을 뿌리치지 못하고 황해감사黃海監司로 나가 반년 남짓 재직하였고, 그 후에도 자주 조정과 고향으로 돌아가기를 반복하면서 대사간, 대사헌, 호조판서 등 조정 요직을 두루 역임하였다. 그러나 동서로 갈라진 정쟁政爭의 갈등이 날로 높아지는 현실에 좌절감을 느끼게 된다.

급기야 선조 12년 5월 22일, 율곡 이이는 통치자의 정신적 해이와 신료들의 무능함을 강력하게 비판하면서 사임을 청한다.

어제 대사간 이이가 사면辭免하고 아뢰었다.

"삼가 생각하건대 오늘날 기강이 무너진 것과 민생이 곤궁한 것은 상께서도 이미 다 알고 계실 것이므로 더 진달陳達할 것이 없습니다마는, 더욱 우려스러운 것은 성상께서는 이미 마음을 미루어 위임委任하시려는 뜻이 적으시고 조정 신하들은 또한 담당하여 힘을 다해 보려는 뜻이 모자랍니다. 큰 관원은 유속流俗대로 하는 것만 편하게 여겨 수수방관하며 성패成敗를 임의로 놔두고 있고, 작은 관원은 비록 건백建白하는 것이 있기는 하지만 혹자는 과격하고 혹자는 우활迂闊하여 실용에 절실하지 못하여 의논이 가닥만 많고 통일되는 바가 없습니다.

국가의 사세가 날로 글러짐이 마치 물이 더욱 아래로만 내려가는 것과 같으니, 이러한 때에는 위로 임금의 허물과 실수를 비로잡음이나 아래로 관원들의 태만과 경솔을 경각시키는 일은 오직 간관에게 의지하게 됩니다. 진실로 재주와 성의를 겸비하고 학식과 생각이 탁 트이어 옛것에 얽매이지도 않고 지금의 사태에 현혹되지도 않는 사람이 아니라면 이 소임을 감당할 수 없을 것입니다."

선조는 율곡 이이와 같이 학덕이 높고, 성품이 올곧은 신하를 가까이 두기를 원한다. 때로는 동료 신료들의 무책임을 통박하고, 백성의 고통을 바로 알려서 치도를 확립하게 하려는 신료들을 가까이에 두고 싶어 하지만, 또 다른 한쪽에서는 바른말을 하는 신료들을 탄핵하는 세력들이 공존하는 것은 예나 지금이나 다를 것이 없다.

선조는 시골로 내려간 율곡 이이를 다시 대사간으로 부른다. 대사간의 직책은 간쟁諫爭을 수습하고 처리하는 막중한 자리다. 그러나 율곡 이이가 올린 사양 상소는 칼날과도 같다.

사간원 대사간의 벼슬로 이이를 부르니 이이가 병을 핑계로 사양하고 오지 않고 상소를 올려 동서의 분당分黨에 대하여 논하면서 "동인이 서인을 공격함이 너무 심하여 억지로 시비를 결정하고자 하니 바라건대 동서의 당론을 타파하고 사류들을 보합保合하게 하여 그들이 한마음으로 나라에 몸바치게 하소서." 하였는데, 상이 상소의 사연이 시사時事에 맞지 않는다는 이유로 이이를 체직하라고 명하였다. 그리하여 양사兩司, 사헌부와 사간원와 옥당(玉堂, 홍문관 관원)이 어지럽게 논박하였다.

―《선조수정실록》7년 1월 1일자

조선 왕조가 개국한 지도 어언 200여 년, 알게 모르게 조정의 기강이 무너지고, 사회 여러 면에서 병폐 현상이 나타나기 시작한다. 율곡 이이는 조선의 사회 체제를 전면적으로 개혁하지 않으면 안 된다고 믿었다. 당시 퇴계 이황을 비롯한 선학들이 개척하고 다져 놓은 조선 성리학의 학문적 기초를 토대로 그 이상을 현실 사회에 접목, 구현할 수 있다는 자신감이 그에게는 넘쳐 나고 있다.

선조는 사가私家에서 태어나 성장한 사림 출신이나 다름없는 임금이다. 선조는 왕위에 오르고 나서도 사림 출신의 스승들에게 학문을 궁구하고, 그들과 함께 이상 사회를 건설하기를 다짐한다. 물론 당시의 사회적 분위기도 그런 쪽으로 성숙되어 있는 편이었다. 또 성리학적 이념으로 의식화된 사림들이 전국에 산재해 있기도 하였다.

선조는 이들을 개혁 세력으로 삼아 적극 등용한다면 침체된 정계를 개편할 수 있으리라 믿었다. 이 같은 신구 정치 세력의 교체기에 율곡 이이는 대표적인 관료학자官僚學者로, 이념 집단인 사림의 정치화를 선도할 적임자라고 선조는 믿었다.

율곡 이이가 선조 8년(1575)에 편찬한《성학집요聖學輯要》는 그의 정치사상을 정리한 탁월한 저작이었고, 나라를 다스리는 군왕에게는 반드시 실행해야 할 교본이 아닐 수가 없다. 그렇다고 내용이 그 시대에만 머무는 것이 아니라 오늘을 사는 우리에게까지 큰 가르침이고도 남는다.

修己工夫 有知有行 知以明善 行以誠身.

애써 나를 닦는 공부에 임해야 하는 것은, 많이 알고 많이 행하기 위한 것이며, 사람이 알아야 하는 것은 참되고 훌륭한 일을 더욱 밝게(《대학大學》의 至志善과 같다) 하기 위해서 일 것이니, 몸소 행해야 하는 것은 성심을 다하기 위한 것이라고 가르친다.

임금은 국가에 의존하고 국가는 백성에게 의존한다. 임금은 백성을 하늘로 삼고 백성은 먹을 것을 하늘로 삼는다. 백성이 하늘로 삼은 것을 잃게 되면 국가가 하늘로 삼는 것을 잃어버리게 된다. 이는 바꿀 수 없는 진리다.

—《성학집요》

조선 시대의 지식인들에게 주어진 첫 번째 덕목은 '지행知行'이었다. 물론 지행이란 배우고 익힌 비를 실행으로 옮긴다는 뜻이다. 그러므로 조선 시대의 관행은 지행하지 못하는 정승들보다 배운 바를 몸소 행하는 중인 中人이나 상민常民들을 더 존경할 수밖에 없었다.

선조에게 율곡 이이의 간곡한 가르침을 애타게 기다리는 마음이 있었다면, 율곡 이이는 때를 가리지 아니하고 상소문을 올려 선조의 선정을 일깨우고자 하였다.

삼가 생각하건대 천하의 일에는 근본이 있고 말단이 있습니다. 먼저 그 근본을 다스리는 것은 오활한 듯하나 성과가 있고, 말단만을 일삼는 것은 절실한 것 같으면서도 해가 됩니다. 오늘날의 일로써 말한다면 조정을 화합시키고 옳지 못한 정사를 고치는 것이 근본이고, 병력과 식량을 조달하여 방비를 튼튼히 하는 것은 말단입니다. 말단도 실로 거행해야 하겠지만 더욱 먼저 해야 할 것은 근본입니다.

— 《선조수정실록》 14년 4월 1일자

三

율곡 이이를 거론하면서 천하의 대 상소문인 〈만언봉사萬言封事〉를 거론하지 않을 수가 없다. 표제가 말하는 '만언萬言'이 문자 그대로 '만 가지 말'이라는 뜻이라면, 그 원문의 길이가 어느 정도인가를 짐작하게 한다.

임금의 마음가짐을 거론하고, 나라의 정체성을 거론하며, 지식인(사대부)의 도리를 거론하면서 때로는 고금의 논거를 구체적으로 제시하고, 또 때로는 칼날과도 같은 논리로 현실을 비판하는 이 장문의 상소를 모두 읽자면 때로는 지루함을 이기지 못할 경우도 허다할 것이다. 여기서는 발췌를 거듭하며 그 요건만을 살펴보기로 한다.

우부승지 이이가 만언소萬言疏를 올려 시폐時弊에 관한 것과 재변을 없애고 덕을 진취시키는 것에 대한 설을 극진히 아뢰었다. 그 소에,

"신은 삼가 아룁니다. 정사는 시의時宜를 아는 것이 귀하고 일은 실공實功을 힘쓰는 것이 중요하니, 정사를 하면서 시의를 모르고 일을 당하여 실공을 힘쓰지 않으면 비록 성군聖君과 현신賢臣이 서로 만난다 하더라도 치적治績이 이루어지지 않을 것입니다.

삼가 생각건대 전하께서 총명 영의하시고 선비를 좋아하고 백성을 사랑하시매, 안으로는 음악과 주색을 즐기는 일이 없고 밖으로는 말달리고 사냥을 좋아하는 일이 없으시니, 옛날 군주들이 자신의 마음과 덕을 해치는 것들에 대해서는 전하께서 좋아하시지 않는다 하겠습니다. 이와는 반대로 노성老成한 신하를 믿어 의지하고 명망이 있는 자를 뽑아쓰며, 뛰어나고 어진 이를 특별히 불러 쓰시어 벼슬길이 차츰 밝아지며, 곧은 말을 너그럽게 용납하여 공론이 잘 시행되므로 조야가 부푼 가슴을 안고 지치至治를 고대하고 있으니, 기강이 엄숙해지고 민생이 생업을 즐겨야 당연할 것입니다." 하였습니다.

(중략)

대체로 재이災異가 일어나는 것은 하늘의 뜻이 심원하여 참으로 측량하기 어려우나 역시 임금을 인애仁愛하는 것에 불과할 뿐입니다. 역사를 두루 살펴보건대 옛날 명철하고 의로운 군주가 큰 사업을 이룰 수 있는데도 정사가 혹시 닦여지지 않으면 하늘은 반드시 견책을 내보여 경동警動시켰으며, 하늘과 관계를 끊은 자포자기한 군주에 있어서는 도리어 재이가 없었으니, 이 때문에 재이가 없는 재이야말로 천하에 가장 큰 재이인 것입니다. 이제 전하의 명철하고 성스러우신 자질로 큰 사업을 할 수 있는 지위에 계시고, 또 그러한 때를 만났는데도 기강이 이와 같고 민생이 또 이와 같이 경성景星이 날로 나타나고 경운慶雲이 날로 일어나더라도 전하께서는 더욱 어찌할 바를 모를 정도로 삼가고 두려워하셔야 할 것입니다. 그런데 여러 가지 재변이 거듭 나타나 무사히 지나가는 날이 없으니, 이는 곧 하늘이 전하를 극도로 인애仁愛하는 것이라 하겠습니다. 전하께서 두려워하여 몸을 닦고 잘못을 반성하는 일을 어찌 조금이라도 게을리할 수 있겠습니까. 비록 그렇지만 시의를 모르고 실공을 힘쓰지 않으면 삼가고 두려워하는 마음이 아무리 간절하더라도 치적은 끝내 요원할 것이니, 민생을 어떻게 보전하고 하늘의 노여움을 어떻게 그치게 할 수 있겠습니까. 신은 이제 약간 알고 있는 것을 다 토로하여 먼저 고질화된 폐단을 아뢰고 다음으로 그것을 구제할 계책을 거론하겠습니다. 삼가 원컨대 전하께서는 심기心氣를 가라앉히셔서 잡다한 글을 싫어하시거나 뜻에 거슬린다고 노여워하지 마시고 살펴주소서.

대체로 시의時宜라고 하는 것은 수시로 변통하여 법을 마련해서 백성을 구제하는 것을 말합니다. 정자程子가《주역》을 논하기를, "때를 알고 형세를 아는 것이야말로《주역》을 배우는 큰 법이다." 하고, 또 말하기를, "수시로 변혁하는 것이 곧 상도常道이다." 하였습니다. 대체로 법은 시대 상황에 따라 만드는 것으로 대가 변하면 법도 달라지는 것입니다. 이를테면 순舜이 요堯의 뒤를 이었으니 의당 다른 것이 없어야 할 것인데도 12주를 고쳐 9주로 만들었습니다. 이것이 어찌 성인이 변혁하기를 좋아하여 그렇게 한 것이겠습니까. 시대를 따라 그렇게 한 것에 지나지 않을 뿐입니다. 그러므로 정자가 말하기를, "요, 순, 우가 서로 뒤를 이었으나 그 문장과 기상은 역시 조금씩 다르다."라고 한 것입니다.

(중략)

어지러움이 극도에 이르면 다스려지는 법이기 때문에 정관貞觀의 치적이 나오기는 했으나, 폐단을 구제함에 있어서 해야 할 도리를 다하지 못하였으므로 오히려 이적의 풍조가 남아 있게 되었습니다. 그리하여 삼강三綱이 바르지 못하여 임금은 임금의 도리를 못하고 신하는 신하의 도리를 못하니, 번진藩鎭은 빈공賓貢하지 않고 권신權臣은 강포强暴하는 등 나라는 여전히 쇠미하여 오대五代의 혼란기가 있게 되었습니다. 송宋나라가 일어나서는 번진의 걱정을 경계하여 병권兵權을 풀어 버리고 위세를 거두어 잡았으나, 진종眞宗 이후로 태평 시대에 젖은 나머지 기강이 점차 해이해지고 무략武略은 부진하였으며, 인종仁宗 때 재정은 비록 극도로 풍족하였으나 쇠퇴한 기상이 이미 드러났으므로 당시 대현大賢들은 모두가 변통할 계책을 세워야겠다고 생각하였습니다. 곧바로 신종神宗에 이르러 변통할 기회를 만나 큰 사업을 할 뜻을 갖게 되었으나, 신임하였던 자는 왕안석王安石뿐이었습니다. 그러나 그는 인의仁義를 뒤로 하고 공리功利를 앞세우며 천인天人의 뜻을 어기고 난망亂亡을 재촉하였으므로, 도리어 변통하지 않은 것이 더 나은 것만 못하였습니다. 결국 큰 재앙을 초래하여 중화가 이적으로 변하였으니, 다른 것이야 말할 게 뭐가 있겠습니까.

(중략)

시험 삼아 오늘날의 정치에 대하여 말씀드릴까 합니다. 공법貢法은 연산군 때에 백성을 학대하던 법을 그대로 지키고 있고, 관리의 임용은 권간權奸이 청탁을 앞세우던 습성을 그대로 따르고 있습니다. 문예文藝를 앞세우고 덕행을 뒤로 하여 행실이 높은 이는 끝내 작은 벼슬에 머물게 되고, 문벌을 중시하고 어진 인재를 경시하여 문벌이 빈약한 자들은 그 능력을 펴 보지도 못하고 있습니다. 승지가 어전에 들어가 아뢰지 못하기 때문에 근신近臣은 소원해지고 환관宦官과 친근하게 되며, 시종侍從이 정의廷議에 참여하지 못하기 때문에 유신儒臣은 경시되고 속론俗論이 중시되고 있습니다. 한 관직에 오래 있지 않고 청현직清顯職을 두루 거치는 것을 영예로 여기고, 직무를 나누어 맡지 않고 조사曹司에 전담시키는 것을 능사로 삼고 있습니다. 이와 같은 폐습과 그릇된 규칙들은 낱낱이 아뢰기 어려울 정도인데, 이는 기묘사화 때 비롯된 것이 아니면 필시 을사사화 때 이루어진 것들입니다. 그러나 지금의 논자論者들은 이를 조종祖宗의 법도로 여기어 감히 경장하자는 논의를 꺼내지 못하고 있으니, 이것이 이른바 시의時宜를 모른다는 것입니다.

대체로 성왕聖王이 만든 법이라 하더라도 그것을 적절히 변통하는 현명한 자손이 없으면, 마침내는 반드시 폐단이 생기는 법입니다. 그러므로 주공周公은 대 성인으로서 노魯나라를 다스렸지만 뒷날 쇠퇴해질 형세를 떨치게 해 놓을 수 없었고, 태공太公은 대 현인으로서 제齊나라를 다스렸지만 뒷날 왕위를 찬탈하게 될 조짐을 마을 수는 없었습니다.

(중략)

지난날 중묘中廟와 조광조의 관계는 성군聖君과 현신賢臣이 서로 만난 것이라고 말할 만하였습니다. 그런데도 음흉하고 사악한 것들이 그 사이에 끼어들어 마치 밝은 거울이 먼지와 때로 가리어진 것같이 되었으니, 낮에는 어전에서 응대를 하다가도 밤에는 천 길 골짜기로 떨어져 버린 꼴이 되고 말았습니다. 지금의 사림은 사화를 겪은 지 오래되지 않아 두려워하는 마음이 아직 남아 있습니다. 소신은 항상 천견淺見으로 논하기를, "중묘께서는 진정 성군이시나 지나치게 남의 말을 그대로 받아들였기 때문에 군자의 말도 들어가기 쉬웠지만 소인의 참소도 들어가기 쉬웠습니다. 지금 성상께서는 그렇지 아니하시어 남의 말을 반드시 자세히 살피고 소홀히 듣지 아니하시므로 군자가 아무리 안타까워해도 계합契合되기 어려우나, 소인도 역시 감히 도리에 어긋나는 것으로 속이지 못합니다. 성상의 시대에는 사림의 화는 분명히 없을 것이나, 다만 백성이 궁해지고 나라가 피폐해지는데도 변통할 방책이 없어서 마침내는 토붕와해의 형세가 되고 말 것이 두렵다." 하였는데, 지금 사류 중에서 신의 말을 믿는 사람이 몇 명이나 되겠습니까. 임금과 신하가 서로 어울림에 있어 정성과 신의가 부합되지 못하면서도 제대로 치평治平을 보전했다는 말을 예로부터 오늘에 이르기까지 들어보지 못

히였습니다.

(중략)

심지어는 군사를 뽑는 일이야말로 가장 중요한 일인데도 뇌물이 요로에 횡행하고 가짜 문서가 진짜 기록을 혼란시키고 있는데, 촌민村民들이 소를 내주려고 해도 색리色吏들은 반드시 면포를 요구하여 소를 가지고 베를 바꾸게 되니 소 값이 크게 떨어졌습니다. 이는 경외京外가 다 그러하여 백성들의 원성이 들끓고 있으니 하물며 다른 일들이야 어떠하겠습니까. 조식曺植이 일찍이 말하기를, "우리나라는 서리胥吏 때문에 망할 것이다." 하였습니다. 이 말이 지나치기는 하나 또한 일리가 있으니, 이는 뭇 신하들이 일에 책임을 지지 않는 잘못으로 말미암은 것입니다. 관원이 제각기 맡은 바 직책을 다한다면 어찌 서리 때문에 나라가 망할 일이 있겠습니까. 이제 만약 책임을 진 관원이 절절한 사람이 아니어서 그를 바꾸고자 하더라도 한때의 인물들이 모두 이 정도에 불과하므로 현명한 인재를 갑자기 마련하기도 어려울 것이며, 형벌과 법이 엄하지 않다 하여 그것을 엄중하게 하려고 할 경우, 법이 엄중해지면 간사한 자들이 더욱 불어나게 됨과 동시에 법을 엄중하게 하는 것 또한 폐단을 구제하는 방책이 아닙니다. 그렇다고 어쩔 수 없다고 해서 그대로 방치해 두면 온갖 폐단이 날로 늘어나고 여러 가지 일들이 날로 그릇되어 민생은 나날이 곤궁해지고 혼란과 쇠망이 반드시 뒤따르게 될 것입니다.

(중략)

지금 전하께서는 선비를 사랑하고 현인을 구하시는 것이 옛날의 군주에 비하여 부끄러울 것이 없으며 숨어 있는 곧은 이와 덕 있는 이를 거의 모두 찾아내셨으니, 그 성대하고 아름다운 일은 근고近古에 드문 일이라 하겠습니다. 그러나 유사가 천거할 때에 형식적으로 아무개는 쓸 만하다고 말할 따름이고, 상세한 행적에 대해서는 진달하는 일이 없습니다. 유사가 이미 적합하게 천거하지 못한 위에 성상께서도 또한 친히 그 사람을 보시고 그의 현부賢否를 살펴보시는 일이 없이 그저 관례에 따라 벼슬을 줄 따름입니다. 몸을 닦고 행실을 돈독히 하는 것은 무엇을 구하기 위해 하는 것이 아니니, 초야에 어찌 작록을 누시하는 사람이 없겠습니까. 선비의 거취는 본디 한 가지만 있는 것이 아니어서 작은 벼슬이라도 낮다고 여기지 않는 사람이 있는가 하면, 재능을 품고 있으면서도 그것을 활용하지 않는 사람도 있습니다. 전하께서 현인을 불러 들임에 있어서는 벼슬만 내려 줄 뿐, 만나 보거나 살피고 시험하여 뽑아 씀으로써 도를 실천하게 하는 실상이 전혀 없으십니다. 그러므로 오늘날 천거되어 벼슬자리에 나아가는 사람들을 보면, 부모를 위하여 굴복하였다는 사람도 있고, 가난 때문에 벼슬한다는 사람도 있고, 다만 성은에 보답하기 위하여 왔다는 사람도 있으니, 도를 실천하기 위하여 나왔다는 사람은 한 사람도 들어본 일이 없습니다. 현인을 구하는 것은 가장 아름다운 일인데도 결국 헛된 겉치레에 불과한 것이 되고 마니, 나라를 다스리는 도가 무엇을 통하여 이루어지겠습니까.

(중략)

삼가 보건대 전하께서는 자질이 매우 아름다우시어 인자하심은 백성을 보호하기에 충분하고, 총명은 간사함을 분별하기에 충분하고, 용맹은 어떠한 결단을 내리시기에 충분합니다. 그런데 다만 성왕聖王이 되어보겠다는 뜻이 서 있지 아니하고 치평을 추구하는 정성이 독실하지 아니하며, 아예 선왕先王 같은 임금은 기약할 수 없다고 여긴 나머지, 뒤로 물러나 스스로를 작게 평가하심으로써 전혀 떨치고 분발하려는 생각이 없으십니다. 전하께서 무슨 소견으로 그러하신지 모르겠습니다. 이른바 뜻은 크나 재능이 모자라 일에 실패한다는 것은 몸을 닦는 일에는 힘쓰지 아니하고 실행하기 어려운 정책을 함부로 추진하며, 강약을 따져 보지 않고 대적하기 어려운 적에게 함부로 도전하는 따위를 말합니다. 만약 몸을 닦는 일에 참다운 공부가 있고 백성을 편안히 하는 일에 참다운 마음이 있다면, 어진 사람을 구하여 함께 다스릴 수가 있고 폐단을 개혁하여 시국을 구할 수가 있을 것이니, 이것이 어찌 뜻이 커서 일에 실패하는 것이겠습니까.

(중략)

궁리는 바로 격물치지格物致知이고, 거경과 역행은 바로 성의誠意, 정심正心, 수신修身입니다. 이 세 가지를 아울러 닦고 동시에 발전시켜 나가면 이치에 밝아져서 접촉하는 곳마다 막힘이 없게 되고, 속이 곧아져서 의로움이 밖으로 나타나게 되며, 자신을 극복하여 원초적인 성품을 회복하게 됩니다. 그리하여 성의와 정심의 공력이 그의 몸에 쌓이게 되어 윤택하고 화락한 모습이 온몸에 나타나고, 집안에 모범을 세워 형제들이 본받을 만하게 되고, 그것이 온 집 온 나라에 파급되어 교화가 행해지고 풍속이 아름답게 될 것입니다. 주자가 말하기를, "문왕文王의 정심, 성의의 공이 몸에 쌓이고 밖에 드러나 널리 두루 미쳤기 때문에 남쪽 나라의 사람들이 문왕의 교화에 감복하였던 것이다.'라고 하였습니다. 이것이 어찌 주자가 상상하고 억측해서 한 말이겠습니까. 성의와 정심의 공효가 나라에 두루 파급된다는 것을 정확히 알고 있었기 때문에 그렇게 말하였던 것입니다.

바라건대 전하께서는 높고 멀어 행하기 어려운 것이라고 여기지 마시고, 작은 일이라 소홀히 여기지 마소서. 늘 평소에도 학문을 중단하지 마시어 사서오경四書五經과 선현들의 격언 및 《심경心經》, 《근사록近思錄》 같은 책을 번갈아 가며 읽으시고 그 뜻을 깊이 연구하소서. 그리하여 성현의 뜻이 아니면 감히 마음에 두지 마시고 성현의 글이 아니면 감히 보지 마소서.

－《선조수정실록》16년 4월 1일자

아, 줄이고 또 줄여도 긴 글이 되고 말았다. 그러나 지금 대한민국의 정치 현실을 그대로 비판하고 그 개선책을 제시하고 있는 글이어서 지도 계층에 있는 사람들은 반드시 읽어 둘 필요가 있다.

이 만언소가 현실 정치를 냉혹하게 비판하면서 제왕학帝王學을 강론하고 있다면, 이 글 그대로를 대한민국 대통령에게 올렸다 해도 아무 문제 될 것이 없는 훌륭한 '대통령학大統領學'을 강론한 것이 된다. 지금 우리가 하루속히 청산해야 할 정경유착, 낙하산 인사, 권력형 부정부패가 왜 일어나는 것이며, 또 왜 고쳐지지 않는지를 명명백백하게 지적하면서 그 개선책을 제시하고 있다면, 오늘의 정치 지도자들은 물론, 군대 지휘관, 기업 총수, 그 밖의 지식인들에게는 성전聖典이 되고도 남을 내용이다.

500년 전의 글을 읽으면서도 오늘의 현실과 비교하게 되고, 오늘 우리가 겪고 있는 여러 난제들이 어디에서 기인되었는가를 여실하게 지적하고 있다면, 역사가 있어야 하고 기억해야 할 일임을 명백히 보여 주는 글이라 하여도 과언이 아니다.

四

율곡 이이는 타고난 기품이 매우 고상한데다가 수양을 잘하고 더욱 높은 경지에 나아갔는데, 청명淸明한 기운에 온화한 분위기가 배어 나오고 활달하면서도 과감하였다.

어떤 사람이든 어떤 상황이든 한결같이 정성되고 신실하게 대하였다. 은총과 사랑을 받거나 오해나 미움을 받거나 털끝만큼도 개의치 않았으므로 어리석거나 지혜 있는 자를 막론하고 마음으로 그에게 귀의하지 않는 자가 없었다.

한 시대를 구제하는 것을 급선무로 여겼기 때문에 물러났다가 다시 조정에 진출해서도 사류士類를 보합保合시키는 것을 자신의 임무로 삼았다. 이 때문에 사심 없이 할 말을 다하다가 주위 사람들이 꺼리는 대상이 되었다. 마침내 당인黨人에게 원수처럼 되어 거의 큰 화禍를 면치 못할 뻔하였다.

율곡 이이는 인물을 논하고 추천할 때 반드시 학문과 명망, 품행을 위주로 하였으므로 진실하지 못하면서 빌붙으려는 자들은 나중에 많이 배반하였다. 그래서 세속의 여론은 그가 너무도 현실에 어둡다고 지적하였다.

그러나 율곡 이이가 세상을 떠난 뒤에 편당偏黨이 크게 기세를 부려 한쪽을 제거시키고 조정을 바로잡았다고들 하였으나, 그 내부에 다시 알력軋轢이 생기고 사분오열되어 마침내 나라의 화근이 되었다. 율곡 이이가 평소에 미리 염려하여 먼저 말했던 것이 모두 사실과 부합되지 않는 것이 없었던 점을 상기할 필요가 있다.

퇴계 이황이 학자로서 일생을 살아갔음에 비해 율곡은 사士로서 내부大夫가 되어 전형적인 사대부의 삶을 살았다. 대부분의 조선인이 학자로 대성하거나, 벼슬길에서 탁월한 업적을 남겨 관료로 성공하거나, 그도 아니면 제자를 양성하는 등 한 면에서 성취를 이루는 데 비추어 볼 때 율곡은 이 세 가지 모두를 일구어 낸 발군의 지식인이 아닐 수 없다.

오늘 우리 대한민국의 행정안전부 장관에는 율곡 이이와 같은 논리적인 근거와 사실을 있는 그대로 비판하면서도 박학다식한 학문, 완성된 인품으로 미래를 내다보는 혜안을 갖춘 덕망이 있는 사람이 필요하다. 잘못된 관행을 알고 있으면서도 입 다물고 있거나 다가오는 미래에 대한 대비책을 헤아리지 못하는 사람들로는 국가의 미래를 다짐할 수 없다는 사실을, 조선의 지식인들은 불이익을 감내하면서라도 입에 담고 또 실천하였다는 사실을 기억할 필요가 있다. 아니 기억이 아니라 배우고 실천해야 하는 것이 지금 우리의 공직자들이 해야 할 책무다.

문화체육관광부
장관

—

연암 박지원의
북학과 현실 인식

《열하일기》의 충격

+ 문화체육관광부

1948년 신설된 공보처가 공보부를 거쳐 문화공보부로 발족되었으며, 1989년 문화부와 공보처로 분리되었다. 이후 문화체육부, 문화관광부로 차례로 변경되었으며, 2008년 문화관광부에 국정홍보처의 국정에 관한 홍보 및 정부 발표 기능, 정보통신부의 디지털콘텐츠 기능을 통합하여 문화체육관광부로 개편되었다. 문화체육관광부는 전통문화의 보존, 전승 발전과 문화관광산업 육성, 체육 진흥을 통해 국민 삶의 질을 높이고 국가 경쟁력 강화를 목표로 정책을 수립한다.

+ 연암 박지원 燕巖 朴趾源, 1737(영조 13)~1805(순조 5)

본관은 반남潘南, 자는 중미仲美, 호는 연암燕巖, 연상煙湘, 열상외사洌上外史이다. 어려서 아버지와 할아버지를 여의고, 이보천의 딸과 결혼한 뒤 장인에게《맹자》를 배우고, 처삼촌인 이양천에게《사기》를 배우며 경서의 세계에 몰입한다. 22세부터 이덕무, 이서구, 유득공 등과 교유하며 이용후생을 으뜸으로 여기는 북학 정립에 몰두하였으며, 29세 때 과거에서 낙방한 뒤 스스로 학문을 궁구하기로 마음먹는다. 1780년 5월, 청나라 진하 겸 사은사의 정사로 파견된 삼종형 박명원을 따라 사행길에 올랐고, 북경과 열하에서 다른 나라의 학문과 문화를 직접 접하고 귀국한다. 이후《열하일기熱河日記》에서 청나라의 경제적, 문화적 발전상을 세세하게 소개하여 큰 반향을 일으키며 실학의 북학을 주도한다.

一

　조선 시대의 새 문물을 거론하자면 당연히 연암 박지원燕巖 朴趾源, 담헌 홍대용湛軒 洪大容, 초정 박제가楚亭 朴齊家 등 정조 시대 실학의 대가들을 거명하게 된다. 이들은 모두 중국에서 유럽 문물에 직접 접촉한 뒤 조선 문화가 '우물 안의 개구리'처럼 폐쇄되고 낙후되었음을 절감하였고, 또 조선 문화가 저들 못지않게 향상하고 발전하기를 갈망하였던 선각의 지식인들이다.

　연암 박지원이 현실에 안주하지 않고 당시 허위의식에 빠진 양반 사회의 낡은 세태를 희화하고 비판하는 소설(《양반전》과 《허생전》)을 쓴 것은 조선식 양반 사회의 안주와 퇴행을 신랄하게 비판한 자성의 소리나 다름이 없다. 또 그것은 중국에서 들어온 선진 문물을 배우고 실천하려는 의지의 표현이기도 하였다. 이것이 실학 중에서도 특히 '북학北學'의 태동이며, 그 선두주자로 등장한 셈이나 다름없다. 그런 의미에서 연암 박지원이 중국에 다녀와서 쓴 《열하일기熱河日記》는 당대 지식인들에게 충격을 준 필독서였다. 또한 그 문장이 자유분방하고, 내용 또한 파격적이어서 정조의 노여움까지 샀을 정도로 화제가 되었다.

　연암 박지원은 영조 13년(1737), 한양 서부 반송방(盤松坊, 야동)에서 박사유의 아들로 태어났다. 어려서 아버지를 여의더니 16세가 되던 해에는 할아버지까지 세상을 떠난다. 의지할 데 없는 박지원은 처사 이보천李輔天의 따님을 지어미로 맞아들인다. 그리고 장인 이보천에게 《맹자》를 배우고, 처삼촌인 이양천李亮天에게 《사기》를 배우는 등 늦깎이 공부에 열중하면서 역사를 이해하고, 경서의 세계에 몰입하게 된다.

그의 외모에 대해서는 아들 박종채가 쓴 《과정록過庭錄》을 보면, 큰 키에 살이 쪄서 몸집이 매우 컸으며 얼굴은 긴 편이었고, 안색이 몹시 붉었으며 광대뼈가 툭 불거져 나오고 눈에 쌍꺼풀이 있었다고 적혀 있다.

연암 박지원은 약관을 넘긴 22세에 이르러야 지금의 탑동공원 자리인 원각사 근처로 이사한다. 바로 그 북쪽 이웃에 이덕무의 집이 있었고, 서쪽에는 이서구의 집이 있었다. 그리고 몇십 보 떨어진 곳에 유득공의 집이 있었으므로 이들은 자주 모여 청나라의 문물을 배우자는 학구열을 불태운다. 또 이들은 청나라에 가서 몸소 보고 배운 바를 조선 땅에 접목하여 이용利用하고, 후생厚生하는 것이야말로 백성의 삶을 윤택하게 하는 길이라고 확신하였으니 당연히 실학實學을 이끌어 가는 젊은이들이라고 하여야 옳다.

또 정조 2년(1778), 이덕무와 박제가가 청나라에 가게 되었을 때도 박지원의 집에 모여 자신들이 해야 할 일들을 미리 검토하는 등 북학에 대한 관심을 높였다. 여기에 담헌 홍대용이 가담하면서 실학 중에서도 이른바 북학에 관한 토론이 깊이를 더해 가게 되었고, 또 궁구해야 할 방향을 정립하게 된다.

담헌 홍대용은 선글라스風眼鏡를 착용할 정도로 신문물에 대한 관심이 높은 멋쟁이였고, 집을 나설 때면 언제나 거문고를 비스듬히 메고 다닐 정도로 음률에 일가를 이룬 풍류남아였다. 게다가 홍대용이 입에 담는 지구의 자전설自轉說은 당시만 해도 파격을 넘어서는 신지식으로 연암 박지원의 생각을 압도하고 남았다.

연암 박지원은 이 같은 선각의 친구들과 무궁무진한 화두를 열어 가면서 차츰 자신이 가야 할 길을 모색하게 되었고, 실학 중에서도 이용후생利用厚生을 으뜸으로 여기는 북학의 정립을 위해 몰두하게 된다.

연암 박지원은 스물아홉 살에야 첫 과장(科場, 과거시험장)에 나갔으나 낙방의 쓰라림을 경험한다. 그러나 다시 과장에 나갈 것이 아니라 스스로 학문을 궁구하여 대성하기로 다짐한다.

二

1777년 영조가 승하하고, 새로 왕위에 오른 정조의 총신으로 각광받으면서 조정 대사까지 전횡하고 있던 홍국영이 자신을 벽파辟派로 몰고 있다는 소식을 접한 박지원은 신변의 위협을 느끼게 된다.

박지원의 가문은 홍국영의 세도에 의해 크게 희생당한 대표적인 집안이라 하여도 과언이 아니다. 도승지에 어영대장을 겸한 홍국영의 세도가 하늘을 찌르면서 반대파에게 위해를 가할 기미를 보이자, 박지원은 먼저 가족을 모두 처가로 내려 보낸 뒤, 자신은 다음 해에 황해도 금천金川 연암골燕巖峽로 들어가 피신하면서 친구들과 편지 왕래조차 끊을 정도로 적막한 세월을 보냈다. 그나마 자신의 호인 연암燕巖이 이 지역에서 연유한 것이 큰 위안이 아니고 무엇이랴.

천하의 대세 홍국영이 삭탈관직당하고 강원도 강릉으로 유배되면서 박지원은 도성으로 돌아와 처남 이재성李在城의 집에 머문다. 이때 날로 폐쇄, 부패되는 양반 사회와 나라의 기강이 무너지는 것을 통탄하는 편지를 담헌 홍대용에게 보낸다.

박지원이 홍대용에게 보낸 그다음 편지에는 옛날에 신세 진 사람의 도움으로 홍국영이 강릉에서 무사히 지내고 있다는 소식, 정조가 윤창윤尹昌胤의 딸을 후궁으로 맞아 화빈和嬪으로 봉했다는 놀라운 소식과 함께 박제가, 유득공, 이덕무 등이 정조를 받들어 규장각奎章閣에서 여러 서책을 저술하고 있다는 흐뭇한 소식도 적혀 있었다.

연암 박지원이 스무 살에서 서른 살 즈음에 《양반전兩班傳》이나 《예덕선생전穢德先生傳》과 같은 사회 비평적인 소설을 쓰게 된 것은 이른바 '고인 물이 썩는다'라는 이치와 같이 반상 제도가 굳어지는 과정에서 허세와 타락이 극을 이루고 있는데도 그 개선책은 고사하고 양반층의 기득권만을 보호하려는 지배 계층에 대한 비판이라 하여도 무방하다.

정조 4년(1780), 일세를 풍미하였던 홍국영이 몰락하여 강릉으로 부처되면서 연암 박지원은 황해도 금천 연암고을에서의 은둔생활을 청산하고 도성으로 돌아온다.

그해 5월, 삼종형 박명원이 명나라 사행길을 떠나면서 박지원에게 동행을 권한다. 새로운 문물을 흠모하고 동경하던 젊은 실학자 박지원이 이를 거절할 까닭이 없다.

연암 박지원은 이미 15년 전인 영조 41년(1765)에 연경(북경)에 다녀와서 《을병연행록乙丙燕行錄》을 쓴 바 있는 담헌 홍대용을 찾아간다. 소중한 연행 길에서 무엇부터 살피고 배워야 하는지에 대한 자문을 구하기 위해서다. 이때 홍대용의 나이 35세, 박지원이 44세였다. 박지원의 향학 열정에 감동한 담헌 홍대용은 《을병연행록》에 기록된 사사로운 경험까지를 세세히 설명한다. 대표적인 예가 북경 교외에 있는 남성당南聖堂에 가서 독일인 신부를 만나고, 거기에 설치된 파이프 오르간의 이치를 살펴보라고 한 것이다. 그러면서 자신은 서양 신부 앞에서 난생 처음 본 파이프 오르간으로 조선 음률을 연주했노라는 경험담까지 들려준다.

연암 박지원은 홍대용의 우의에 감동하면서 그해 6월, 사신 일행과 함께 압록강을 건너 청나라의 수도 연경에 도착한다. 서양 문물과 중국 고대 문물이 교차하는 유리창琉璃廠을 둘러보고 경이로운 문명과 문물을 몸으로 체험하였으며, 조선과 자신의 몰골이 한없이 작아지는 것을 체험한다. 또 홍대용의 당부에 따라 일찍이 소현세자昭顯世子가 방문하였던 북경 교외의 남성당에 가서 서양 신부가 연주하는 파이프 오르간의 황홀한 음률에 감동하면서도 그 구조를 세세히 살펴볼 정도로 큰 관심을 보인다.

어느 날, 연암 박지원은 연경 거리를 지나던 중 말 위에서 잠깐 졸다가 낙타가 지나가는 광경을 못 보고 놓쳤다. 그러자 "앞으로 무엇이건 처음 보는 것이 있으면, 내가 밥을 먹건 잠을 자건 반드시 와서 이르라."라고 할 만큼 새로운 문물에 대한 관심과 탐색에 열중하였다.

연경에 더 오래 머물면서 문명국의 찬란한 문화에 보다 많이 접촉하고 싶었어도 사신 일행의 일정에서 이탈할 수가 없다. 북경을 떠난 사신 일행은 열하熱河로 이동한다.

열하는 건륭황제의 회갑을 기념하여 축성된 도시로 당시 청나라를 대표할 만한 문명과 문화의 집성지로 북경을 능가하는 곳이었다. 북경에 들르는 사신들이 반드시 들르는 명소이기도 하였다. 연암 박지원은 촌각도

헛되이 하지 않는 열정으로 중국 본연의 문화는 물론, 중국에 들어와 있는 서양 문물까지를 세세히 살핀다. 그러기 위해서 중국 명사들은 물론, 독일에서 온 성직자(신부)를 만나기 위해 그들의 성당을 찾는 일도 게을리하지 않았다. 조선의 실학이, 특히 북학의 씨앗이 담헌이나 연암의 불꽃과도 같은 열정에 의해 싹이 텄다는 사실에 주목하지 않을 수가 없다.

연암 박지원의 연행 기간은 비록 짧은 시간에 불과하였지만 그 자신에게는 5년, 아니 10년에 버금가는 체험을 쌓아 올리는 귀중한 시간이고도 남는다.

연암 박지원은 지체 없이 연경, 열하에서 체험한 일들을 문자로 정리한다. 이렇게 하여 저술한 것이 저 유명한《열하일기熱河日記》다. 지금까지 오랑캐로만 취급하였던 청나라의 경제적, 문화적 발전상을 세세하게 소개하고 논하여 싹 트여 가는 북학론北學論이 충격적인 반향을 일으키며 온 천지로 번져 나간다. 요즘 말로는 가히 밀리언셀러지만, 그 시절에는 베껴 써서 번져 나간다.

《열하일기》에는 담헌 홍대용과 관련된 화제가 무려 스물다섯 번이나 나온다. 그중 홍대용의 연행담이나 연행일기를 인용한 것이 네 번이요, 홍대용이 연행하던 중 청나라 선비들과 교유를 언급한 것이 열 번, 홍대용의 실학 활동에 관련된 것이 아홉 번이며, 홍대용의 다른 작품인《의산문답醫山問答》에 관련된 것이 둘일 정도로 홍대용의 영향력이 지대하였음을 알 수가 있다.

담헌 홍대용이 북경 교외의 남성당에서 파이프 오르간 소리를 들어

보았느냐고 묻자 박지원의 대답은 너무도 구체적이며 자신감으로 넘쳐
난다.

"그 풍금(風琴, 파이프 오르간)은 소가죽으로 만든 큰 바람주머니를 발로
누르면, 주머니에서 나온 바람이 가는 금관(파이프)을 타고 소리를 내는 혀
(리드)를 진동하게 하면서 여러 소리를 내게 된다. 만일 주상께서 그것을
만들라는 어명이 계신다면 똑같이 만들 수가 있다."

연암 박지원의 통찰력이 얼마나 냉정한 것인지, 또 신문물에 대한 이해
와 관심이 어느 정도였는가를 알 수 있는 대화록이다.

三

담헌 홍대용의 연행 후 15년 만에 이루어진 연암 박지원의 연행, 그것
이 당대에 이미 하나의 학문적 연계성, 즉 학풍으로 인정받게 되었다. 담
헌과 연암이 그 학풍의 주역으로 앞서고 뒤따르며 높은 바람을 일으키고
있었다. 이것이 바로 주자학의 전통 속에 매몰되어 가는 현실성에 대한
탐구열의 발현이었고, 당대 실학파의 핵심적인 학풍이 된다.

여기에 《열하일기》를 간단히 소개해 두기로 한다. 《열하일기》의 내용
을 크게 나누면 첫째는 조선의 청조淸朝 문화에 대한 태도의 비판, 둘째는
한인漢人 사대부들이 이민족 왕조인 청조에 대해 품고 있던 사상과 그로
인한 학문적 경향, 셋째는 청조 지배 세력의 의식, 넷째는 각 지역에서의
견문 등으로 나누어 생각해 볼 수가 있다. 여기에 연암의 자유정신과 투
철한 비판정신이 기본으로 작용하고 있으며, 특히 그 문체의 활달함은 종

래 주자학에서 답습하던 인식 체계를 완전히 뛰어넘고 있다. 게다가 조선의 대청관對淸觀을 현실화해야 한다는 주장은 주목할 만하다. 비록 오랑캐의 나라라 하더라도 배울 만한 것은 배우고, 청나라가 한나라나 당나라가 이루지 못한 승평昇平을 이루고 있다는 지적은 당시로는 경천동지할 만한 주장이 아닐 수 없다.

사람으로 보면 중화中華와 이적夷狄의 구별이 뚜렷하지만, 하늘로서 본다면 어찌 반드시 청인들의 문물만을 의심하겠는가.

또 연암은 우리나라 선비가 중국에 대해 저지른 다섯 가지 허망을 거듭하여 지적하고 있다. 한 가지는 양반이라는 명목으로 중국의 옛 겨레를 깔보는 것, 둘째는 의관 제도를 비판하는 것, 셋째는 청족을 멸시하는 것, 넷째는 중국 문장을 헐뜯는 것, 중국에 강직한 선비가 없다고 탄식하는 것 등이다.

이 같은 그의 생각은 《열하일기》 속에 들어 있는 한문소설 〈호질虎叱〉에서 현실을 직시하지 않고 북벌론北伐論이나 주장하는 거짓된 선비들의 행태를 통렬히 풍자하는 내용으로 등장한다. 이런 대청관의 현실화에 대한 주장은 당대 많은 선비로부터 비판을 받게 되지만, 연암이 굽히지 않고 자신들의 사상인 실학을 굳건히 밀고 나가는 모습은 오늘 우리에게도 참으로 시사하는 바가 크다.

> 정말로 청을 칠 북벌에 뜻이 있다면 우선 청조 치하의 문물부터 배워야
> 한다. 그 문물에 있어 청조보다 나은 것이 없으면서 소화小華라고 허세
> 만 부릴 수가 있느냐.

　그는 중국으로부터 받아들이고 배워야 할 것이 참으로 많다고 주장하
였다. 가옥의 구조, 집안의 배치, 기마법, 관개와 목축, 기와를 굽는 가마
의 배치, 농경법, 수레의 이용법 등이 관찰 대상이었으며, 그에 관한 이론
을 연구하여 소개하기까지 하였다.

> 어떤 사람은 길이 좁고 나빠서 수레를 이용할 수 없다고 했으나, 길이
> 좁고 나쁜 것은 수레를 이용하지 않은 때문이 아닌가. 만일 수레를 사
> 용하였다면 길이 좋아졌을 것이다.

　이른바 이용후생利用厚生의 생활화를 주장하였다. 이것에는 물론 홍대용
과 함께 축적한 자연과학적 이론이 충분히 뒷받침되어 있었기 때문이다.
　청나라의 문물, 특히 상商, 농農 등 실제 생활에 도움이 되는 것을 적극
수용해야 된다는 북학파의 움직임은 당시 사대부 사이에 일대 바람을 일
으키게 된다. 연암 박지원의 《열하일기》는 완성된 후 선비층에 전사轉寫
의 바람을 일으킨다. 요즘 식으로 설명하면 발행과 동시에 스테디셀러가
된 셈이다. 게다가 그 내용의 신선함과 함께 자유분방한 문체가 구태에

젖어 있던 선비들의 심성을 자극하기에 이르자, 일부 선비들이 정조에게 상소를 올리게 된다. 부교기 이동직李東稷이 그 선두주자였다.

전하, 근자에《열하일기》라는 청국 여행기가 선비 사이에 많이 읽히고 있사온데, 그 멋 부리는 문체로 말미암아 경서를 배우는 자세가 흔들리어 큰 혼란을 빚을까 우려되고 있사옵니다. 또한 멋 부리는 문체에 익숙해지면 서학과 같은 사학邪學에 현혹될까 두렵사옵니다.

이렇게 일기 시작한 이른바 문체반정文體反正이라는 것도 따지고 보면 연암체燕巖體에 대한 탄압이라 하여도 과언이 아니다. 이에 연암 박지원은 정조에게 사죄의 글을 올림으로써 일단락되기는 하였으나, 이로써 일기 시작한 자유정신의 구현은 새로운 시대정신을 열어 가는 기폭제가 되었음이 당연하다.

어쨌든 담헌 홍대용과 연암 박지원이 이룬 실학운동은 선비에게, 정치가에게, 나아가 민초에게까지 새로운 삶의 인식을 불러일으키는 시발점이 되고 있었으니, 경직된 사고를 풀게 하고 생활의 틀을 새롭게 변형시켜가는 큰 힘이 되었던 것이 분명하다.

연암 박지원은 1800년 정조가 세상을 떠나면서 양양부사를 끝으로 관직에서 물러났다. 5년 뒤인 순조 5년(1805) 10월 20일, 서울 가회방嘉會坊의 재동齋洞에서 새로운 시대를 열기 위한 몸부림과도 같은 삶을 마감하니 향년 69세였다.

四

연암 박지원은 비록 살아생전에 자신의 뜻을 제대로 펼치진 못하였으나, 그의 학문적 상속자라 할 수 있는 손자 환재 박규수桓齋 朴珪壽가 고종대에 한성판윤과 우의정을 지내면서 박지원의 선진 사상이 부분적으로 개화기 정책에 반영되기도 하였다. 또한 그를 따르는 백의정승 유홍기劉鴻基, 역관 오경석吳慶錫, 승려 이동인李東仁 등에 의해 조선 근대화의 기치를 올리게 되었음을 감안한다면, 정조 시대에 싹튼 북학의 의미는 더욱 우리들 가슴을 뜨겁게 한다.

낡고 폐쇄된 옛것을 버리고 새로운 미래를 탐구하는 것은 예나 지금이나 선각의 몫이다. 그러므로 선각의 지혜는 새로운 미래를 열어 가는 버팀목이 된다. 오늘 우리가 처한 현실 인식에는 새로움에 대한 희구가 간절하지만, 알게 모르게 구태로 인한 장애의 요인이 작용한다. 그런 현실에서도 이른바 한류가 뻗어 나가고, K팝이 세계무대를 주름잡고 있으며, 근래에는 〈강남 스타일〉이 빌보드 수위를 넘볼 정도의 위력을 떨치고 있다. 하지만 굳건한 내실을 담보로 하고 있다는 보장은 아직 없다.

바로 이 같은 현상이 국력을 바탕으로 한 새로운 것의 반로가 되기 위해서는 정부가 앞장서서 국제적인 길을 열어 갈 에너지를 제공할 필요가 있다. 바로 여기에 연암 박지원의 북학 사상이 절실하게 요구된다.

연암 박지원과 같이 우리가 처한 현실 인식을 바탕으로 한 신문물 탐구와 준엄한 현실 인식의 잣대를 갖추었던 선각의 지식인을 오늘 우리 대한민국의 문화체육관광부 장관으로 맞이한다면, 당연히 새로운 문화의 세기를 열어 갈 전기를 맞게 될 것이 아니겠는가.

농림수산식품부
장관

—

번암 채제공
정조의 시대를 열다

《함인록》에 담긴 뜻

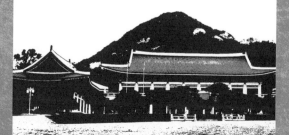

+ 농림수산식품부

농업, 어업, 식품 산업 관련 업무를 총괄한다. 농림부, 농수산부, 농림수산부를 거쳐 2008년 기존의 농림부에 해양수산부의 어업, 수산업, 보건복지부의 식품산업 업무를 통합하여 농림수산식품부로 개편되었다. 농림수산식품부는 장관 휘하 2명의 차관을 두고, 제1차관은 기획과 정책 총괄, 제2차관은 농수산, 식품 등 생산 분야를 담당한다.

+ 번암 채제공 樊巖 蔡濟恭, 1720(숙종 46)~1799(정조 23)

본관은 평강平康, 자는 백규伯規, 호는 번암, 번옹樊翁. 영조 11년인 1735년에 16세로 향시에 급제하였고, 영조 19년(1743)에는 24세의 젊은 나이로 문과 정시 병과에 급제하여 승문원 권지부정자를 시작으로 관직에 임했다. 채제공은 배청 사상을 강조하여 서양 문물을 부정하였으나 젊은 인재들의 북학 사상을 탄압하지 않고 지원과 장려를 아끼지 않았던 혜안을 지닌 인물이었다. 영조에 이어 즉위한 정조의 개혁 정치를 이끌어 왕권을 강화하는 데 지대한 공헌을 하였으며, 초대 화성 유수가 되어 정조의 꿈을 실현시키는 선봉장이 된다. 채제공은 정조 재위 24년 중 23년을 보좌하고 정조보다 1년을 앞서 세상을 떠났는데, 정조는 부음을 듣고 식음을 폐하며 슬퍼했고, 바로 하교해 자신과 채제공의 깊은 인연에 대한 말을 전하며 애도의 뜻을 표했고, 문숙文肅이라는 시호를 내리고 몸소 제문을 지어 채제공을 예우했다.

一

역사를 적은 전적을 읽노라면 오묘한 가르침이 샘물처럼 솟아나는 경우가 허다하다. 특히 사람에 관한 것, 사람 중에도 지도층의 행태를 적은 기사를 살펴보면 소름이 끼칠 때도 있다. 가령 남에게는 상당한 존경을 받으면서도 실제로는 아무 쓸모없이 살았던 사람들이 있는가 하면, 반대로 남에게는 별로 상찬을 받지 못했더라도 자신의 처지를 굳건히 지키면서 공익을 위해 몸 바쳐 일한 사람들도 많다. 그러므로 역사는 지식인 사회의 각성과 실천을 촉구하는 동력이 되어 흘러간다고 하질 않던가.

번암 채제공樊巖 蔡濟恭은 정조 시대의 문물을 총괄하고 이끌었던 참으로 훌륭한 재상이지만, 역사를 전공하지 않은 사람들에게는 비교적 생소한 이름이다. 그 원인은 정조 시대의 빛나는 성공 사례가 한결같이 정조의 업적으로 기록된 탓에 채제공이 이루어 놓은 갖가지 공적까지 정조의 몫으로 돌아간 경우도 있겠지만, 실제로는 채제공 자신이 표면에 나서서 잘난 체하고 설치는 것보다 맡은바 업무를 조용히 충실하고 완벽하게 이루어 나가면서도 공치사를 바라지 않은 그의 인품 탓일 수도 있다.

조선 시대는 정승에게 최고의 존경을 표하는 시절이었고, 당사자들도 천하에 다시없는 영예로 알았다. 그래서 명문가에서는 지금도 '우리 가문에서 영의정이 몇 분이나 나왔다'라는 식으로 긍지를 삼곤 한다. 하긴 퇴계 이황이나 율곡 이이와 같은 당대 명현들도 정승 반열에 오르지 못했으니 말해 무엇하랴. 그런데도 번암 채제공은 그 직이 영의정에 이르렀을 뿐만 아니라 여러 해 동안 동료 정승의 임명 없이 단독으로 업무를 수행했다는 점에서 독상獨相이라고까지 불리기도 한다. 더구나 당시 영조가 망국적인 당파를 혁파하겠다면서 탕평책蕩平策을 펼쳐 정파 간의 이해가 첨예했을 때인데도, 번암 채제공은 국왕의 탕평책을 받아들여 노론과 남인을 넘나들며 조정하고 화해를 유도하면서 운신의 폭을 넓혀 나갈 만큼 과묵하고도 신중한 재상이었다.

번암 채제공의 본관은 평강平康, 자는 백규伯規, 호는 번암 또는 번옹樊翁이라 하였다. 채제공은 숙종 46년에 충청도 청양군에서 태어나 지금의 종로구 돈의동에서 성장하였다. 영조 11년인 1735년에 16세로 향시에 급제하였고, 영조 19년(1743)에는 24세의 젊은 나이로 문과 정시 병과丙科에 급제하여 승문원 권지부정자權知副正字를 시작으로 관직에 임했다. 그 무렵 영조의 탕평책이 어느 정도 시행되던 때였기에 남인 계열이던 채제공은 영조의 특명으로 29세에 한림학사를 거쳐 34세 때 충청도 암행어사가 되어 균역법의 폐단을 찾아내면서 변방 대비책을 강구해야 한다는 건의서를 국왕에게 올릴 정도로 명석하였다.

이렇게 시작된 그의 관직 생활은 1798년 79세로 모든 직책에서 물러날 때까지 장장 55년의 세월 동안 계속되었다. 그간 맡은 소임을 다하였고, 영의정을 중임하면서 영조, 사도세자, 정조의 3대에 걸친 명재상으로 뭇사람들의 존경을 받을 수 있었던 것은 그의 균형 잡힌 인품과 정도가 아니면 걷지 않았던 올곧은 성품 때문이다.

二

　번암 채제공의 가문은 자부심 넘치는 명문이다. 채제공 자신도 채씨 일
문을 '나라의 저명한 성씨國之著姓'라 규정했고, 이 자부심을 이어가기 위
해 '사람을 사람 되게 하는 효도와 공손한 태도를 지니는 것'이 중요하다
고 입버릇처럼 되새기곤 하였다. 그 중심에 종고조從高祖인 채유후蔡裕後
가 있다. 채유후는 병자호란 때 남한산성으로 들어갔고 대제학을 지냈으
며,《인조실록》과《선조수정실록》편찬에도 참여하였다. 특히 영조는 채
유후의 문집湖洲集에 글을 적고 당시 승지로 있던 현손인 번암 채제공에게
글씨를 쓰도록 명했을 정도였다.

　채유후의 손자 대에 수찬을 지낸 오시재 채명윤(五視齋 蔡明胤, 종조)과 대
사간을 지낸 희암 채팽윤(希菴 蔡彭胤, 종조)도 유명하다. 조부인 채성윤蔡成
胤은 한성부윤을 지냈고, 부친인 채응일蔡膺一은 진사시에 1등을 한 뒤 단
성과 비안 고을 수령을 지냈다. 그가 35세 때에 충남 청양에서 채제공이
출생하였다. 지금의 충남 청양군 화성면 구재리에 번암 채제공을 추모하
는 사당이 남아 있는 것은 그 인연 때문이다. 또 번암은 다산 정약용의 누
이를 며느리로 맞았다. 따라서 다산에게 번암은 사장査丈이 되기도 한다.

　국사를 살피는 번암 채제공의 밝은 정신은 그가 영조에게 올린 상소문
만 읽어도 소상하게 알 수가 있다.

"아! 오늘날의 형세는 어찌할 도리가 없다고 이를만합니다. 외면으로

보건대 변경에 급박한 경보警報가 없고 여역癘疫이 유행하지 않으니,

비록 다소 평온하고 무사하다고 이를 수는 있습니다. 그러나 그 내용을 공평하게 상고해 보면 임금은 수고로운데 조정에서는 날로 더욱 게을러지고, 위에서는 명령을 하여도 그 풍습이 좀처럼 크게 변하지 아니하며, 산림山林에 있는 선비들은 조정에 서지 못하고 부옥蔀屋의 근심은 임금에게 전달되지 못하며, 언로言路가 막히어 끊어지고, 강기綱紀가 무너지고 해이하며, 조경躁競이 풍습을 이루고 사치가 방자하게 행하여지니, 조종조祖宗朝 수백 년에 쌓아 놓은 기반이 날로 늠철懍綴하는 형세가 있는데도 구원할 양책良策이 없습니다. 이것은 무엇 때문입니까?

신등이 그윽이 생각해 보니, 이는 신하의 죄가 아닐 수 없다고 하겠으나 다만 그 근본을 단정히 할 도리를 강구한다면 성상의 몸에 돌리지 않을 수 없습니다. 그윽이 살펴보건대, 전하께서는 총명이 뛰어났고 문리文理를 세밀히 살펴 조정에 가득한 신하들이 이미 성상의 마음에 합당한 자가 없으니, 이에 성상의 마음이 스스로 성인이라고 하는 조짐이 있어서 중조中朝의 탄식을 발發하였고, 겉으로는 비록 사색辭色을 빌려서 우용優容함을 보이려고 힘쓰나, 실제로는 지극한 정성으로 도움을 구하는 마음과 자나 깨나 현준賢俊을 잊지 못하는 뜻도 없습니다. 이로 말미암아 진정하고 절실한 말이 성상 앞에 진달되지 못하고, 참으로 쓸 만한 재주가 조정에 등용되지 아니합니다. 이러한 도리를 따라서 하루가 다시 하루가 되며, 걱정하고 탄식하다가 그치며 끌어다 보충하면서 지나간다면, 신은 아마도 하늘의 깨우침을 보이는 것이 이에 그치지 않으리라고 여깁니다. 오늘 한 기강이 무너지고 내일 한 정령政令이 추락하여

기필코 수습할 수 없는 데까지 이른 뒤에야 말 것이니, 어찌 두렵고 한심하지 않겠습니까?

삼가 원하건대, 전하께서는 성학聖學이 이미 고명한 데 이르렀다고 하지 말고 마음을 겸손한 데 두며, 여러 신하의 말이 비록 진부한 데 가깝더라도 가까이하여 살피는 데 뜻을 더하고, 재주가 쓸 만하면 아무리 성글고 멀더라도 상규常規에 구애되지 말고 반드시 천직天職을 주어 함께하도록 하며, 말이 채택할 만하면 아무리 귀에 거슬리더라도 반드시 올바른 도리에서 구하여 그것으로 나의 병통에 이롭게 할 것입니다. 귀하고 가깝다고 하여 그 죄를 용서하지 말고 소절小節에 구애되어 대체大體를 상하게 하지 말며, 번거로운 형식을 버리고 재용財用을 절용하며 염정恬靜을 장려하고 명기名器를 아긴다면, 강기綱紀가 서지 않는 것을 어찌 근심하며 사유四維가 퍼지지 않는 것을 어찌 근심하겠습니까? 조경躁競의 기풍은 저절로 안정될 것이며 탐욕을 내고 사치스러운 풍습은 즉시 고쳐질 것입니다."

하니, 답하기를,

"삼가고 두려워함이 더욱 간절한 뜻으로 겨우 이미 하교하였는데, 직책이 후원喉院에 있어 그 진면陳勉함이 절실하니, 마음에 매우 가상히 여긴다. 마땅히 스스로 면려勉勵하겠다."

하였다.

－《영조실록》35년 10월 2일자

임금의 선정을 청하는 채제공의 진실한 소문疏文도 절절하지만, 신하가 올린 글을 읽고 비답을 내리는 영조의 마음도 아름답기 그지없다. 영조가 채제공을 얼마나 신임하고 있는지를 알게 하는 정황은 이 밖에도 《영조실록》에 많이 나와 있다.

영조 38년(1762) 5월, 영조 시대 최고의 불행한 사건인 임오화변이 일어난다. 쉬운 말로 친 아드님인 세자(사도)를 뒤주 속에 가두어 굶어 죽게 한 사건이다. 세자에게 하자가 있었다면 양녕대군의 예와 같이 대궐 밖으로 내쳐서 서인으로 삼아도 될 일인데, 어찌하여 영조는 친 아드님을 뒤주 속에서 굶어 죽게 하였는지, 또 그 과정에서 야기되는 영조의 여러 행태는 광기라 하여도 조금도 부족함이 없다. 뒤주 속에 갇힌 세자를 살려야 한다는 말 한마디를 했다 하여 삭탈하고, 멀리 내치는 영조의 마음을 어찌 헤아릴 수가 있던가.

번암 채제공은 그때 어머님의 상을 당하여 시묘살이를 하다가 그 불행한 소식을 들었다. 그는 상복을 입은 채로 대궐로 달려가 영조의 부당한 처사를 피를 토하듯 상주한다. 다른 신하가 그러했다면 영조는 광태를 보이며 물리쳤을 것인데도, 채제공이었기에 영조는 친히 그가 앉아 있는 금천교까지 나와 채제공을 인견하였다.

비록 영조가 채제공의 간곡한 소청을 들어주지는 않았어도 상주된 처지라 오랫동안 얼굴을 씻질 않은 채제공의 얼굴이 더럽다 하여 내시로 하여금 세숫물을 떠다 주게 하였고, 찌든 상복에서 냄새가 난다 하여 새로 지은 상복 한 벌을 내렸다는 기록은 영조가 채제공을 얼마나 신임하고, 아끼고 있었는지를 단적으로 보여 주는 예가 아닐 수 없다.

그 후 영조가 정조에게 왕위를 물려주면서 채제공을 당부한 말은 참으로 곱씹어 보고도 남을 말이다.

나와 너로 하여금 아버지와 아들로서의 은혜를 온전하게 해 줄 사람은
채제공이다. 나에게는 순신純臣이지만, 너에게는 충신이다. 너는 그것
을 알아야 한다.

영조의 이 말은 정조 시대에 이르기까지 정확하게 이어진다.

영조 47년(1771), 호조판서인 번암 채제공이 동지사冬至使가 되어 청나라
에 다녀오면서 남긴 시편들은 번암 채제공의 인품과 삶을 살펴보는 데 귀
중한 자료가 된다.

三

그해 3월 13일, 진주사 채제공, 부사 정일상, 서장관 임영조는 정조에게
하직 문안을 고한다. 정조는 눈물마저 글썽이며 그들에게 맡겨진 어려운
책무를 다해 줄 것을 당부한다. 그 어려운 책무는 청나라 황제가 정조의
등극을 마땅치 않게 여겨 주청문奏請文을 다시 써오게 한 것을 말한다.

조선 조정은 분노로 이글거렸으나 청나라 황제의 뜻을 거역할 수도 없
다. 이에 채제공이 분통을 삼키면서 주청문을 다시 고쳐서 썼고, 그렇게 다
시 손질한 주청문을 가지고 청나라로 떠나게 되었다. 만에 하나라도 청나
라의 황제나 예부에서 다시 야료를 부린다면 정조의 처지가 난감해진다.

보내는 정조도 떠나는 채제공도 부담스러운 연행길이 아닐 수 없다.

채제공 역시 도성을 떠나면서 자신이 짊어진 무거운 책무를 되씹을 때마다 청나라에 대한 반감이 불끈불끈 치솟곤 한다.

天語含謁情

임금님의 정에 넘친 말씀은

似與愛子別

사랑하는 자식 보내듯

먼저 자신을 주청사로 보내는 정조의 애틋한 모습을 이렇게 적었다. 이때 채제공의 나이 59세, 그의 학문과 인품이 한창 열매 맺고 있을 때이다.

자신에게 주어진 무거운 소임을 가지고 떠나는 터라 스쳐 지나가는 풍경까지 청나라의 행패로 망가진 채 폐허로 남아 있는 것으로 보였다. 논밭에서 일하는 농부들의 모습도 청나라의 병사들에 의해 피해를 입은 사람으로 보였을 정도니까.

황해도 평산의 청석동을 지날 때는 정묘호란과 병자호란의 치욕이 채제공의 뇌리를 스쳐 간다. 그로 인해 조선은 청나라의 조공국이 되었고, 자신은 또 한 번의 욕스러운 임무를 짊어졌다는 생각에 미치자 분노가 치솟아 오른다.

悠悠丙丁恨

덧없고나 병자, 정묘호란의 일들이여

青石至今靑

청석동은 지금도 푸르기만 하다.

但道金湯在

여기가 튼튼한 요새라고 말했지만

何曾冠蓋停.

그 누가 여기 와서 지켜보려 했던가.

한마디로 극렬한 배청背淸 사상이 아닐 수 없다. 정묘호란이 있은 지도 어언 152년, 병자호란이 있은 때로부터 142년의 세월이 흘렀어도 그 장구한 세월을 조공국의 신하로 살아온 조선 선비들의 뇌리에는 양대 호란에서 빚어진 굴욕감이 가시질 않고 있음이다.

채제공이 심양의 조선관朝鮮館에서 읊은 시편에는 그러한 심중이 더욱 두드러지게 나타난다.

僞心朝鮮館

마음만 상하누나 조선관에는

蔓草生離離

덩굴풀만 무성하게 헝클어졌네.

下馬一徘徊

말에서 내려 휘돌아보며

悲歌憶往時

슬픈 노래 부르며 지난날을 되새긴다.

비록 그가 해야 할 일들이 조선의 처지로는 시급히 해결할 일이지만, 내심에서 조선 선비의 굴욕감이 살아 꿈틀거리고 있음이 아니고 무엇인가.

燕京周覽有何

연경을 두루 구경했지만 신기한 것이 무에 있더냐

都會市塵皆外飾

온 도시 저자는 겉치레만 번드르르하네.

고집스럽다고 할 만큼 청나라를 배척하고 있는 채제공의 내심이 너무도 세세히 드러나 있다. 아니, 조선 지식인의 자존심일 수도 있다. 그러나 채제공은 청나라 예부상서의 앞에서도 머리를 숙였고, 황제의 면전에서도 공손한 예를 다했을 것이 분명하다. 자신이 선봉에 서서 마련한 조선 조정의 표자문을 올리면서도 지극한 노력과 정성을 아끼지 않았음은 물론이다. 조선의 사정을 진지하고 공손하게 설득해야 했기 때문이다.

내심을 숨긴 채제공의 지극정성이 마침내 청나라의 예부와 황제의 마음을 흡족하게 하였다. 채제공은 굴욕을 감내하면서도 소임을 다하고 귀국길에 올랐다. 그가 한양을 떠나서 연경을 다녀온 기간이 132일, 그간에 적은 시는 무려 236수나 되었다.

이때 적은 시를 한 권의 책으로 엮어 《함인록含忍錄》이라 하였다. '함인록'의 뜻은 '수치스럽고 원통함을 머금고, 분통을 참은 채 어찌할 수 없는 수가 없다'라는 것이니, 조선 선비의 울분을 잘 드러낸 것이라 하겠지만, 후세 사람들은 얼마간의 회의에 젖게 된다.

왜냐하면 배청 사상만을 강조한 나머지, 당시 연경에 들어와 있던 서양 문물까지 외면해 버렸다는 아쉬움 때문이다. 그러나 채제공과 동행하였던 검서관 박제가의 시각은 전혀 다르다. 여기서 우리는 실사구시實事求是의 정신과 다시 만나게 된다.

박제가는 연경에 머무는 동안 이조원, 번정균 등으로부터 새 학문을 배우고, 일찍이 박지원, 홍대용에게 들었던 북경의 문물을 철저하게 살피고 귀국하였다. 그리고 오늘에 이르기까지 실학의 교범으로 읽히는 역저 《북학의北學儀》를 저술했다.

여기서 우리는 또 다른 번암 채제공의 인품을 만나게 된다. 비록 자신에게는 배청 사상이 골수에 박혔지만, 같은 시대를 살고 있는 젊은 인재들인 박지원, 홍대용, 박제가 등이 '아무리 오랑캐라 하더라도 우리보다 나은 점이 있다면 머리를 숙여서라도 배워야 한다'라며 주장한 북학의 사상을 탄압하지 않았고, 오히려 묵인이 아닌 지원과 장려를 아끼지 않았다는 점에서 번암 채제공의 인재를 살피는 혜안에 감동을 하게 된다.

18세기 이후 중국을 통하여 서양 문물이 빠르게 조선으로 밀려들어 온다. 특히 연암 박지원이나 담헌 홍대용이나 그들의 제자들을 주축이 된 이른바 북학파 실학자들을 중심으로 새로운 문물을 받아들이지 않고서는 새로운 조선을 이루지 못한다는 절박한 호소가 있던 시절이기도 하였다. 이러한 젊은 실학자들의 주장을 채제공은 배척하지 않았다.

번암 채제공을 중심으로 한 남인 계열에서도 서양 과학 사상을 수용하지 않고서는 조선의 미래를 장담할 수 없다는 생각을 하고 있었던 시절이기도 하였다.

四

1776년 3월, 52년 동안 왕위에 있던 영조가 세상을 떠나자 57세의 호조 판서 채제공은 국장도감 제조에 임명되어 총책임을 지고 영조의 장례를 치렀고, 정조의 치세를 맞아 본격적으로 국왕을 보필하는 유능한 재상으로 온갖 역량을 발휘해 격화된 시파, 벽파의 당쟁 속에서도 국정을 제대로 바로잡는 중신의 임무를 다해 냈다.

정조 12년(1788)부터 정조 14년(1790)에 이르기까지 3년 동안 우의정과 좌의정으로 재임하면서 정조의 개혁 정치를 완벽하게 이끌어 왕권을 강화하는 데 지대한 공헌을 하였다.

정조 17년(1793), 번암 체제공은 새로 설치된 화성 유수부의 초대 화성 유수가 되어 정조의 꿈을 실현하는 선봉장이 된다. 정조의 꿈이란 뒤주에 갇혀 굶어 죽은 아버님 사도세자의 무덤을 길지로 옮기고, 그 일대에 새로운 도시를 축성하여 아버님의 넋을 위로하고, 또 한편으로는 어머님 혜경

궁 홍씨의 회갑연을 새로 만들어진 화성 신궁에서 거창하게 올려 그간의 원한을 씻어 내는, 자식 된 염원을 이루고자 하는 열망의 하나다. 그 열망의 도가 얼마나 컸던가. 화성 유수가 된 번암 채제공에게 영의정을 제수할 정도였다.

마치 정조의 분신과도 같았던 번암 채제공은 수원 화성을 짓는 일에 전력을 투구한다. 정조는 자신의 야망을 성사시킬 대역사를 성취하고자 아버지의 상고로 향리에서 시묘살이를 하던 30세의 실학자 다산 정약용에게 명한다. 다산 정약용이 아버지의 상중에 있음을 기화로 거중기(舉重機, 기중기)을 설계하고 제작하여 활용할 수 있게 하였다.

五

정조 15년(1791)은 신해옥사가 일어난 해다. 채제공의 나이 72세로 몇 년째 정승의 지위에 있으며 나이 든 재상으로서 마음껏 정치의 경륜을 펴며 정조의 문예 부흥기를 절정에 이르게 한 때다. 70 평생 동안 지었던 시문詩文을 정리해《번암시문고》라는 이름으로 엮어 놓자, 그 소식을 들은 정조는 그 시문집에 대한 평을 겸한 서문을 지어 주었다. '어제어필御制御筆'이라고 앞에 쓰고 '서번암시문고書樊巖詩文稿'라는 글을 내렸다. 제왕이 신하의 문집에 서문을 짓고, 친필로 써서 하사하는 일은 그렇게 흔한 일이 아니다. 세상에 드문 일이자 신하로서의 영광을 어떻게 비교할 방법이 없는 일이기도 하다. 노재상의 글 솜씨를 찬양하고 그의 인간됨을 칭찬한 전고에 없는 큰 문자가 아닐 수 없다.

번암 채제공은 정조 재위 24년 중 23년을 보좌하고 정조보다 1년을 앞서 세상을 뜬다. 채제공은 인신人臣으로서는 최대의 예우를 받으면서 장례를 치르게 된다.

1799년 1월 18일, 번암 채제공의 부음을 들은 정조는 식음을 폐하며 슬퍼했고, 바로 하교下敎해 자신과 채제공의 깊은 인연에 대한 말을 전하며 애도의 뜻을 표했고, 성복일成服日에는 승지를 보내 치제하고 시장諡狀도 없이 시호를 올리게 해 '문숙文肅'이라는 시호를 내렸다.

그해 3월 28일 장례일에는 임금이 몸소 제문을 지어 승지에게 읽게 하였다면 신하에 대한 최대의 찬사이자 높은 칭송으로 세상에 다시없는 예우가 아닐 수 없다. 파란만장한 채제공의 일생은 500여 글자에 가까운 정조의 제문에 모두 열거되었으니, 다른 어떤 사관이나 역사가의 평보다 당대를 함께한 제왕이 내린 평가라 온전하게 그의 일생이 담겨 있음은 말할 나위도 없다.

평생 번암 채제공의 친구이며 형조판서, 홍문관 제학을 지낸 당대의 학자이자 문장가로 세상에 큰 이름을 얻었던 해좌 정범조海左 丁範祖는 번암의 일대기를 정리한 신도비神道碑의 장문의 글에서 그가 타계한 뒤 얼마나 융숭한 대접을 받았는지에 대해 상세히 적고 있다.

정조와 번암은 부자유친父子有親에서 보이는 '친親'을 느끼는 사이였다고 생각한다. 국왕이 번암의 장례일에 지어 바친 글을 읽어 보면 언외言外에 넘치는 친함을 느낄 수 있다. 그 글이 오석烏石에 새겨져 단청을 한 비각 속에 남아 있다.

조정에 노성한 신하 없으니

나랏일 이제 어찌할 것인가.

친히 기리는 글 지으니 500여 마디

평소의 일 두루 서술하니

나의 글에 부끄러움 없네.

아들 홍원에게 이르노니

선친을 더럽히지 말지어다.

마지막 구절을 살펴보아도 번암 채제공의 훌륭했던 얼을 상주에게 어기지 말라고 당부하고 있다.

정조 중반 이후 번암 채제공이 여러 차례 처벌받고, 죽은 뒤 관작을 뺏긴 데는 천주교를 두둔했다는 것이 큰 구실이 되었다. 당시의 사회 모순들을 깊이 인식했으나 제도의 개혁보다는 운영을 통해 해결하려 하였고, 상업보다 농업을 강조하였으며, 1791년에는 대상인의 특권을 폐지하고 소상인의 활동 자유를 늘리는 조치인 신해통공辛亥通共을 주도하지 않았던가.

한편 사족 우위 및 적서 구별을 엄히 함으로써 사회 안정을 꾀하려는 보수적인 측면을 지니기도 했다. 그의 정치적 주장은 이가환李家煥, 정약용 등으로 이어졌으나 사후에도 남인 사이에 확고한 권위가 유지되었다. 19세기 순조 연간 세도 정치 아래에서 남인들의 정치적 발언은 그를 신원해야 한다는 내용을 중심으로 하였다.

번암 채제공을 오늘 대한민국의 농림수산식품부 장관으로 거론하는 것은 그가 중심과 정도를 잃지 않는 태산교악과도 같은 지도력을 갖추었기 때문이기도 하지만, 조선 시대의 정승이나 판서들이 따로 전공 분야를 내세울 만큼 분야가 분화되어 있지 않았던 탓에 학문과 덕망을 갖춘 인물들을 우선하여 등용하였기 때문이다.

현재 대한민국의 농수산 분야는 세계 여러 나라와 FTA를 체결하여 모든 분야를 국제화해야 하지만, 그로 인한 농어촌의 손실을 정밀하게 헤아려 국익에 손상이 없는 정책을 수립해야 할 시점이다. 그렇다고 하여 농업이나 수산업에 관한 전문 지식만으로는 거칠기만 한 세계화의 물결을 슬기롭게 헤쳐 갈 수가 없다.

바로 여기에 번암 채제공과 같은 가없이 높은 학덕과 국가관이 확고한 지도력, 미래를 내다볼 줄 아는 혜안을 갖춘 지식인이 필요할 수밖에 없다.

지식경제부 장관

다산 정약용의 귀양살이 18년

국가의 품격을 논리로 세운
학문적 업적

+ 지식경제부

대한민국 수립과 함께 신설된 상공부와 1977년 신설된 동력자원부가 상공 자원부로 통합된 후 통상산업부, 산업자원부로 명칭이 변경되었다. 2008 년에 산업자원부, 정보통신부, 과학기술부, 재정경제부의 일부 기능을 통 합하여 지식경제부로 개편하였다. 수출의 지속적 증대와 교역의 확대 균 형을 위한 정책 수립, 외국인 투자 유치 및 외국과 산업, 통상 협력 증진, 에 너지와 관련한 각종 정책의 수립 및 시행, 여러 산업의 경쟁력 강화, 미래 지향적 발전 정책 수립 및 신성장 산업을 발굴, 육성하는 일을 담당한다.

+ 다산 정약용 茶山 丁若鏞, 1762(영조 38)~1836(헌종 2)

본관은 나주羅州, 자는 미용美庸, 송보頌甫, 호는 사암俟菴, 열수洌水, 자하도 인紫霞道人, 문암일인門巖逸人, 당호는 여유당與猶堂이다. 정조 7년(1783), 진 사 시험에 합격해 성균관에 입학했으며, 이듬해 사돈인 광암 이벽으로부 터 천주교를 접한다. 28세 때인 정조 13년(1789) 문과에 급제하여 희릉직 장, 사간원 정언, 사헌부 지평을 거쳤다. 정조 사후에는 정순왕후 수렴청 정 시기에 벌어진 신유사옥으로 포항 장기로 유배되었고, 황사영 백서 사 건 때 다시 전라도 강진으로 유배지가 옮겨진다. 이 시기에 정약용은 백 성의 힘든 삶을 직접 목격하고 학문적으로 성숙하여 《목민심서》를 집필 하고 다산학을 완성한다.

一

조선 조의 지도 이념으로 채택된 주자학은 퇴계와 율곡의 융성기를 거치면서 학파의 분화 속에 학설이 다양화되고, 이론이 한층 정밀화되면서 발전하였다. 하지만 다른 한편으로 학파의 분열과 대립이 객관적 합리성을 잃고, 사변적 혹은 관념적 체계에 사로잡힘으로써 현실 사회와 유리되어 폐쇄적이고 권위주의적인 공론空論만을 일삼는 폐단에 빠지게 되었다.

특히 임진왜란, 병자호란의 양란을 겪으면서 사회·경제 질서가 붕괴되는 상황을 거치고, 개국 이래 국가의 지도 이념으로 채택된 주자학의 폐해가 도를 더하게 되자 의식이 바른 지식인들은 향리로 돌아가 학문에 전념하며 제자들을 가르치고 기르는 것을 보람이자 소임으로 여기기까지 하였다. 그것이 진정한 학문의 길道이요, 선비가 가야 하는 길이라고 믿었기 때문이다.

일찍이 공자도 '학자는 도에 뜻을 두어야 한다士志於道'라고 가르쳤고, 또 '아침에 도를 알게 되면 저녁에 죽어도 좋다朝聞道, 夕死可矣'라는 극단적인 말까지 하였어도 거기에 반대의 뜻을 피력한 사람들은 많지 않았다.

소위 '도'라는 말을 성립하게 하는 요체는 배우고 익힌 바를 실행하는 데서 찾을 수가 있다. 더 상세히는 지식, 식견, 표준 등과 같은 것을 실행함으로써 이루어진다는 점을 감안한다면, 이 말에서 떠올려지는 인물은 단연 다산 정약용茶山 丁若鏞이 아닐까 싶다.

다산 정약용의 학문과 인품을 논하기 위해서는 먼저 그에 대해 해박한 지식을 갖춘 한국고전번역원 박석무 원장의 칼럼 한 편을 읽어 둘 필요가 있다.

정조의 가장 큰 꿈의 하나는 동양 유교 사상의 궁극이던 왕도王道 정치를 실현해 보자는 뜻이었습니다. 어느 날 정조는 젊은 신하 정약용을 불러 맹자孟子의 왕도론에 대한 질문을 했습니다. "맹자는 공자 이후의 일인자이다. 《맹자》7편에는 맹자의 도道가 실렸는데 설명해 보도록 하라." 이런 질문을 받은 정약용은 〈맹자책孟子策〉이라는 논문으로 답변을 정리해 놓았습니다. 유교의 왕도론은 맹자에 이르러 그 본모습을 보여 주고 있는데, 참으로 어렵기 그지없을 것으로 여겨지는 왕도론이 얼마나 간단한 원리이고 얼마나 쉽게 이해할 수 있는 것인가를 다산은 설명해 내고 있습니다. "신은 일찍이 성현의 도통道統은 위로는 무왕武王에서 그치고, 아래로는 맹자에 와서 그쳤으므로, 그분들의 기상도 서로 비슷하다고 여겨왔습니다. 지금 만약 맹자의 글을 가지고 무왕의 도를 구한다면 거의 잘못이 없을 것입니다."라고 전제하여, 요·순·우·탕·문·무·주의 왕도 정치는 맹자를 통해 알아낼 수 있다고 설명하였습니다. 그렇다면 맹자의 왕도론은 어떤 것일까요. "맹자가 평생 동안 참된 마음으로 정성을 기울인 것은 곧 100리里의 땅에 왕도를 일으키는 것이었는데, 그 방법은 아주 간단한 일입니다. 5묘畝 되는 집터에 뽕나무를 심고, 닭이나 돼지의 번식 시기를 잃지 않으며, 상庠이나 서序의 학교 교육을 신중하게 하여 효제孝弟의 뜻을 밝혀야 한다."라는 등의 몇 구절뿐이라고 답했습니다. 왕도 정치, 치국평천하治國平天下의 그 큰 경국제세經國濟世의 논리가 참으로 별것이 아니라는 주장이었습니다. 당시의 농업 국가, 집터와 집이 있으니 주거 문제가 해결되고, 뽕나무나

목화를 심어 의복 생활의 문제를 해결하고 닭이나 돼지 등 가축을 때를 놓치지 않고 제대로 길러내고, 상이나 서라는 학교에서 학문을 가르치며 효제의 윤리 교육만 제대로 시키면 나라는 된다는 뜻이었습니다.

백성에게 살아갈 집이 있고, 옷을 제대로 입고, 밥을 제 때에 먹을 수 있게 해 주면 그것이 바로 왕도 정치라는 것입니다. 그런 간단한 일도 않으면서 민간인 사찰이니 자연환경 파괴니 뇌물 먹고 감옥 가는 정치나 하고 있으니 세상이 제대로 되겠습니까. 2,500년 전 맹자의 그 간단한 왕도 정치가 새삼 그립기만 합니다.

박석무, 〈맹자孟子의 왕도론王道論〉

길지 않은 글이지만, 다산 정약용이 생각하는 왕도 정치란 어떤 것인가를 확실하게 설명해 놓고 있다.

二

다산 정약용은 영조 38년(1762) 음력 6월 16일, 지금의 경기도 남양주시 조안면 능내리(당시 광주군 초부면 마현리)에서 아버지 나주羅州 정씨丁氏 재원載遠과 어머니 해남海南 윤씨尹氏의 넷째 아들로 태어났다.

다산의 어릴 때 이름은 귀농歸農, 자는 미용美庸, 송보頌甫이고, 호는 사암俟菴, 열수洌水, 자하도인紫霞道人, 문암일인門巖逸人 등이며, 당호는 여유당與猶堂이다.

다산은 네 살 때부터 《천자문》을 익히고, 일곱 살에 오언시五言詩를 지어 주위를 놀라게 하였다.

小山蔽大山
작은 산이 큰 산을 가렸으니
遠近地不同
멀고 가까움이 다르기 때문이네

다산은 두 살 때 완두창, 즉 천연두를 앓았지만 매우 순조롭게 겪어 내 얼굴에는 한 점 흔적이 없는 대신, 오른쪽 눈썹 위에만 자국이 남아 눈썹이 세 갈래로 나뉘었다. 어릴 때는 스스로 그 눈썹 모양을 따서 삼미자三眉子라는 호를 썼으며, 열 살 때는《삼미자집三眉子集》이라는 문집을 낸 것으로 되어 있으나 전해지지 않고 있다.

영조 52년(1776), 아버지가 호조좌랑으로 다시 벼슬길에 나서자 아버지를 따라 한양으로 올라가 지금의 명동인 명례방에서 살았고, 이해 풍산 홍씨 홍화보의 따님을 지어미로 맞았다.

정조 1년(1777), 다산 정약용은 이미 세상을 떠난 실학의 선구자 성호 이익星湖 李瀷의 학문을 접하면서 자신이 궁구해야 될 학문의 방향을 정하게 된다. 그것은 실용할 가치가 없는 학문은 허황되기 그지없는 것이라, 자신의 학문은 만인에게 필요한 것이어야 한다는 굳건한 다짐이기도 하였다.

성호 이익의 종손 이가환과 누이의 남편인 매형 이승훈 등 이익의 학문을 이어받아 발전시키던 이들을 만나 교유하며 학문에 뜻을 두었던 다산 정약용은 후일, 부임지인 금정역에서 멀지 않은 온양 서암의 봉곡사에서 성호의 종손인 목재 이삼환, 종증손 이재위 등 인근 성호의 후손 및 뜻을 같이하는 학자들과 함께 10일간 공자의 학문에 대해 토론하고,

박학한 성호 선생님
百世의 스승으로 모시리라.

하며, 평소 흠모하던 성호 이익의 유고를 교정하였다. '성호 선생이 남긴 글이 지금에 와 없어지고 전하여지지 못함은 후학들의 허물입니다'라고 이삼환에게 편지를 보내 유고 정리를 제의하고 모임을 주도하여 다산학의 시원이라 할 수 있는 성호 이익의 유고를 정리하였다.

다산 정약용은 그때를 다음과 같이 회고하였다.

이때 서울에는 이가환 공이 문학으로서 일세에 이름을 떨치고 있었고,
자형인 이승훈도 또한 몸을 가다듬고 학문에 힘쓰고 있었는데 모두가
성호 이익 선생의 학문을 이어받아 펼쳐 나가고 있었다. 그래서 약용도
성호 선생이 남기신 글들을 얻어 보게 되자 흔연히 학문을 해야 되겠다
고 마음을 먹었다.

이 회고는 지방의 수재에 불과한 자신에게 세상과 학문에 대한 새로운

시야를 열어 주는 계기가 되었음을 고백한 글이다.

다산 정약용은 23세 때인 정조 7년(1783) 진사시험에 합격하여 성균관에 입학한다. 그 후 여러 차례의 시험을 통해 뛰어난 재능과 학문으로 정조의 총애를 받게 되었다. 28세 때인 정조 13년(1789)에는 문과에 급제하여 벼슬길에 나섰고, 첫 벼슬인 희릉직장을 비롯하여 사간원 정언, 사헌부 지평을 거치면서 지방관으로 나가게 된다.

암행어사가 되어 경기도로 나가서는 지방 관아의 폐해로 백성이 참담하게 몰락하여 가는 것을 목격하였고, 금정도 찰방에 이어 황해도 곡산부사로 재임하면서 지방에서는 제도보다는 행정관의 능력에 따라 백성의 삶이 정해진다는 사실을 뼈저리게 느끼게 된다. 이와 같은 귀중한 체험은 후일 《목민심서》를 쓰는 기초가 된다. 또 그것은 백성이 잘살고 못사는 원인이 목민관의 실천 의지와 직결된다는 사실을 직접 체험하는 일이나 다름이 없었다.

나날이 피폐해지는 지방의 딱한 사정을 목격하면서도 그것을 고쳐 나갈 능력이 없음에 젊은 다산은 좌절을 거듭한다. 이미 지방관 한두 사람의 능력으로 개선될 일이 아니라 지방 관아의 모든 기능이 제도적으로 잘못되어 있었다. 그렇기에 그 근원을 찾아 보완하고 개선하려면 중앙 정부의 적극적인 개선책이 선행되어야 하였기에 말단 지방관으로서는 속수무책일 뿐이다. 그러나 젊은 다산은 잘못된 하나하나를 철저하게 가려서 개선책을 적어 나간다.

때를 같이하여 '마마'라고도 불리는 천연두가 창궐한다. 당시만 하여도 인력으로 제어할 수 없는 돌림병이라 지방 관아로서도 아무 대책을 세울 수가 없었던 시절이다. 그러나 다산 정약용에게는 어렸을 때 마마에 걸렸던 악몽이 살아 있다. 설혹 마마에 걸렸다가 살아남는다고 하더라도 평생을 얽은 얼굴(곰보)이라는 숙명을 등에 업고 살아야 하는 아픔이 그로 하여금 무심히 지나치게 하지 않았다.

젊은 목민관 다산 정약용은 모든 경험자와 의원을 동원하여 마마를 극복할 수 있는 논리적인 근거를 마련하기로 한다. 그 결과가 12권이나 되는 역저 《마과회통麻科會通》으로 완성된다. 이 책의 집필 과정에서도 치료에 앞장서야 할 의원들의 이기적인 생각이 다산 정약용의 마음을 아프게 하였다.

의원이 의원을 직업으로 삼는 까닭은 이익을 위해서인데, 몇십 년 만에 한 번씩 발생하는 천연두 치료로는 이익이 되지 않는다. 직업으로 삼아도 기대할 이익이 없는 데다 환자를 치료하지도 못하니 부끄러운 일이다.

당시 의원들까지도 실리에 연연하여 인명을 해치는 돌림병에 적극적으로 대처하지 않았음을 잘 보여 주고 있다. 당시 다산 정약용의 모든 관심사가 민본民本으로 집약되어 있음을 선명하게 보여 주는 대목이 아닐 수 없다.

三

다산 정약용이 처음으로 접한 천주교에 대한 개념은 종교에 대한 관심이라기보다 '서학西學'이라는 개념의 학문적인 관심이 더 컸던 것으로 짐작된다. 청나라에서 들어온 서양 문물과의 간접적인 접촉이 아주 없었던 것은 아니지만, 천주학을 통한 서구 문화의 직접 체험으로 구태에 젖어 가는 조선 주자학을 개혁할 만한 충분한 요인이 있을 것으로 믿었다. 이것이 다산 정약용이 일생에 걸쳐 자의든 타의든 천주교와의 연관성 한가운데에 있게 하였다고도 볼 수 있다.

다산 정약용은 한국 천주교의 창립을 주도한 인물 속에서 성장한 것이나 다름이 없다. 한국인으로서 북경에 가서 처음으로 서양 선교사에게 세례를 받은 이승훈李承薰은 다산의 매형이 되고, 최초의 천주교리연구회장明道會長으로 순교한 정약종丁若鍾은 다산의 셋째 형이다. 진산 사건으로 효수된 윤지충尹持忠은 다산의 외사촌 형이며, 백서帛書 사건으로 능지처사를 당한 황사영黃嗣永은 정약현의 딸, 즉 다산의 조카딸을 아내로 맞은 사람이 아니던가. 그러니까 그의 고향 마재는 서양 학문西學에 대한 관심이 서양의 신앙西敎으로 발전하면서 피어린 순교의 역사를 배태한 곳이나 다름이 없다.

역사가 증명하고 있듯이 다른 종교에 흥미를 갖고 심취하는 계층은 권력의 중심에서 소외당하거나, 현실 정치 세력을 불신하며 새로운 미래를 설계해 보려는 사람들로 구성된다. 그런 집단의 일부가 나중에 배교背敎하기도 하였지만, 당시 천주교를 믿는 중심 계층은 노론 중심의 국정에서 소외된 일부 남인 시파(時派, 사도세자의 죽음을 동정한 집단)가 대부분인 것도 그 때문이다.

정조 3년(1779) 겨울, 권철신權哲身을 강장講長으로 천진암과 주어사에서 강학회가 열린다. 이 중 일부를 중심으로 신앙 공동체가 형성되었고, 정조 8년(1784)에는 한국 천주교로 발전한다. 한 해 전인 1783년 늦가을, 이벽은 이승훈을 북경에 보내 세례를 받게 하는 동시에 천주교 서적과 각종 성물을 구해 오도록 했다. 이승훈은 그의 부친 이동욱이 동짓날 중국에 가는 사신인 동지사冬至使의 서장관으로 가는 데 수행하게 되었다. 이듬해 봄, 이승훈이 북경 북당北堂에서 프랑스 신부 그라몽으로부터 세례를 받고 천주교 서적과 성물을 갖고 귀국한다. 이때부터 이벽은 자신의 수표동 집을 임시 성당으로 정하고 선교 활동에 나선다. 다산 정약욕도 이 무렵에 포교 대상이 되었을 것이 분명하다.

같은 시기인 정조 16년(1772), 다산 정약용은 관직의 꽃이라고 일컬어지는 옥당玉堂의 벼슬에 오른다. 다른 말로는 홍문관 수찬에 서용되었다. 문반의 벼슬로는 자랑스럽기 그지없는 자리에 올랐으나, 천지가 무너지는 비보를 접하게 된다. 진주목사로 외직에 나가 계시는 아버님이 현지에서 별세하였다는 소식이다.

다산 정약용은 형제들과 함께 천 리 길인 진주로 달려가 아버지의 시신을 수습한다. 그리고 고향으로 돌아와 장례를 치루면서 당시 법도에 따라 모든 관직에서 물러나 상주 노릇에 전념한다. 바로 이 무렵 정조는 다산 정약용에게 수원성을 축성하는 규제規制를 지어 올리기를 명한다. 정약용은 도성의 집으로 불려 올라와 왕명을 수행하였고, 다시 정조의 명을 받아 〈기중도설起重圖說〉, 〈기중총설起重總說〉, 〈성설城說〉 등을 지어 올렸으니, 다산의 자연과학에 대한 이해의 수준을 짐작할 수 있는 대목이다.

활차滑車를 사용하여 무거운 물건을 움직이는 것에는 두 가지 편리한 점이 있으니, 첫째는 인력을 더는 일이고, 둘째는 무거운 물건이 무너지거나 떨어질 위험이 없다는 점이다.

인력을 던다는 점에 대하여 논하여 보자. 사람이 무거운 짐을 들어 올리려면 반드시 힘과 무게가 서로 같아야 비로소 들어 올릴 수가 있다. 가령 100근의 무게라면 반드시 100근을 들 수 있는 힘이 있어야 그 무게를 감당할 수가 있다. 지금의 방법은 단지 한 대의 활차만을 사용하는 것이니, 50근을 들어 올릴 수 있는 힘으로 100근의 무게를 들어 올릴 수가 있으니 이는 절반의 힘으로 전체의 무게를 감당할 수 있음이다. 만일 두 대의 활차를 사용하면 25근을 들어 올릴 수 있는 힘으로 100근의 무게를 들어 올릴 수 있을 것이다. (중략) 활차를 사용하여 매우 무거운 짐을 움직일 때에는 녹로가轆轤架를 사용하면 그 힘을 갑절로 낼 수가 있다. 만약 이곳에 바퀴가 넷이 달린 활차가 서로 마주보고 있다고 생각해 보자. 이 경우에는 40근의 힘으로 1천 근이나 되는 무게를 능히 움직일 수 있다. 그러나 만약 여기에다 또 녹로가를 설치하는데, 녹로의 손잡이 굵기를 녹로 기둥 직경의 10분의 1 비례로 만든다면, 40근의 무게로 2만 5천 근의 무게를 움직일 수 있게 된다. (이하 생략)

이와 같은 정약용의 기중기 이용법이 응용되는 가운데 수원성의 축조가 강행된다. 채제공은 전국에서 뽑은 유능한 석수, 목수 등 1천여 명을 몸소 지휘한다. 당시 금위영과 어영청은 상민을 중집하여 초소의 경비를 맡겼는데, 평상시엔 징집을 면제하여 주는 대신에 무명 한 필과 쌀 여섯 말씩을 바치게 하였으니 이런 식의 기금을 정번전停番錢이라 하였다. 사도세자의 묘역 이장부터 시작된 민가의 이전 작업으로 국고가 바닥난 때라 이 정번전을 이용할 수밖에 없었다.

성 축조 경비가 87만 냥, 정번전으로 치면 10년 치였지만, 정조는 그것마저도 아끼지 않고 지원하였다.

수원성, 그곳에는 팔달문八達門, 장안문長安門 등 4개의 문루 외에 화홍문華虹門, 서남문西南門, 서장대西將臺 등 아름다운 전각들이 남아 있고, 지금은 유네스코에서 정한 세계문화유산으로 그 위명을 떨치고 있다.

四

정조 19년(1795) 4월, 중국인 신부 주문모周文謨가 밀입국하여 북악산 아래에서 선교를 하다 발각된다. 이로 인해 천주교 신자들을 공격하는 서용보, 이기경, 홍낙안 등 소위 공서파攻西派의 모함을 받아 다산 정약용은 충청도 홍주목 소재 금정도찰방으로 좌천된다. 품계가 한꺼번에 6등급이나 강등되는 수모를 겪으며 중앙 고위 관직에서 지방의 별 볼 일 없는 직책으로 쫓겨난 셈이다.

게다가 정조가 세상을 뜨고, 어린 순조純祖가 즉위하면서 영조의 후비였던 정순왕후貞純王后가 수렴청정을 하게 되자 다산 정약용은 생애 최대의 전환기를 맞게 된다. 노론과 남인 사이의 당쟁이 순조 즉위년(1801)에 이른바 신유사옥辛酉邪獄이라는 전대미문의 천주교 탄압 사건으로 비화되었기 때문이다. 이 돌풍으로 다산 정약용은 천주교인으로 지목받아 유배형을 받는다.

다산 정약용은 포항 장기로 유배되었고, 셋째 형 약종은 옥사하였으며, 둘째 형 약전은 신지도로 유배되는 등 형제들이 풍비박산된다. 9개월이 지난 후 황사영 백서 사건이 발생하자 다산은 서울로 불려와 조사를 받고 전라도 강진으로 유배지를 옮겼고, 약전은 흑산도로 옮겨진다.

강진에서의 유배 기간은 다산에게 고통의 세월이었지만, 학문적으로는 매우 알찬 결실을 얻은 수확기나 다름이 없다. 비록 귀양길에 올라 있는 처지이기는 했어도 백성들의 한 깊은 삶은 다산 정약용에게 자신의 아픔이나 다름이 없다. 이른바 삼정三政의 문란이 지방으로 갈수록 심해짐을 목격한 것이다.

강진 지방의 논밭 가운데 국가토지대장에서 빠진 것이 600여 결이나 되는데, 관아에서는 이것을 재결災結이라고 거짓 보고하고는 그 누락된 밭에서 거둬들인 세금을 아전들이 착복하는 예가 바로 그것이다. 국가에 바칠 세금을 아전들이 착복한다는 사실, 그것은 공공연한 비밀로 되어 있다. 부패가 발각되지 않고 만연한다는 것은 이미 조선의 지방 관아가 썩어 있음을 입증하고도 남는다. 그런 일들이 귀양 온 다산 정약용에게 좌절감을 더하게 한다.

새로 짜낸 무명이 눈결처럼 고운데

아방 줄 돈이라고 아전이 뺏어가네.

누전 세금 독촉을 성화처럼 서두르니

세미선이 이삼월 중순 서울로 떠나가네.

무명을 뺏는 아전들이며, 누락된 밭의 세금을 착복하는 관리들, 세금을 권세의 연장으로 거둬들이는 무리들, 통탄하고 통탄하여도 해소할 길이 없는 그 한을 품고 다산 정약용은 울며 밤을 지새워《목민심서牧民心書》를 써 간다.

다산 정약용이 강진의 갈밭에 나갔다가 마주친 일이다. 한 아낙네가 피가 뚝뚝 흐르는 작은 보자기를 들고 울부짖으며 관아로 달려가고 있다. 다산 정약용은 이를 괴이하게 여겨 가던 길을 되돌려 그 아낙의 뒤를 따라갔다. 관아의 문 앞에서 문지기의 창이 막아섰고, 아낙네는 땅바닥에 주저앉아 땅을 치며 울부짖는다.

세상에 이럴 수가 있다는 말입니까. 애 나은 지 사흘밖에 안되었는데 군적에 오르고, 시아버지 죽은 지 몇 년인데도 아직 군적에 올라 있다니요. 군역을 않는다 해서 소를 잡아 가면 무슨 수로 농사를 지어 조세를 바친답니까. 우리 반상(般床, 남편)이 스스로 궁형宮刑을 행하니 이것이 그 물건이요. 이것을 가져가고 내 소를 돌려주오. 이정里正은 무엇하는 자요, 또 아전은 무엇하는 자요. 소 뺏어가고 남편 물건 뺏었으니 네놈들이 바로 도적놈 아니고 무엇이더냐. 마음 사람들이여, 내 말 들어보소. 이 원통한 말 좀 들어보소.

아낙네의 통곡이 지나치자 문지기가 덥석 안아다 마을 쪽으로 내던지듯 내려놓았다. 꺽꺽 울다가 지쳐 땅바닥에 쓰러졌다가 다시 몸을 일으켜 울며 소리치는 여인, 그녀는 아직 피 묻은 보자기를 안고 있다.

다산 정약용의 저 유명한 시 〈애절양哀絶陽〉은 여기서 탄생한다. 애절양, 즉 '페니스를 자르며'의 전문은 이러하다.

밭의 젊은 아낙네 울음소리 그지없어
현문 향해 울부짖다 하늘 보고 호곡하네.
군인 남편 못 돌아온 거야 있을 법도 하다지만
예부터 남절양男絶陽은 들어 보지 못했어라.
시아버지 장례 치르고 갓난아기 젖 먹이는데
삼대의 이름이 군적에 올랐다네.
달려가서 호소해도 범 같은 문지기가 버텨 섰고
이정이 호통치며 남은 소까지 끌고 갔다네.
아기 낳은 죄라고 남편이 한탄하더니,
칼 갈아 들어간 뒤에 방에는 피가 홍건해라.
잠실 궁형도 또한 지나친 형벌이고

민 땅·지식 거세함도 지나친 형벌이거늘,

자식 낳고 사는 건 하늘이 주신 이치

말, 돼지 거세함도 가엾다 말들 하는데

하물며 뒤이어 줄 사내를 거세하랴.

부자들은 한평생 풍악이나 즐기면서

쌀 한 알, 베 한 치도 바치지를 않으니,

다 같은 백성인데 공평치를 않구나,

객창에서 다시금 시구 한 편만 읊을밖에.

절양! 구태여 남자의 상징물을 잘랐다고 표현할 게 무에 있는가. 세상이 더럽고 어수선하면 말도 거칠어지게 마련이다.

우리는 다산 정약용이 쓴 《목민심서》를 읽으면서 목자(牧者, 다스리는 사람)의 도리를 배운다. 《목민심서》가 쓰인 배경에는 조선 말기의 부패상이 존재한다. 그 부패상이라는 것은 모두 사람에게서 비롯된다. 다스리는 사람들의 오만과 무능은 결국 국가를 해치게 된다.

다산 정약용의 정신은 사람을 깨우치고, 그 깨우친 사람들에 의해 온전한 다스림이 이루어진다면 모든 사람들이 편안하고 행복하게 살 수 있는 이상 국가를 만들 수 있을 것이라는 확신이나 다름이 없다. 그러나 18세기 후반과 19세기 전반은 중앙 벼슬아치들이 백성의 비참한 생활은 안중에도 없이 당파 싸움과 세도 정치에만 골몰하며 밥 그릇 싸움에만 열중하던 시기다. 영조, 정조 76년간에 걸쳐 기틀을 잡아 가던 개혁의 노력은 1801년 정조가 갑자기 승하하고, 순조 시대에 세도 정치가 시작되면서 '조선 500년 역사의 마지막 개혁의 몸부림'으로 기록되는 아쉬움을 남긴다.

五

다산 정약용의 유배살이 18년은 불행을 딛고 이루어 낸 다산학의 완성이라는 점에서는 참으로 소중한 기간이 아닐 수 없다. 유배 초기에는 강진 읍내의 사의재四宜齋라는 초라한 거처에서 그 엄청난 학문적 성과가 시작되었으나, 그 후 도암면 만덕리 귤동 마을의 뒷산인 이른바 다산초당茶山草堂으로 옮겨지면서 완성되기에 이른다.

이에 대하여서도 한국고전번역원 박석무 원장은 아주 세세하게 기록하고 있다.

관념적이며 사변적이며, 행위와 실천보다는 이론 위주의 학문인 성리학에서 관념과 사변적인 것보다는 실용적이며 실천적인 다산학을 연구했음은 조선 500년 학문의 역사에서도 손꼽히는 금자탑이었다. 다산초당이야말로 《경세유표》, 《목민심서》, 《흠흠신서》 등 경세학이 이룩되고, 경학인 다산학이 수립된 곳이다. 다산초당은 생가인 여유당과 함께 조선 학문의 금자탑인 다산학의 양대 보금자리였다.

다산 정약용은 귀양살이 18년 동안 무려 500여 권에 이르는 초인적인 저술을 하였고, 귀양이 풀렸을 때가 57세였다.

다산 정약용은 부처지에서 저술한 500여 권의 저서를 안고 고향으로 돌아온다. 그때가 순조 18년(1818)에서 다음 해인 1819년 겨울이다. 조정에서는 다산 정약용의 전문 지식을 활용할 생각으로 벼슬길에 다시 나올 것을 종용하였으나, 반대파의 저지로 무산된다.

순조 23년(1823) 9월 28일, 62세의 다산이 다시 승지 벼슬의 후보로 낙점되었으나, 또 그 반대파의 저지로 수포로 돌아갔다. 자신의 의지와 아무런 상관없이 그의 재등용이 논의되었으나, 그는 끝내 타의에 의해 벼슬에 오를 길이 막히고 만다.

다산 정약용은 벼슬할 마음을 깨끗이 버리고 학문에 전념하는 것으로 생애를 마칠 것을 다짐한다. 그리하여 이미 이루어진 저술을 수정하고 보완하는 데 힘쓰며 자신의 학문과 생애를 정리하였다. 미완으로 남아 있던 《목민심서》를 완성하였으며, 《흠흠신서》, 《아언각비》 등의 저작도 선보이게 된다.

회갑을 맞이해서는 자찬묘지명을 지어 자신의 생애를 정리하기도 하였고, 북한강을 유람하며 여유 있는 생활을 보내기도 하였다. 이와 함께 신작, 김매순, 홍석주 등과 교유하며 학문을 토론한다. 이 시기는 유배지에서 쇠약해진 심신을 추스르며 자신의 생애와 학문을 정리한 기간이라고 할 수 있다.

다산 정약용은 학자와 사상가로서의 독실한 정신으로 헌종 2년(1836) 2월 22일, 고향 마현리에서 75세의 생애를 마친다. 결과론이지만 고관대작을 지내지 못했지만, 오히려 다산은 그의 학문적 수준과 사상의 위대함 때문에 훨씬 더 세상에서 추앙받는 현자賢者의 위상을 확보하게 되었다.

다산 정약용이 생각하는 가장 큰 덕목은 청렴 정신의 회복이었다. 다른 말로 설명하면 법과 제도의 개혁으로 정의로운 사람들이 대접받는 사회를 만들어야 하고, 그것을 실행하기 위해서는 모든 기준이 공정하고 평등해야 하며, 특히 법을 집행하는 사람들이 공평무사해야 한다는 점을 강조하였다.

지금 대한민국 지식경제부는 산업 진흥을 기반으로 하는 행정부의 하나지만, 그것이 꼭 경제 전문가에 의해 행사되어야만 성공한다는 보장은 어디에도 없다. 오히려 다산 정약용과 같은 인본주의와 개혁 정신이 선행되어야만 성공할 수 있음은 물어보지 않아도 알 일이다.

지식, 식견, 표준의 상징인 다산 정약용의 학문과 인품이 새삼스럽게 그리워지는 요즘이기에 그에게 큰일을 맡겨 보고 싶은 생각이 간절하다.

보건복지부 장관
—

하서 김인후의
효제충신을
삶의 기반으로

도학, 절의, 문장을 갖추다

+ 보건복지부

1945년 설치된 위생국이 보건후생국, 보건후생부를 거쳐 1948년 사회부에게 업무를 인수하고, 이듬해 보건부가 발족되어 사회부의 보건 관련 업무를 이관받았다. 1955년 사회부와 보건부를 통합해 보건사회부로 개편하였으며, 2008년 보건복지가족부로 개편되었다. 2010년 가족과 청소년에 대한 업무를 여성부로 이관하고 보건복지부로 환원되었다. 보건 위생과 식품 및 방역, 의정과 약정 등 국민 보건에 관한 사무와 의료 보험 및 국민 연금, 극빈 소외 계층 지원 등 사회 복지 증진에 관한 사무를 수행한다.

+ 하서 김인후 河西 金麟厚, 1510(중종 5)~1560(명종 15)

본관은 울산蔚山, 자는 후지厚之, 호는 하서河西, 담재湛齋이다. 어릴 때부터 신동으로 불렸으며, 중종 26년(1531), 사마시에 올라 성균관에 입학해 이황 등과 교유하였다. 중종 35년(1540), 별시 문과에 병과로 급제하여 권지승문원부정자에 선임되었고, 이듬해 4월 사가독서의 영광을 누리기도 하였으며, 세자시강원 설서로도 재임하였다. 을사사화가 일어나자 낙향하여 성리학 연구에 몰두하였으며, 다시 부름을 받아 전라도 도사가 되었으나 체직되었고, 이후 관직에 연연하지 않고 학문 연구와 후학 양성에 몰두하였다. 성균관 전적, 홍문관 교리, 성균관 직강 등에도 제수되었으나 출사하지 않았다. 도학과 절의, 문장을 겸비한 대가이자 효제충신을 기반으로 하는 반듯한 삶을 살아 후학들로부터 끊임없는 존경을 받았다.

一

　조선 왕조의 역사는 사림士林들의 충정과 의리를 기반으로 삼아서 발전하였다. 사士를 선비라 하고, 벼슬길에 나간 선비를 사대부士大夫라고 한다면, 사림은 선비의 복수 개념인 '선비의 무리'가 된다.

　사림이 내세우는 자부심이자 덕목은 충정과 의리다. 그들은 언제나 도덕적으로 하자가 없는 반듯한 나라를 만들고자 하였고, 그 목표를 달성하기 위해서는 통치자(임금)를 타일러서라도 가르칠 수밖에 없었다. 통치자를 타이르고 가르치는 것은 자칫 불행을 자초할 위험이 있어도 그 일을 위해서라면 사림들은 목숨까지도 아까워하지를 않았다.

　조선 초기의 사림(아직 뚜렷한 존재감은 없었지만)으로 자부하는 사람들은 망해 가는 고려 왕조를 위해 흔쾌히 목숨을 버리면서까지 의리를 지킨 조선 성리학의 시조 격인 포은 정몽주圃隱 鄭夢周의 충절을 선망하였고, 조선을 창업한 친구 태조 이성계李成桂의 간곡한 소청을 끝까지 뿌리치고 경상도 선산善山으로 낙향하여 후학을 길러낸 야은 길재冶隱 吉再는 두 임금을 섬기지 않는 불사이군不事二君의 고고한 의리를 무엇보다도 소중히 여겼다.

　조선 왕조의 창업을 목숨을 버리면서까지 반대하였던 포은 정몽주와 조선 왕조가 창업을 하였어도 그 타당성을 인정하지 않았던 야은 길재의 의리가 조선 선비들의 우상이 될 수 있었던 것은 12세기 송 대의 성리학이 안향安珦에 의해 13세기 말의 고려 조에 뿌리내리게 되었기 때문이다. 원나라에 의지하면서 권세를 누리는 부패한 훈구 세력과 권력을 등에 업은 사찰寺刹의 전횡으로 전제田制가 무너지면서 백성의 고통은 숨쉬기조차도 어렵게 피폐되어 간다. 개혁 세력이 이 같은 참담함에서 벗어나기 위해 내세우는 명분은 이제 막 뿌리내리기 시작한 성리학에 의지하게 되었다.

포은 정몽주는 선죽교에서 죽었어도 그의 주자학을 따르려는 신진 세력들이 조선 왕조에 포진하게 되었고, 더구나 그들은 성리학의 정신을 조선 왕조의 창업 이념으로 삼고자 하였기에 정몽주의 죽음에 의리를 지켰다는 명분을 두게 된다. 따라서 포은 정몽주를 조선 주자학의 시조로 받들어야 한다는 분위기가 점차 힘을 얻게 되었고, 그러한 논리가 표면에 드러나서 구체화된 것이 세종 때다.

성군 세종은 백성의 심성을 정화淨化하기 위하여 13년에 《삼강행실도三綱行實圖》를 편찬한다. 군신君臣, 부자父子, 부부夫婦의 관계를 돈독히 하는 것이 가정을 이롭게 하는 것은 물론, 국가를 태평하게 한다는 신념의 일환이었다.

세종은 《삼강행실도》를 편찬하면서 그 내용에 〈포은운명圃隱殞命〉과 〈길재항절吉再抗節〉이라는 항목을 넣게 하였다. 물론 〈포은운명〉은 정몽주의 일편단심(죽음)을 찬양하는 내용이고, 〈길재항절〉은 야은 길재가 끝내 태조 이성계에게 협력하지 않고 선산으로 낙향한다는 내용이다. 다시 말하면 두 사람 모두 조선 왕조의 창업을 반대한 사람들이지만, 백성으로 하여금 이들의 충절을 기리게 하지 않고서는 조선에서 충신이 나오지 않을 것이라고 세종을 믿었다. 일테면 헝클어지려는 국론의 통일에 나선 셈이다.

결국 정몽주, 길재로 이어지는 조선 성리학의 정통을 계승하여야 한다는 자부심이 일면서 젊은 인재들은 선산으로 낙향한 야은 길재를 찾아가 배움을 청하게 되었다. 그 문하에서 김숙자金叔滋가 나왔고, 조선 유학의 거벽 점필재 김종직佔畢齋 金宗直이 바로 김숙자의 아들이다.

조선 중엽, 호남 북쪽에는 이항李恒, 남쪽에는 김인후, 영남에는 이황, 충청에는 조식, 서울에는 이이가 버티고 있었다는 게 학통(학맥)의 뿌리를 따지는 근거가 되곤 한다.

광주에서 황룡강을 따라 장성 맥동마을로 가면 거북등에 세워진 비가 하나 있고, 우암 송시열이 쓴 비문이 새겨져 있다.

우리나라의 많은 인물 중에서 도학과 절의와 문장을 겸비한 탁월한 이
는 그다지 찾아볼 수 없고, 이 셋 중 어느 한두 가지에 뛰어났는데 하늘
이 우리 동방을 도와 하서(김인후) 선생을 종생하여 이 세 가지를 다 갖
추게 하였다.

우암 송시열의 지적이 아니더라도 하서 김인후는 도학과 절의 그리고 문장을 겸비한 대가이면서도 효제충신을 기반으로 하는 반듯한 삶을 살았던 탓으로 후학들로부터 끊임없는 존경을 받았다.

二

조선 중기의 문신이자 유학자로 《조선왕조실록》은 물론, 《파주읍지坡

州邑誌》에까지 소상히 기록되어 있는 김인후의 자는 후지厚之, 호는 하서河西, 담재湛齋, 본관은 울산蔚山이다.

중종 38년(1543), 하서 김인후가 세자시강원 설서로 재임하고 있을 때 세자가 《주자대전朱子大全》과 손수 그린 묵죽墨竹을 하사하는 등 사부에 대한 예우가 융숭하였다. 그것도 그의 깊은 학문과 절의 중에서도 효제충신의 정신을 삶의 지표로 삼고 있는 데 대한 감동의 표시로 보아도 무방하다.

같은 해 부모님을 봉양하기 위해 옥과현감의 외직을 자청하였다가 중종이 승하하자 다시 제술관으로 조정으로 돌아왔다. 그런데 당시 조정에서는 왕실 외척들인 윤임尹任과 윤원형尹元衡이 '대윤'과 '소윤'으로 갈라지고, 이들의 권력 다툼이 치열해지면서 당쟁의 기운이 싹트게 된다. 중종의 첫 계비인 장경왕후는 인종을 낳고, 두 번째 계비인 문정왕후는 명종을 낳음으로써 이들의 승계를 둘러 싼 시새움과 다툼은 마침내 을사사화乙巳士禍의 빌미를 마련하게 된다.

중종의 뒤를 이어받은 인종이 즉위한 지 8개월 만에 다시 승하하고, 어린 명종이 보위를 이어가게 되면서 문정왕후가 수렴청정을 하게 된다. 이를 계기로 윤임이 이끄는 대윤은 일거에 쇠락하였고, 윤원형을 두령으로 하는 소윤이 득세하면서 반대 세력을 무자비하게 쓸어 내는 것이 을사사화다.

하서 김인후는 을사사화의 참변이 일어나자, 사람답지 못한 사람들의 행태에 좌절하면서 이해 겨울, 병을 핑계로 고향인 장성長城으로 낙향하여 성리학의 연구에 몰두하게 된다. 그 후 명종 2년(1547) 윤9월, 외직인 전라도 도사로 나가긴 했어도 술로 임무를 제대로 수행하지 못한다는 이유로 사헌부의 탄핵을 받아 체직되기도 하였다.

명종 3년(1548), 순창군으로 이사한 후부터는 더욱 관직에 연연하지 않고 초당草堂을 세우고, 훈몽訓蒙이란 편액을 걸고 학문 연구와 후학들의 교육에 전념하면서 특히 효제충신의 실행을 강조하였다.

그 후 명종 8년(1553) 7월에는 성균관 전적, 그해 8월에는 홍문관 교리, 11월과 1554년 9월에는 성균관 직강 등의 요직에 제수되었다. 그러나 평생의 염원인 효제충신의 가치가 무너진 조정에 발붙이는 자기모순에 빠질 수 없다는 신념으로 사임 상소를 올리면서 출사하지 않았다.

하서 김인후의 삶이 효제충신을 실행하는 데 있었다면, 그의 문도들도 당연히 효제충신의 삶을 실행하여야 된다. 효도는 가정을 반듯하게 하는 기본이며, 충절은 나라를 지키는 근본이기 때문이다.

이 간단한 이치는 학문이 아닌 삶의 기초이기에, 이를 실행하지 못한 가문은 번성하지를 못하였고, 백성이 나라에 충절을 바치지 않는다면 그 나라는 온전할 수가 없다. 그러므로 하서 김인후는 효제충신을 학문에 풀어서 강론하였고, 자신은 물론, 사랑하는 문도들에 이르기까지 그 실행을 참선비의 도리로 여겼다.

이 무렵의 사정이 왕조실록에 소상히 등재되어 있다.

정원에 전교하였다.

"김인후의 전箋을 보니 그 뜻이 매우 간절하다. 그러나 어느 누가 숙환

이 없겠는가. 임금을 섬기는 대의大義 또한 등한시할 수 없는 것이니,

신병을 조리하고 올라오도록 하서하라."

김인후는 장성長城 사람이다. 학행이 있고 문장이 뛰어나 눌재 박상訥齋 朴祥과 모재 김안국慕齋 金安國 등 여러 현인의 칭찬을 받았다. 중종조 경자년 별시에 합격하여 경연에 입시入侍하다가 부모의 봉양을 위하여 걸군乞郡하였다. 이성(二聖, 여기서는 중종과 인종을 말함)이 승하하자, 방상方喪을 입고 마침내 관직을 버리고 향리로 돌아갔다. 그 뒤에 잇따라 부모상을 당하였는데, 슬퍼하는 마음과 예절이 잘 갖추어졌다. 8, 9년 동안 질병ㅇ로 침체되이 있었으므로, 사람들이 모두 애석해 하였는데, 이제 홍문관 교리를 제수하고 교서를 내려 불렀다. 그의 전箋은 다음과 같다.

"일월日月은 사사로이 비춤이 없어서 천광天光이 아래로 초려草廬에까지 미치니, 초목도 미미한 정이 있어서 해바라기가 위로 해를 향하는 마음이 간절합니다. 조심스럽고 두려워서 몸 둘 바를 모르겠습니다.

삼가 생각하건대 신 인후는 일찍이 오활한 선비로서 갑자기 근시近侍에서 모시게 되었으나, 논사論思의 직분을 제대로 다하지 못하여 경연에서 식은땀을 흘렸으며, 보양輔養을 올바로 하지 못하여 또다시 시강원에서 부끄러웠습니다. 성은은 바다와 태산보다 높았으나 조금도 보답을 하지 못하였습니다. 두 성군의 승하를 만난 지 얼마 안 되어 다시 부모를 잃었습니다. 눈물 흘리고 슬퍼 통곡하면서 생명을 보전하기를 바라지 않았었는데, 질병은 질질 끌면서도 요행으로 죽지는 않았습니다. 심장은 자주 열이 나서 번민증이 생기고, 신장은 냉해져서 아래가 허약해졌으며, 이와 머리털은 빠지고 얼굴과 정신은 날마다 쇠약하여

졌습니다. 세월은 짐짐 흘러가는데 한갓 견마犬馬의 충성심만 품고 있을 뿐이며, 기억력이 어두워져 건망증이 심하니 어찌 유악의 명령을 펼 수 있겠습니까.

삼조三朝의 특별한 사랑을 받았으나 어찌 한 가지인들 감당할 수 있겠습니까. 더구나 부모께서 영영 돌아가셨는데, 어떻게 홀로 내 몸만이 영화를 누릴 수 있겠습니까. 효도하고자 한들 누구를 위하여 효도하겠습니까. 풍수지감風樹之感이 더할 뿐입니다. 아버지 나를 낳으시고 어머니 나를 길러 주셨으니, 육아蓼莪의 망극함을 슬퍼합니다. 분수에 넘치는 성은을 받으니, 서리와 이슬을 밟음에 상심됨이 더욱 깊습니다.

삼가 바라옵건대, 주상 전하께서는 성총聖聰을 돌리시어 소신의 간곡한 소청을 거두어 주셔서, 병든 몸이 감당하기 어려움을 불쌍히 여기시고 고향에서 목숨을 마치도록 허락해 주소서. 훌륭한 선비를 선발하여 다시 제수하시어 빨리 윤음綸音의 성과를 거두소서. 이렇게 하시면 조정은 관작이 문란하지 아니하고, 소신은 전려田廬에서 편안히 지낼 수 있을 것입니다. 신이 감히 늙은 몸을 바쳐서 정성을 다하지 않겠습니까. 누추한 시골에 살면서 그 즐거움을 변하지 않는 것은 비록 안자顔子의 밝은 마음을 본받지는 못하나, 강호江湖에 살면서 그 임금을 근심하는 것은 송신宋臣의 큰 절개와 가깝기를 바랍니다."

— 《명종실록》 8년 9월 19일자

얼마나 장중하고 아름다운가. 그리고 또 얼마나 성의를 다하는 겸손함인가. 하서 김인후의 깊고 넓은 학문이라면 어느 한 구절쯤 과장된 표현이 섞일 법도 하지만, '오히려 아버지 나를 낳으시고 어머니 나를 길러 주셨으니, 육아蓼莪의 망극함을 슬퍼합니다. 분수에 넘치는 성은을 받으니, 서리와 이슬을 밟음에 상심됨이 더욱 깊습니다'라는 대목에서 처음과 끝이 한결같이 참 마음을 피력하고 있음을 읽을 수가 있다.

부모님의 은덕을 가슴 저리게 기리면서 임금의 부름을 사양하는 하서 김인후의 양식과 사람됨을 잘 보여 준 문장이라 아니 할 수가 없다.

三

김인후는 어릴 때부터 신동으로 불리었다. 8세 때 당시 전라도 관찰사 조원기趙元紀와 함께 연구聯句를 지을 정도였고, 조원기가 돈, 곡식, 붓, 먹錢, 穀, 筆, 墨 가운데 갖고 싶은 것을 말하라고 하자 필묵을 갖고 싶다고 하여 그 이름이 널리 알려지게 되었다.

중종 26년(1531), 사마시에 오르고, 성균관에 입학하여 퇴계 이황 등과 교유하면서 학문을 넓혀 갔다. 성균관에서 학업에 열중하고 있을 때 돌림병(장티푸스)에 걸려 생명이 위급해진 때도 있었으나, 성균관 관원으로 있던 유희춘柳希春의 도움으로 회생하였다. 뒷날 유희춘이 귀양을 가게 되었을 때 의지할 곳이 없던 그의 어린 아들을 사위로 맞아들여 지난날의 은혜에 보답하였을 만큼 의리 또한 돈독하였다.

중종 35년(1540), 진사로서 별시 문과에 병과로 급제하여 권지승문원부정자에 선임되었고, 이듬해 4월 호당(독서당)에 들어가면서 사가독서賜暇讀書의 영광을 누리기도 하였다.

중종 36년(1541) 3월, 경연에서 전경으로서 왕과 정사를 논하였고, 다음 해에 홍문관 박사로 재임하던 중 세자시강원 설서를 겸하여 세자 보도의 임무를 맡은 후 홍문관 부수찬으로 승진하였다.

이듬해 《주자대전》의 〈대학강의大學講義〉를 읽고 〈대학강의발大學講義 拔〉을 지었으며, 1556년에는 화담 서경덕花潭 徐敬德의 《독주역시讀周易試》 를 읽고 그의 성리학에 비판적인 입장을 취하기도 하였다.

다음 해에는 주돈신의 《태극도설太極圖說》과 장횡거張橫渠의 《서명西銘》 등을 읽고 자신의 연구를 종합하여 《주역관상편周易觀象篇》과 《서명사천 도西銘四天圖》를 저술하면서, '태극도설'은 덕성의 본령이며 '서명'은 학문 의 강기綱紀라고 평하였다. 명종 13년(1558) 겨울에는 고봉 기대승과 함께 태극도설에 대하여 강론하였고, 이듬해 일제 이항一齋 李恒에게 글을 보내 어 그의 '태극음양일물설太極陰陽一物說'을 논박하였다. 또 그해 겨울에는 기대승과 퇴계 이황의 '사단칠정론四端七情論'에 대하여 문답하면서 정밀 한 논리로 기대승의 주정설主情說 형성에 깊은 영향을 주었다.

기묘사화己卯士禍가 있은 지 20년째 되던 해 동궁에 큰불이 났다. 아무 도 조광조 등 사림들의 명예 회복을 위해 거론을 못하던 때 하서가 나서 서 왕에게 군자의 도를 진언하였다.

예로부터 선치善治를 하는 군주는 어진 인재를 가까이하면 선비의 풍 습을 바르게 하는 것을 근본으로 삼습니다. 어진 인재를 가깝게 하면 임금을 도와 백성을 교화시킬 수 있을 것이고 선비의 풍습을 바르게 하면 사람이 지킬 떳떳한 윤리가 밝혀져 세상을 두터이 할 수 있을 것입니다. 지난번의 기묘사화는 죄가 아니심을 밝히시고 날로 두려운 마음으로 수양하사 정의와 악을 잘 가려서 사회 기강을 세우시옵소서.

그러나 중종이 이 상소를 흔쾌히 가납하지 아니하자, 하서는 부모의 연로함을 이유로 사직을 요청하니 옥과현감으로 제수하였다.

하서 김인후는 지서를 통해 유교적 바탕으로 불교를 혹독하게 비난하였다. 불교의 출가 삭발은 제 몸 하나 편하자고 천리를 어겨 인륜을 끊고 부모에게 받은 몸을 해하는 큰 불효라고 말했다. 꺼진 불이 다시 타지 못하고 마른 물이 다시 흐르지 못하는 것처럼 사람은 이 세상에 한 번 태어나서 살다 죽으면 그것으로 모든 것이 끝나게 된다는 것. 따라서 불교의 윤회설, 극락이나 지옥은 있을 수 없으며 혹은 말로만 있는 것이라고도 주장하였다. 왜냐하면 물질의 질료라 할 수 있는 기氣가 없어지면 그에 따라 그 물질의 존재와 운동의 까닭인 이理도 없어지기 때문이다. '무에서 무엇을 얻느냐'라고 불교의 공사상까지 공격하면서도 그의 논설과 의리는 평이하고 명백하였다.

하서 김인후는 명종 15년(1560) 정월 '내일은 보름이니 정성 들여 생수를 갖추어 사당에 행전하게 하라' 하더니 의관을 단정히 하고 무릎을 꿇고 앉아 제사를 모시면서 자녀에게 '내가 죽으면 을사년 이후의 관작일랑 쓰지 말라'라고 유언하고 이튿날 세상을 떠났다.

집안을 다스리기를 나라 다스리듯 했던 냉철한 선비 하서 김인후. 지식, 행동 내면과 외면의 수양을 다 같이 중시하였던 하서 김인후는 '행行에 열심이고 지知에 간략하며 안에서는 소홀하고, 밖에서 힘쓰는' 선비들을 자주 꾸중하곤 하였다.

四

하서 김인후는 성리학자로서 정주程朱의 학설을 따르면서 성경誠敬의 실천을 학문의 목표로 삼았다. 따라서 소재 노수신蘇齋 盧守愼과 함께 '숙흥야매침잠해夙興夜寐寢箴解'를 논하면서 마음이 일신을 주재한다는 노수신의 학설을 비판하였다. 즉 마음이 일신을 주재하지만 기가 섞여서 마음을 잃게 되면 주재자를 잃게 되기 때문에 경敬으로써 이를 바르게 하여야 다시금 마음이 일신을 주재할 수 있게 된다는 이른바 주경설主敬說을 주장하였다.

하서 김인후는 성리학뿐 아니라 천문, 지리, 의약, 산수, 율력 등에도 정통하였고, 시와 시조에서도 일가를 이루었다. 초학자에게 한시를 가르치기 위하여 칠언고시 중 연구聯句 100수를 뽑아 한글로 해석을 붙인 책인 《백련초해百聯抄解》도 저술하였다.

문하에 정철鄭澈, 변성온卞成溫, 기효간奇孝諫, 조희문趙希文, 오건吳健 등 훌륭한 제자를 두었으며, 저서로는 선조 1년(1568)에 간행된 시문집인 《하서집》 16권 8책과 《주역관상편》, 《서명사천도》, 《백련초해》 등이 있다.

조선 시대에 백성에게 신망을 받고, 조정 일에 헌신한 사람이 세상을 떠나면 사관들이 '죽은 다음의 글'이라는 의미의 졸기卒記를 적어서 해당 왕조실록에 등재하게 된다. 그렇다고 이름 있는 사람들이 모두 졸기에 적히는 대상이 되는 것은 아니다.

《조선왕조실록》에 등재된 수많은 졸기를 읽어 보면 찬사가 과한 경우란 별로 없고, 오히려 인색하기까지 하다. 왜냐하면 찬사가 과하면 또 다른 사관이 쓴 졸기가 같은 날짜의 왕조실록에 병기되기 때문이다. 요즘 우리 공직 사회에서도 유능한 이름을 남긴 사람들을 골라 하다못해 관보官報에라도 졸기를 등재하게 한다면, 공직에 있는 동안의 부정이나 비리를 조금은 줄일 수도 있겠구나 하는 생각도 해보게 된다.

《명종실록》에 등재된 하서 김인후의 졸기는 다음과 같다.

전 홍문관 교리 김인후가 졸卒하였다.

자는 후지厚之요, 자호를 하서河西라고 했으며 담재湛齋라고도 했는데 장성長城 사람이다. 타고난 자품이 청수淸粹했다.

5, 6세 때 문자文字를 이해하여 말을 하면 사람들을 놀라게 했다. 장성하여서는 시문을 지음에 청화淸華하고 고묘高妙하여 당시에 비길 만한 사람이 드물었다. 사람들은 그의 용모만 바라보고도 이미 속세의 사람이 아닌 것을 알았다.

술과 시詩를 좋아했고, 마음이 관대하여 남들과 다투지 아니했으며 그가 뜻을 둔 바는 예의禮義와 법도를 실천하려는 것이었으므로 감히 태만하게 하지 않았다.

그러나 그를 모르는 자는 세상 물정에 어두운 것이 아닌가 의심했다.

30세가 넘어서야 비로소 벼슬살이를 하여 홍문관 정자正字가 되고 부수찬副修撰으로 전직되었다가 부모를 봉양하기 위하여 외직을 청하여 옥과현감玉果縣監으로 제수되었다.

얼마 되지 않아 중종中宗과 인종仁宗의 국상國喪을 만나 몸을 가누지 못할 정도로 훼척毀瘠하였다. 을사년 겨울, 마침내 병으로 사직하고 사제로 돌아가 조정의 전후 제수에 모두 나아가지 않았다.

사제에 거처하면서부터는 성현聖賢의 학문에 전념하여 조금도 쉬지 않고 사색하고 강구하며 차례대로 힘써서 실천하니, 만년에는 조예造詣가 더욱 정밀하고 깊었다.

《가례家禮》에 유념하되 상례喪禮와 제례祭禮를 더욱 삼갔으며, 시제時祭와 절사節祀를 당해서는 비록 앓는 중이라도 반드시 참석했고, 시속의 금기에 흔들리지 않았다.

자제를 가르칠 적에는 효제충신을 먼저하고 문예文藝를 뒤에 했으며, 수작酬酢할 때는 자기 의사를 표준으로 삼지 않았으나 한번 스스로 정립定立한 것은 매우 확고하여 뽑아 낼 수 없었고 탁월해서 따를 수가 없었다.

해서와 초서를 잘 썼고 필적은 기굴奇崛했다.

51세에 졸했다. 《하서집河西集》이 있어 세상에 전한다.

— 《명종실록》 8년 9월 19일자

五

예의禮義와 법도를 실천하였고, 그 정신을 제자들에게까지 애써 전수하여 효제충신의 정신을 생활화하고자 하였던 하서 김인후의 학덕과 사상은 오늘 우리에게도 절실히 요청되는 사항이 아닐 수가 없다.

우리 대한민국의 보건복지부는 2008년 2월, 이명박 정부의 조직 개편에 따라 가족 및 보육 정책의 기능을 여성가족부로 이관하였던 탓에 지금은 주로 보건 위생 및 방역에 관한 일, 국민연금, 극빈 소외 계층 지원 등을 주요 업무로 다루고 있으면서도 인성을 중요시하는 가성을 정립하는 것에는 지나치게 소홀하다는 사실을 인지하지 않으면 안 된다. 하서 김인후가 평생을 주장하였던 효제충신의 사상이야말로 지금 우리에게 절실하게 요구되기 때문이다. 왜냐하면 건전한 가정이 이루어지고서야 그다음 일로 국가대사를 논란하는 것이 순서기 때문이다.

아주 비근한 예를 한 가지만 들어 보기로 한다.

사람이 한평생을 살아가기 위해서는 예나 지금이나 관혼상제冠婚喪祭의 네 가지 대사를 치루게 되어 있다. 그 첫째 예인 관冠은 자식이 20세가 되면 댕기를 상투로 올려서 어른으로 예우하는 참으로 아름답고 중한 행사다. 이 아름다운 행사를 요즘은 성인成人의 예를 올려 준다는 뜻으로 '성년成年의 날'을 정하여 가정이나 학교 혹은 직장에서 20세를 맞은 젊은 이들에게 갖가지 행사를 펼치고 있다. 참으로 뜻 깊은 노릇이 아닐 수 없다. 그럼에도 성년의 날이 언제냐고 물으면 아무도 대답하는 사람이 없다. 성년의 날을 아는 사람이 없다면 이날의 본뜻을 헤아릴 수가 없음은 당연하다.

우리나라에서 성년의 날은 요상하게도 '5월 셋째 주 월요일'로 되어 있다. 이게 어디 말이 되는가. 5월에는 어린이날, 어버이날, 스승의 날 등 숱한 날들이 모두 달력에 숫자로 정해져 있는데, 유독 성년의 날만을 '5월 셋째 주 월요일'로 정한 사람들의 무지를 무엇이라 꾸짖어야 되는지 참으로 막막하기 그지없다. 게다가 '5월 셋째 주 월요일'이면 해당하는 청년들은 아침 일찍 학교에 등교하거나 직장으로 출근을 해야 한다. 남아 있는 부모들은 무엇인가 하고 싶어도 당사자가 없는 마당이라 그야말로 '닭 쫓던 개 지붕 쳐다보는 격'이라는 속담만 되새기게 된다.

이웃 나라 일본의 경우를 살펴보면 더욱 얼굴이 붉어진다. 일본의 성년의 날은 1월 10일이다. 새해의 첫 달 초에 국가적인 행사를 모두 치르고, 한숨 돌리는 시기인 10일에 성년의 날을 두었으므로 가정이나 사회가 성의를 다해 20세가 된 성년들에게 아낌없는 축하와 봉사를 하게 된다.

성년이 된 자식을 둔 부모들은 아들인 경우에는 검은색 양복을 해 입혀야 하고, 딸에게는 붉은색 기모노(여성 정장)를 마련해 주어야 한다. 그렇게 가족들의 따뜻한 축하를 받고 난 성년들은 시청으로 달려가 시장과 기념 촬영을 하고, 시장의 덕담을 듣고 마을로 돌아온다. 그리고 나서 마을 공회당에서 많은 어른들이 정성 들여 마련한 환영행사에 참여하게 된다.

이렇게 성년의 날을 치른 젊은이들에게 고향을 사랑하는 '향토애'와 나라를 사랑하는 '국가관'이 확립되는 것은 당연하다.

희망찬 5월의 그 많은 날짜를 모두 남겨 놓고 '5월 셋째 주 월요일'로 성년의 날을 정하는 이 땅의 공직자들의 무감각은 지탄받아서 마땅하다.

가정과 국가에 가장 중요한 덕목인 효제충신을 평생의 덕목으로 삼고 조선 사회에 명성 높은 제자들을 배출하여 가정의 참뜻이 나라의 기둥임을 역설한 하서 김인후를 보건복지부 장관으로 모신다면 국가 발전의 순위를 헤아리지 못한 그간의 폐단이 말끔히 가시지 않을까 하는 기대에 젖게 된다.

환경부 장관 —

우계 성혼은
동방의 스승

엇갈리는 평가를 받으면서도

+ 환경부

1994년 발족되었으며, 자연환경 및 생활환경의 보전과 환경오염 방지에 관한 사무를 수행한다. 각종 환경오염으로부터 우리 국토를 보전하여 국민들이 보다 쾌적한 자연, 맑은 물, 깨끗한 공기 속에서 생활할 수 있도록 함으로써 국민 삶의 질을 향상하고, 나아가 지구환경 보전에 기여하여 하나뿐인 지구를 보전하는 것을 그 임무로 한다.

+ 우계 성혼 牛溪 成渾, 1535(중종 30)~1598(선조31)

본관은 창녕昌寧, 자는 호원浩原, 호는 우계牛溪이다. 파평의 우계牛溪 옆에 살았으므로 당대 지식인들은 그를 우계선생이라 불렀다. 17세 때 감시초시에 들었으나 병 때문에 과거를 포기하고 휴암 백인걸의 문하에 들었다. 젊어서 이미 학문에 뛰어나고 덕성이 높아서 스승과 동료들의 칭송을 받았다. 성혼은 초야에 묻힌 채 학문에만 전념하여 사림 사이에 그 명성이 높아져 갔다. 이에 선조는 공조좌랑, 지평, 주부, 종묘서령, 경연 참찬관, 집의시정 등의 관직을 내렸으나 사양을 거듭하였고, 다만 경연관으로 잠시 조정에 들었을 뿐이다. 성혼은 성리학의 대가로, 퇴계 이황의 학설을 이어받아 율곡 이이와《사칠속편》을 완성하였다. 선조 31년, 향년 64세로 세상을 떠난 뒤 반대파들에 의해 관작이 삭탈되었으나, 인조 때 신원되고, 숙종 때 문묘에 종사되었다. 시호는 문간文簡이다.

一

조선 시대 선비에게 주어지는 최고의 영예는 이른바 성균관 대성전으로 일컬어지는 문묘文廟에 종사從祀되는 일이다. 조선의 지식인으로서 살아서는 가장 가치 있고 아름다운 삶을 누려 당대는 물론 후학들의 존경을 한 몸에 받고, 죽어서도 아무 하자를 남기지 않았다는 것이 입증되어야만 문묘에 배향되는 영예를 누리게 된다.

조선 왕조 500년을 통틀어 조정 고위 관직을 지낸 사람들의 수를 정확하게 헤아리기는 대단히 어렵다. 그 대단한 인물 중 문묘에 배향된 조선조의 지식인은 겨우 14명에 불과하다. 그것도 시험을 치러서 선발하는 것이 아니고, 세상을 떠난 다음 후학들에 의해 선정된다. 그 후학 중에서는 살아서 반대파에 속했던 사람들도 허다하다. 따라서 살아서 같은 파당에 속한 사람은 물론, 반대파에 속한 사람들의 절대 찬성을 얻질 않고서는 그 영광의 이름을 후세에 남길 수가 없다.

비근한 예를 들어 본다. 정조 시대의 개혁과 빛나는 업적을 논하려면 번암 채제공의 이름을 거론하지 않을 수가 없다. 정조 치하 15년 중 거의 전부나 다름이 없는 무려 14년 동안을 지근에서 보필한 번암 채제공의 노고와 충절을 모르는 사람이 없다. 그럼에도 번암 채제공은 종묘에 모셔지는 배향공신에도 들지를 못하였고, 문묘에 배향되는 14현에도 들지를 못하였다. 이 사실 하나만으로 문묘 배향이 얼마나 어려운가를 짐작하고도 남는다.

그러므로《조선왕조실록》은 문묘에 배향되는 참된 지식인을 선정하는 과정을 세세히 기록해 두고 있다. 오늘 우리에게는 사람을 평가하는 척도,아니 고위 관직을 선임하고 평가하는 척도가 얼마나 깊이 있고 정성을 다했는지를 알게 하는 귀감이고도 남는다.

선조 즉위년(1567) 10월, 고봉 기대승은 경연에서 조광조를 현사賢士, 이언적을 현자賢者, 이황과 김굉필을 현인賢人이라고 불렀다. 이 같은 호칭이 거론되는 것은 물론 이들의 '문묘 종사'를 공론화하기 위한 분위기 조성의 일환으로 보아도 무방하다.

다시 선조 3년(1570)에 성균관 유생들의 발의로 이들의 문묘 종사가 적극 거론되었다. 그러나 학맥과 학통은 물론, 당파와 당파 간의 이해관계에 몰리면서 지루한 토론만 이어지다가 잠잠히 가라앉기를 반복하던 중 임진왜란이란 미증유의 국란을 겪게 되면서 이를 다시 거론할 만한 여유가 없어진다.

임진왜란의 상처가 가시고 국정 일반의 여유를 찾게 된 선조는 성균관 대성전(문묘)을 대대적으로 수리하고 학생들의 공부방인 동서무를 낙성하는 등 유학幼學들의 학업 증진에 힘을 쏟았다. 이에 성균관 유생들은 다시 5현의 문묘 종사를 주장하고 나섰지만, 곧 선조가 세상을 떠나면서 흐지부지되고 마는가 싶더니 새로이 보위에 오른 광해군에 의해 다시 불씨가 살아나게 된다.

마침내 광해군 2년(1610)에 이르러 길고 길었던 논란을 끝내고 문경공 김굉필, 문헌공 정여창, 문정공 조광조, 문원공 이언적, 문순공 이황 등 5현이 모두 문묘에 종사되기에 이른다. 장장 40년간에 걸친 토론과 투쟁을 넘어서는 괄목할 만한 결과였다. 이 길고도 긴 논쟁이 무엇을 의미하는가. 한마디로 문묘에 종사되는 인물을 정하기가 얼마나 난제인가를 보여 주는 일이라고 하겠다. 따라서 그 다섯 분의 뒤를 이어 다시 문묘에 종사되는 아홉 분의 현자들도 장구한 세월 여러 학통과 파당의 검증을 거치고서야 그 영광을 누릴 수가 있었다면 그야말로 나무랄 데 없는 명현名賢으로 보아도 아무 하자가 없다.

그러므로 조선 최초의 사림 오현五賢은 김굉필, 정여창, 조광조, 이언적, 이황을 통칭하는 말이 되었다. 이 학통은 중종 시대에 조광조가 강력히 주장한 이래, 선조 조에 이르러 이황이 재천명하는 것을 계기로 더욱더 학맥의 두령이자 사림의 통념으로 자리매김하게 되었다. 그러나 이들 모두는 퇴계 이황과 남명 조식이 기둥이 되는 '영남학파'와 율곡 이이와 우계 성혼이 주도하는 '기호학파'의 밀접한 관계 위에 있다.

二

조선 사림의 표상이나 다름이 없는 명현 중의 한 분인 선조 때의 대학자 성혼成渾은 중종 30년(1535)에 청송聽松 수침守琛의 아들로 태어났다. 자는 호원浩原, 호는 우계牛溪라고 하였고, 본관은 창녕이며, 파평坡平의 우계牛溪 옆에 살았으므로 당 시대의 지식인들은 그를 '우계선생'이라 불렀다.

어린 성혼은 아버지 청송의 병이 위독하자 두 번이나 다리의 살을 베어 약에 조화하여 바칠 정도로 효성이 지극하였다. 17세 때 감시監試 초시에 들었으나 병으로 복시를 못 치르게 되자, 과거를 포기하고 휴암 백인걸休庵 白仁傑의 문하에 들었다. 젊어서 이미 학문에 뛰어나고 덕성이 높아서 스승과 동료들의 칭송을 넘쳐나게 받았다.

우계 성혼의 어린 시절을 율곡 이이는 자신이 쓴 《석담일기石潭日記》에 다음과 같이 적고 있다.

10세에 아버지 청송을 따라 파산坡山, 지금의 파주의 별장으로 왔다. 12, 13세에 글의 이해력이 날로 진보되어 강의를 기다리지 않고도 깨달아 통달하지 않는 것이 없었으며, 17세에 생원 진사 양시의 초시에 합격하였으나 병으로 복시覆試에 응하지 못하였다. 이로부터 과거에 뜻을 끊어 버리고 오로지 학문에 정력을 기울이니 이이가 일찍이 말하기를 "만약 견해의 도달한 바를 말한다면 내가 약간 낫다고 할 것이나, 조수操守와 실천에 있어서는 나의 미칠 바가 아니다." 하였다.

이이가 일찍이 공에게 이르기를 "군은 일곱 번이나 임금의 명을 받았는데 어째서 한 번도 사은謝恩하지 않는가?" 하니 공이 말하기를 "예로부터 어디 나같이 병들고 무능한 자를 부를 때가 있는가."라고 하였다. 이이가 웃으면서 "인재는 각기 그때를 따르게 마련이다. 소열(昭烈, 유비의 시호) 때에는 공명(孔明, 제갈량)이 으뜸가는 인물이었으나, 만약 그가 공자 맹자와 동시에 났다면 공명이 어찌 제일가는 인물이 될 수 있었겠는가. 오늘날 마침 인물이 적고 보니 소명昭命이 어찌 그대에게 내리지 않겠나." 하였다.

— 율곡 이이, 《석담일기》

초야에 묻힌 채 학문에만 전념하는 우계 성혼의 명성은 하루가 다르게 사림 간에 화제가 된다. 이에 성혼은 경기감사 윤현학尹炫學의 추천으로 참봉, 현감 등에 제수되었으나, 모두 병을 칭하여 사양하고 나가지를 않았다. 오직 율곡 이이와 함께 '사단칠정이기설四端七情理氣說'을 토론하면서 새로운 학설을 궁구하는 일에 몰두하자 그의 명성은 더욱더 조야에 떨치게 된다.

선조는 다시 그에게 공조좌랑, 지평, 주부 등을 계속 제수하면서 곁으로 불렀으나 우계 성혼은 끝내 관직에 들고자 하지 않았다. 우계 성혼의 학문과 인품을 누구보다도 잘 아는 율곡 이이가 선조에게 성혼의 발탁을 다시 청하기에 이르자 선조는 종묘서령宗廟署令의 직을 내리면서 불렀다. 그러나 성혼이 병으로 등청하지 못하겠다는 차자를 올려서 다시 사양하자, 선조는 약을 내려서 보양하게 한 다음에야 성혼을 인견할 수가 있었다. 그때 우계 성혼의 가난한 살림을 알게 된 선조가 쌀을 내려 위로하였으나, 집으로 돌아온 우계 성혼은 그 쌀을 더 가난한 동네 사람들에게 나누어 주었다.

"과시 동방의 성현이로세!"

우계 성현의 인품에 감동한 선조는 다시 경연 참찬관, 집의시정 등의 관직을 내렸으나 우계는 더욱 간곡한 말로 사양을 거듭하였다. 선조는 궁리 끝에 성혼을 경연관經筵官으로 다시 부른다.

경연관이란 무엇인가. 하루에 네 번(조강, 주강, 석강, 야대) 임금과 마주 앉아 국사를 논하고, 군왕의 길을 직언하는 막중한 자리다. 이에 성혼은 잠시 조정에 들어 경연관의 소임을 다하는가 싶더니 그 또한 오래지 않아 사직하고 만다.

선조는 우계 성혼을 곁에 두고 싶었다. 그의 학덕과 실천 의지를 본받으며 성군의 길을 찾기 위해서다. 선조는 다시 그에게 이조참의를 거쳐 이조참판으로 승차시켜 불렀으나, 성혼은 오직 사퇴만을 반복할 뿐이다.

선조 17년(1584), 율곡 이이가 마흔아홉 살 아까운 나이로 세상을 떠났다. 그와 더불어 '사단칠정이기설'에 몰두하며 새로운 학문, 새로운 학설을 찾아 열성으로 궁구하던 때를 상기하면서 성혼은 통한의 눈물을 쏟았고, '나라의 큰 인재를 잃었음'을 탄식하면서 식음을 전폐할 정도로 슬퍼하여 주위를 안타깝게 하였다.

선조 25년(1592), 도요토미 히데요시豊臣秀吉를 괴수로 하는 왜적의 무리가 조선을 침공하는 이른바 임진년의 왜란이 일어나면서 우계 성혼은 씻을 수 없는 오명에 시달리게 된다. 이른바 선조와 세자의 부름을 외면하였다는 '불부不赴의 논란'에 휩싸였기 때문이다.

선조 25년 4월 15일, 부산포에 상륙한 20만 대병의 왜병들은 거침없이 북상하였고, 불과 보름 뒤인 4월 30일, 선조는 도성을 왜병들에게 내주면서 서북쪽으로 몽진하기에 이른다. 왕궁은 불타고 조정의 신료들은 풍비박산되면서 천리강토는 주인을 잃은 꼴이 되었다.

선조를 태운 대가大駕가 서북방으로 파월播越할 때 무슨 사유에서인지 우계 성혼은 길 근처에 살면서도 임금을 맞아 배알하지 않았고, 선조가 의주에 당도하여 그를 불렀어도 역시 나가지 않았다.

뿐만이 아니다. 난중이라 분조分朝를 할 수밖에 없었던 세자(世子, 광해군)가 이천伊川에서 무군사撫軍司를 설치할 때에도 그에게 역마까지 보내어 부르면서 출발을 재촉하였으나 또한 병으로 사양하였다.

이해 겨울, 명나라 군사가 압록강을 건너 온 뒤에야 비로소 성혼은 행재소(行在所, 임금이 있는 곳)로 달려갔으나, 이로 인하여 후일 관작을 삭탈당하는 곤혹을 치를 정도의 극렬한 논쟁에 휘말리게 된다. 이 논란에서 공격하는 사람들은 성혼의 불충을 극심하게 비방하고, 반대로 우계를 지지하는 사람들은 그것이 잘못이 아니며, 심지어 "우계가 빈사賓師의 위치에 있었으니 임금이 마땅히 나가서 볼 일이요, 저쪽 중로에서 영접하여 뵙는 예禮는 없다."라고 말하는 사람까지 있을 정도였다. 그러나 또 다른 한편에서는 성혼의 당들이, "이때에 임금이 종사宗社를 버리고 갔으니, 성혼이 따라야 할 의리가 없다."라고 말하는 지경이었다.

붕당으로 인하여 시비를 다투기가 이미 극에 이르러 있었던 때여서 성혼에 관한 논란도 극에 달할 수밖에 없다. 그런 분위기라면 설사 우계 성혼이 실제로 빈사賓師의 위치에 있었다 하더라도 임금이 파천하는 창황蒼黃한 날에 어찌 편히 앉아 있으면서 움직이지 않을 수 있단 말인가. 가령 지금 소위 제자라는 자가 적에게 몰리어 그 문 앞을 지난다면 그 스승 된 자가 갖추어 문안하는 예禮를 다하지 않아도 옳단 말인가. 만일 과연 빈사를 자처한다면, 편안히 앉아 꼼짝하지 않은 것도 옳을 것이라는 등 논란이 끊이질 않더니 마침내 "새삼스럽게 천천히 행재소로 간 것은 무슨 까닭인가?" 그 심중에 반드시 미안한 바가 있었기 때문이리라. 그들이 "임금이 종사를 버리고 달아나므로 가히 따라 갈 의리義理가 없다."라고 말한 것은 더욱 통분한 일이라는 등 그야말로 우계 성혼의 본뜻은 모른 채 중구난방으로 논란만 뜨거운 형세가 끝없이 이어질 뿐이었다.

또 문산(文山, 문천상)이 이른바, "휘흠(徽欽, 금국에 포로로 잡혀 가는 송나라의 휘종과 흠종을 말한다)을 따라 북으로 간 자는 충忠이 아니요, 고종(高宗, 송나라 휘종의 아홉째 아들로 강남(江南)에서 남송을 세웠다)을 좇아 남으로 간 자가 충이다."라고 한 것은 임진왜란 때 선조가 파천하는 경우를 이름이나 다름이 없다는 등 논란은 끝없이 이어진다.

이 일이 아무리 심각히 논란되더라도, 우계 성혼과 같은 큰 인품에는 누를 끼칠 수 있으면서도 결론을 내기는 어렵다. 파당의 이익이 개입되기는 하더라도 우계 성혼의 인품은 이미 현인의 경지에 들어 있었으므로 그들의 논란에 의해 평가절하가 될 수는 없기 때문이나. 바로 그 점이 아쉬웠던가. 후대의 명현들은 행여나 하는 자격지심으로 다투어 자신의 문집에 이때의 일을 거론하여 우계 성혼의 인품을 흠모하고 있었음도 주목할 만한 일이다.

박순朴淳이 공이 성 안에 들어왔다는 말을 듣고 기뻐서 사람들에게 이르기를, "우리 임금이 또한 호걸지주豪傑之主가 되지 않겠는가. 치밀하게 망網을 얽어 우옹牛翁을 얻었으니……." 하였던 바 이 말이 미담으로 전파되었다.

— 《사암행장》

또 노서 윤선거魯西 尹宣擧는 자신의 시문집 《노서유고魯西遺稿》에 존경하는 율곡 이이와 우계 성혼의 연보年譜를 남길 정도로 두 사람을 존경하였다. 그 문집에도 이때의 일을 적었다.

신묘년 여름에 사계가 정산현감이 되어 파산坡山으로 가서 고별하였는데, 이때 (이미 우리나라는) 왜국과 틈이 생겨 있었다. 사계가 묻기를 "혹시 불행히 변란이 일어나면 선생께서는 어떻게 처신하시겠습니까." 하니 선생이 말하기를 "난리가 나면 (임금에게로) 달려가는 것은 상도常道이나 나는 본래 산야山野에 있던 터이므로 조정 관작이 있는 사람과는 다르다. 옛적에 강만리江萬里 같은 사람들도 일찍이 난리에 임금에게 달려가지 않았으니 나도 또한 마음속으로 그렇게 하려고 한다." 하였다. '임금에게 초빙招聘을 받았던 선비로서 벼슬에 있지 않고 밖에 있는 자는 들어가지 않는다'라는 등 주자朱子의 말을 보고서야 비로소 선생의 견해에 근거가 있었음을 알았다." 하였다.

— 윤선거,《노서유고》

탄옹(炭翁, 권탄옹)은 임진년 때의 일을 의심하지 않을 뿐만 아니라 심히 높이고 믿어서 항상 말하기를 "부름이 없으면 가지 않는 의리는 오직 우계만이 능히 할 수 있고, 타인으로는 배우지 못할 일이다. 처음부터 끝까지 진퇴進退와 동정動靜을 꼭 우계와 같이 한 연후에야 이렇게 처신할 수 있을 것이다. 만약 보통으로 벼슬하다가 물러갔다가 하던 자는 비록 이것을 배우려 해도 되지 못할 것이다." 하였으니, 이는 탄옹의 견해가 아니고 권좌랑權佐郎이 박승지朴承旨 등 여러 어른과 함께 토론한 것이었으니 '우계가 그르다'라는 이론異論이 나왔을 때에 (이들은) 거기에 휩쓸리지 않고, 옛 도道를 붙들어 세운 것이었다. 포저(浦渚, 조익)도

실상 권, 박의 의논과 같았다.

— 위와 같은 책

청음(淸陰, 김상헌)이 말하기를 "당초에 부난赴難하였으면 필경 불안스
러울 일이 없었을 것이다. 그런데 세자가 이천伊川에서 부른 것은 일찍
이 생각 밖이었고 대개 이미 분조分朝의 부름에 응하고 나서 비로소 대
조大朝에 들어간 것은 부득이한 일이었으며 홍로弘老의 참소가 끝까지
행하게 된 것은 사실 이천에서 (세지기) 부른 때문이었다."라고 하였다.

—《석실어록石室語錄》

위와 같은 글로만 살펴도 우계 성혼의 학덕과 인품이 조선 지식인들의
가슴에 어느 정도 스며들어 있었는지를 짐작하고도 남는다. 이러한 흠모
가 장차 성혼을 문묘에 배향하는 데 큰 힘이 되었음은 말할 나위도 없다.
　임진년의 왜란이 수습되면서 우계 성혼은 잠시 좌찬성 겸 비국당상備局
堂上으로 조정으로 들어왔다. 그때 명나라 총독 고양겸顧養謙이 일본과의
화의를 권유하자, 영의정 유성룡柳成龍과 같이 그에 따르는 주화론을 주장
하였다. 우계 성혼이 뜻하는 바는 왜국과의 강화는 중국에서 하는 것이고
조선은 관여하지 않는다 하여도 대의상으로도 해로울 것이 없고, 중국에
왜국으로부터 항복받도록 청하는 것은 원수에게 애걸하는 것과 달라서
사리로도 또한 불가할 것이 없다는 생각이었다.
　당시 준론峻論자의 주장은 고양겸의 자문咨文에 있는 말에 결코 따를 수
없고, 적이 온다면 차라리 요동으로 건너갈 뿐이라는 것이었는데, 우계 성

혼은 주장하기를, "우리가 중국에 대하여 왜적을 왕으로 봉封하기를 청하는 것은 더욱 불가하니 중국에 보내는 주본奏本에 고양겸의 자문을 그대로 기재하고 형세를 상세히 전달하여 중국 장상將相들의 마음을 잃지 않게 하는 것도 의리에 해로울 것은 없겠다는 생각에서였다.

그러나 왜란으로 인한 육체적, 심리적인 피폐를 이기지 못한 선조는 주전론을 주장하는 신료들의 손을 들어주면서 주화론을 배척하였다. 그 결과로 선조는 화의를 주장했던 전라감사 이정암에게 중벌을 내리고자 하였다. 우계 성혼은 이에 반발하면서 다시 고향인 파주로 내려간다.

그러나 현실의 사정을 달랐다. 여름옷으로 출병하였던 왜병들은 혹독한 추위와도 싸워야 하는 예상치 못한 악조건을 맞으면서 청나라와의 화해(휴전)를 서둘지 않을 수 없게 되었다. 그러나 일단 향리로 내려간 우계 성혼은 반대 세력의 탄핵을 받을 수밖에 없다. 참으로 이율배반적인 현상이 아닐 수 없다.

물론 후일의 일이지만 우암 송시열도 임진년에 있었던 우계 성혼의 난감했던 일을 김장생의 말을 빌어서 율곡 이이와 비교하는 글을 남기고 있다. 따지고 보면 모두가 성혼에 대한 연민의 정이 아닐 수 없다.

선사(先師, 김장생을 말함)가 일찍이 문인과 더불어 경經과 권權의 일을 강의하면서 말하기를 "권權이라는 것은 경솔히 논할 수 없다. 우계가 임진년의 능변陵變을 당한 후에, 국외局外 사람으로서 갑자기 화의을 주장하여 선조의 무한한 죄책을 받았으니, 만약 율곡 같다면 절대로 이런 일은 없었을 것이다." 하였다. 그때에 시열이 묻기를 "율곡이 당했다면 어떻게 하였겠습니까." 하니, 선생이 한참 동안 생각한 끝에 "당시에 별다른 기이한 계책은 없었을 것이고, 오직 지성껏 명나라에 간청하여 철병하지 말 것을 요구할 뿐이었을 것이다." 하였으니, 이에 의하면 신사도 또한 우계의 부득이하였던 것을 알았던 것이다.

— 송시열,《우암집》

三

우계 성혼은 율곡과 같이 성리학의 대가로 후세에도 이름이 높으며, 퇴계의 학설을 이어 받아 율곡과 함께 《사칠속편四七續篇》을 완성하였다.

성혼은 선조 31년(1598)에 세상을 떠나니 향년이 64세였다. 성혼이 세상을 뜨자 기다렸다는 듯 반대파들이 들고 일어나 그의 관작을 삭탈하였으나, 인조 초에 신원이 되었고, 숙종 때 문묘에 종사되었다. 시호는 문간文簡이다.

《조선왕조실록》의 편찬 과정을 살피면서 같은 왕조의 실록이 두 가지가 있다는 사실에 의아해하는 사람이 더러 있다. 《선조실록》의 경우가 그렇다. 물론 선조 사후에 편찬된 처음 실록을 《선조실록》이라 한다. 그러나 실록에 등재된 내용이 어느 한 파당에 치우치는 등 심히 부실하다 하여 신료와 사관 들이 실록의 개수改修를 청하게 된다. 그러나 몇 줄, 몇 장을 고쳐서 될 일이 아니라고 판단되면 전체를 다시 고쳐 쓰기로 정해진다.

《선조실록》을 고치는 것이 아니라, 처음부터 다시 써서 완성된 실록을 《선조수정실록宣祖修正實錄》이라고 한다. 여기서 꼭 한 가지 유념해야 될 일은 먼저 쓴 실록의 내용이 잘못되어서 다시 썼다면 당연히 먼저 쓴 실록은 폐기되어야 마땅하다. 그러나 조선 시대의 역사 인식은 그것을 용납하지 않았다. 잘못된 것까지 남겨 둠으로써 왜 고쳐 쓰게 되었는지를 후세 사람들로 하여금 판단하게 하였다는 역사 인식은 대단히 중요하다.

우계 성혼의 졸기卒記를 읽어 보아도 그때의 사정을 짐작하게 된다.

전前 찬성사贊成事 성혼成渾이 졸卒하였다.

일찍이 은사隱士라는 명성이 있었으나 만년에는 공명功名에 빠졌다.

기축년의 변고에는 이발李潑, 이길李洁, 백유양白惟讓의 옥사獄事를 구해 주지 않았으며, 또 최영경崔永慶의 죽음도 그대로 보기만 하고 구해 주지 않았다.

당시 사람들이 모두 그를 미워하였는데, 그것은 간사한 정철鄭澈과 나쁜 일을 함께 하였기 때문이었다. 아, 애석한 일이다.

— 《선조실록》 31년 6월 7일자

이 졸기의 내용은 지금까지 우리가 살펴온 우계 성혼의 행장과 전혀 다를 뿐만이 아니라, 악의에 찬 기록임을 쉽게 짐작할 수가 있다. 《선조실록》이 다시 쓰여야 했던 까닭이 꼭 이 기록에서 기인된 것이 아니라고 하더라도 다시 써야 할 까닭이 충분히 있었음을 확연히 알게 해 준다.

《선조수정실록》에 등재된 우계 성현의 졸기를 읽어 보면 그 사연을 더욱 선명하게 살필 수가 있다.

전前 의정부 우참찬 성혼成渾이 졸卒하였다.

성혼의 자字는 호원浩原이니 성수침成守琛의 아들이다. 수침은 세상에 높이 뛰어난 지조가 있어 은거隱居하면서 도道를 강론하여 세상에서 청송선생聽松先生이라고 일컬었다.

혼은 천성이 매우 고매하여 일찍 덕기德器를 이루어 어린아이 때부터 가정의 교훈을 익혔다. 또 일찍이 퇴계 이황을 존경하고 사모하여 사숙私淑하였다. 그의 학문은 고정考亭을 기준으로 하여, 강론講論하여 밝히고 실천實踐하는 공공工功을 아울러 힘써 본원本源의 바탕에 더욱 독실하였다.

이이李珥와 더불어 사단칠정四端七情과 이기理氣의 선후先後에 대한 설設을 수천 마디 주고받았다. 선유先儒들이 밝히지 못했던 것이 많았다.

이이가 일찍이 말하기를,

"만약 견해見解의 우월을 논하자면 내가 약간 나을 것이나 행실이 돈독하고 확고한 것은 내가 미치지 못한다."

하였다.

처음에 학문과 덕행德行으로 천거되어 여러 번 직직職을 내려 불렀으나 모두 취임就任하지 않으니, 상의 후대厚待함이 더욱 중하여 부르는 것을 그만두지 않았다.

혼은 힘써 사양하여도 되지 않아 간혹 도성에 왔으나 항상 오래 머물 뜻

이 없어 조정에 있는 날짜를 통산하면 1년도 채 되지 않는다.

임진년 난리 때 이홍로李弘老의 모함을 받아 상의 우대가 쇠미해지자

드디어 다시는 부름에 응하지 않다가 이때에 이르러 파산坡山의 옛집

에서 졸하였다.

학자들은 우계선생牛溪先生이라 부른다.

— 《선조수정실록》 31년 6월 1일자

위의 두 가지 기사를 비교해 보면 같은 사람의 졸기인데도 완연히 다르다. 전자인 《선조실록》이 반대 당 사관으로 쓰인 악의에 찬 졸기라면, 새로 쓰인 《선조수정실록》의 기록은 중심이 잡힌 기록임이, 역사를 전공하지 않은 사람도 쉽게 이해가 되는 기사임이 확실하다.

대한민국의 환경부 장관은 국토를 지켜서 보전하고, 지구환경 보전에 이바지할 것을 규정하고 있지만, 꼭 지리학이나 기상학을 전공한 전문 지식의 소유자를 임명할 필요는 없다. 자칫 거시적인 안목보다 전공 분야에 매달리면서 지금까지 경험한 바와 마찬가지로 지엽말단의 일에 매달리며 아까운 시간을 낭비할 위험이 있기 때문이다.

앞서 여러 항목에서 지적한 바와 같이 조선 시대의 고위 관직은 3공 6경이라 불리는 아홉 사람이 고작이다. 그때는 지금과 같이 전공 분야가 세밀하게 나누어진 것이 아니며, 사람이 간직해야 할 기본은 사서오경을 통달해야 얻을 수가 있었다. 그러므로 오늘과 같이 행정고시, 사법고시, 외무고시 등으로 전문 분야를 나누지 않고 전체를 아우르는 지식, 이른바

사람이 지녀야 할 자질을 중심으로, 시를 짓는 문학의 방법, 사물을 살피는 철학적 안목을 갖추었는지에 따라 인재를 발굴한다. 그 탓에 요즘 말로 하면 '인문학' 우위의 인재를 뽑아서 등용한 것이나 다름이 없다.

그러한 까닭으로 어느 부서에 배당되든 사람의 도리를 다한다는 기본을 소중히 여겼다. 식견識見이 확실하면 표준標準을 알게 되고 이 두 가지가 실행으로 옮겨진다면 모든 일이 '사람답게' 진행되고, 또 '사람답게' 행동하게 된다. 리더십이 성립되는 기초가 바로 이것이다.

우계 성현은 고집스러울 정도로 식견과 표준에서 어긋나지 않았던 참 지식인의 한 사람이다. 차라리 그것이 지나쳐서 모자라는 사람들의 질시를 받은 때도 있었고, 혹은 탄핵의 대상이 되기도 하였다. 그러나 그것이 얼마나 무모하고 허황된 일이었는지, 우계 성혼이 문묘에 배향되는 것으로 그러한 일들은 잠잠히 가라앉게 된다.

누가 무엇이라 하든 배우고 익힌 바를 꼿꼿이 행동으로 옮기는 참지식인이 지금 우리에게는 절실히 요구되는 시점이다.

우계 성현이 우리 대한민국의 환경부 장관으로 소임을 다한다면 그때와 똑같이 많은 사람들의 존경을 받을 것이 분명하다.

고용노동부 장관

한훤당 김굉필의 식견과 행실

빈틈없는 학덕의 실천 의지

+ 고용노동부

사회부 소속 노동국, 보건사회부 소속 노동국을 거쳐 노동청이 발족되었고, 1981년 노동부로 승격되었다. 1994년 환경부가 발족되면서 축소되었으며, 2010년 고용노동부로 개칭되었다. 근로 조건의 기준, 노사관계의 조정, 노동조합의 지도, 산업안전 보전, 근로자의 복지 후생, 고용 정책, 고용 평등 및 고용보험, 직업 능력 개발 훈련, 산업재해 보험, 기타 노동에 관한 사무를 수행한다.

+ 한훤당 김굉필 寒暄堂 金宏弼, 1454(단종 2) ~ 1504(연산군 10)

본관은 서흥瑞興, 자는 대유大猷, 호는 사옹蓑翁, 한훤당寒暄堂이다. 어릴 때 성품이 호탕하여 구속받기를 싫어하였으나 김종직에게 배움을 청하며 학문에 힘을 쏟는다. 성종 11년(1480), 25세의 나이로 초시에 합격하여 성균관에 입학하였고, 그해 6월 인수대비의 과실을 지적하며 성종에게 충정의 직언을 올린다. 김종직 문하에서는 육경 연구에 몰두하며 성리학에 정진하였고, 실천궁행의 정신으로 행동하여 주위의 귀감이 되었다. 그의 학문과 행실은 조광조, 이장곤, 김정국 등에게 이어졌다. 이후 김종직의 문도로 붕당을 결성했다는 죄목으로 유배되었으며, 갑자사화에 연루되었다 하여 부처지인 순천에서 사약을 받았다.

一

　《조선왕조실록》을 비롯한 여러 역사 기록에 등재된 기사 중 사람들에 관한 이야기를 살펴보노라면 대개 두 가지 부류로 나누어지는 것을 알게 된다.

　첫째는 양식이 행동으로 옮겨지면서 자신에게 불운이 된다는 사실을 감내하고라도 국가나 사회에 공헌한 사람들이다. 이들의 올곧고 아름다운 행동에 의해 역사가 발전한 것은 말할 나위도 없고, 후대 자손들은 선대의 빛나는 명예를 긍지와 보람으로 오래 간직할 수 있다. 둘째는 자신의 실익만을 챙기다가 공익을 해친 부류들의 참담한 결과를 들 수가 있겠다. 이들로 인해 옳고 그름이 뒤바뀌면서 사회 정의가 혼란을 겪게 되고, 그로 인해 공적으로는 역사가 침체되고, 사적으로는 후대 자손들이 얼굴을 들 수 없는 불행의 굴레를 쓰게 하였다.

　말할 것도 없이 후대 사람들은 첫 번째 경우의 선인先人들의 행적을 살펴 귀감으로 삼고 아름다운 시대를 만들어 보겠다는 결기를 다짐하게 되지만, 자신은 물론 가솔들이 맞이하는 일시적인 불운을 걱정하지 않을 수가 없다. 그럼에도 자신에게로 밀려오는 온갖 재앙과 불이익을 감내하면서까지 후대의 귀감이 된 사람들의 공통된 특징은 학문으로 익힌 도리를 실천궁행實踐躬行함으로써 자신의 불운과 후대의 행운을 바꾸는 용단을 보였다는 점이다.

　조선 시대를 살면서 후세에 이르기까지 아름다운 이름과 두터운 신망을 남긴 고매한 지식인(선비)들은 한결같이 "하늘의 뜻을 거역하지 아니하고, 책 속의 가르침에 어긋남이 없었다!"라고 말할 수 있기를 염원한다. 이

염원을 실행하기 위해서는 스승의 가르침에서 벗어나야 할 때가 있는가 하면, 때로는 임금의 명을 거역하면서 정의의 편에 서야 할 때도 있다. 살아 있는 권력인 임금의 명을 거역하면 엄중한 문책을 받게 된다. 임금이 내리는 독약 사발賜藥을 비우고 목숨을 버려야 할 때도 있지만, 그것을 감내하는 사람들이 진실한 지식인으로 평가받는 것을 후대에까지 적어서 전하는 것이 역사다.

성종 조의 명신 한훤당 김굉필寒暄堂 金宏弼은 하늘의 가르침에 어긋나지 않기 위해 배우고 익힌 바를 몸소 실천에 옮기면서 자신에게 밀려오는 모든 불이익을 기꺼이 받아들였고, 따르는 문도들에게는 한 치의 어긋남도 없는 지식인의 소임을 실행으로 보여 주면서 사약을 받고 생애를 마감한다. 자신의 죽음을 면할 수 있는 방도를 고매한 한원당 김굉필이 모른대서야 말이 되는가. 그 불행을 알면서 그 길을 택하는 한훤당 김굉필의 실천 의지에 후학들은 머리를 숙이게 된다.

한훤당 김굉필의 죽음은 얼핏 불행하기 그지없어 보인다. 그러나 그 죽음이 정의로웠기에, 또 한없이 아름다웠기에 문묘에 배향되어 500여 년이 지난 오늘에 이르기까지도 명현名賢으로 이름을 빛내고 있음이 아니겠는가.

二

김굉필의 본관은 서흥瑞興이고, 자는 대유大猷이다. 아버지 유紐는 무과에 급제하여 사용司勇에 올랐다. 어머니 한씨韓氏는 성품이 엄하고 예법禮法을 소중이 여겨 어린 자제들에게 훈도도 철저하였다.

너희들은 항상 마음을 공경하고 두려워하여 감히 게을리하지 말 것이며, 남이 혹시 너희를 비평하더라도 절대로 서로 맞서서 말하지 마라. 남의 나쁜 점을 말하는 것은 피를 머금었다가 남에게 뿜으려면 자기 입이 먼저 더러워지는 것과 같으니 너희들은 마땅히 이것으로써 경계를 삼을 것이라.

어린 아이들에게 먼저 예人性를 익히게 하면 나라가 반드시 편해질 것이며, 자라는 아이들에게 지식을 편중하게 가르치면 나라가 어지러워진다. 후세에 불멸의 이름을 남긴 명현들의 어린 시절을 살펴보면 어머니의 자애로우면서도 엄중한 인성 교육이 있었고, 그 어머니를 섬기는 자제들의 효도가 있었다는 사실이 공통된다.

어린 김굉필은 아침마다 어머니의 안부를 살펴 대청 아래에 엎드려 절하는 것을 거르지 아니하였고, 혹시라도 어머니에게 불쾌한 기색이라도 있으면 고개를 숙이고 엎드려서 감히 물러가지 아니하였다. 어린 김굉필이 공경과 효도를 다하여 어머니의 기뻐하심을 보고서야 물러났던 것은 그의 온몸에 인성의 아름다움이 싹트고 있었기 때문이며, 그 또한 어머님의 깨우침이 면면히 흐르고 있었기 때문이 아니겠는가.

한훤당 김굉필은 젊어서 현풍玄風에서 살았다. 성품이 호탕하고 뛰어나 구속받기를 싫어하였으며, 어머님의 가르침을 뇌리에 새기고 있었기에 거리를 다니면서도 행실이 여의치 않은 사람을 만나면 그 잘못을 꾸짖고 회초리로 때릴 정도였다. 사람들은 그를 보면 피하여 숨기까지 하였다.

김굉필은 김종직金宗直의 문하에 들기를 청하면서 비로소 학문에 힘을 쏟게 된다. 처음에 김종직에게 가르침을 청하였을 때 김종직은 바로《소학小學》을 가르치면서 사람의 도리부터 일깨운다.

진실로 학문에 뜻을 둔다면 이 책에서부터 출발해야 한다. 주렴계周濂溪의 광풍제월光風霽月 같은 쇄락灑落한 인품도 역시 이에 벗어나지 않는다.

김굉필은 스승의 가르침에 일념한다. 그는 항상 명심하여 게으르지 아니하였고, 배운 바를 실행하기가 특출하여 아름다운 행실이 누구에게도 비할 데가 없었다. 평상시에도 반드시 갓을 쓰고 띠를 매고 있었으며, 밤이 깊어서야 잠을 잤고 닭이 울면 일어났다.

본부인 외에는 여색女色을 가까이하지 아니하였고, 사람들이 혹시 나랏일을 물으면 반드시 "소학을 읽는 동자가 어찌 알리요." 하면서 겸손해 하였다. 이와 같은 겸손은 그가 남긴 시의 구절에도 잘 나타나 있다.

글을 업으로 삼아도 천기를 알지 못했더니

오히려 소학 책 속에서 그 전의 잘못을 깨달았네.

김굉필의 스승 김종직이 이를 평하기를 "이 말은 성인이 되는 기초이니 허노재許魯齋 후에 어찌 그런 사람이 없으리요."라 하였다.

김굉필은 나이 많고 덕이 높으매 세상을 돌이킬 수 없음과 도道를 행하지 못할 것을 잘 알고 있었으므로 자기의 명성을 숨기려 애썼으나, 사람들은 그의 실청궁행을 알고 있었다.

마침내 한훤당 김굉필은 25세가 되던 해인 성종 11년(1480)에 초시에 합격하여 성균관에 입학하였다. 바로 그해 6월 종로에 있는 원각사(圓覺寺, 지금의 탑골공원)의 부처가 돌아앉았다 하여 도성의 민심이 흉흉해지고, 인수대비仁粹大妃까지 나서서 소문의 진화를 위해 불공을 드리는 등 유학을 숭상하는 나라에서 불사에 기대는 듯한 기미가 보이는데도 조정의 대신들이 우왕좌왕할 뿐 누구도 입을 열지 못한다. 이에 한훤당 김굉필은 생원의 처지로 분연히 일어나 군왕과 조정의 처사를 일갈하는 장강長江과도 같은 상소문을 올린다.

신이 들으니, 일에는 마땅히 해야 할 것이 있고 마땅히 버릴 것이 있으니, 정正이니 직直이니 하는 일은 마땅히 할 것이고, 사邪니 곡曲이니 하는 일은 마땅히 버릴 것입니다. 지금 대저 유儒와 석釋은 그 도가 같지 않고 그 글이 같지 않고 그 법이 같지 않고 그 행실이 같지 않습니다. 유儒의 도는 부자유친父子有親, 군신유의君臣有義, 부부유별夫婦有別, 장유유서長幼有序, 붕우유신朋友有信에 불과하며, 그 글은《시경詩經》,《서경書經》,《역경易經》,《춘추春秋》에 있으며, 그 법은 예禮, 악樂, 형刑, 정政이어서 그것으로 자기를 위하면 순하고 상서롭고, 그것으로 남을 위하면 사랑하고 공정하고, 그것으로 천하 국가를 위하면 처하는 곳마다 적당하지 않을 것이 없습니다.

석釋의 도는 군신君臣을 버리고 부자를 버리고 상생相生, 상양相養하는 도를 금하고 소위 청정淸淨, 적멸寂滅이라는 것을 구하는 데에 불과하며, 그 글은《금강경金剛經》,《반야경般若經》이며, 그 법은 관공觀空, 견성見性이며, 그것으로 자기를 위하면 거슬러서 상서롭지 못하고, 그것으로 남을 위하면 편벽되어 공정하지 못하고, 그것으로 천하를 위하면 처하는 곳마다 마땅함을 얻는 것이 없습니다. 이것으로 본다면 그 사정邪正, 곡직曲直의 있는 곳을 대개 알 수 있습니다.

전하께서 즉위하신 이래로 유술儒術을 애호하고 문덕文德을 숭상하고 사사寺社를 파하여 버리고 중을 뽑아서 군인으로 정하였으니, 참으로 근고近古 이래로 큰일을 하실 수 있는 임금이십니다. 이때를 당하여 신이 말을 듣고 펄쩍 뛰며 스스로 치하하기를, "해동海東에 요堯임금과 순舜임금이 다시 오늘에 나시었으니, 이단異端이 어떻게 일어나겠는가? 장차 그 사람은 사람대로 두고 그 글은 불태우고 그 거소居所는 민가를 만들고 선왕先王의 도를 밝히어 인도하여 환鰥, 과寡, 고孤, 독獨, 폐질자

廢疾者로 하여금 양육하는 것이 있으리라." 하였는데, 한 가지 호령號令도 여기에 미치는 것을 듣지 못하였습니다. 그래서 혼자 스스로 통곡하고 눈물을 흘리며, 서서히 또 풀어 생각하기를, "모든 일은 급히 하면 변이 생기므로, 반드시 장차 금년에 절 약간을 헐고 명년에 절 약간을 헐어 점차로 제거하여, 수년으로 기한하여 그런 뒤에 다 혁파하여 없애리라." 하였는데, 눈을 부비며 우두커니 기다린 지 지금 10여 년이 되었으나 다만 중수하는 일만 듣고 혁제하는 명령은 듣지 못하였으니, 신이 오히려 한스럽게 여겼습니다. 그런데 요즘 원각사 중들이 도성 가운데에서 무리를 모아 임의로 허무한 교敎를 베풀 것을 어찌 뜻하였겠습니까? 또 도리어 부족하여 가만히 불상을 돌려 세워 사람들의 청문聽聞을 현혹 혼란시켜, 사방의 사녀士女로 하여금 다투어 쏠리어 돌아와 옷을 벗고 돈을 흩으며 시주하는 자가 문을 메우고 뜰에 가득하여 그 수가 얼마인지 모르니, 성명聖明한 조정에 어찌 괴망怪妄한 일이 있을 수 있겠습니까?

신은 통곡하며 흐르는 눈물을 감당하지 못하겠습니다. 가령 불상이 돌아서고 걸어가기를 사람과 다름이 없이 하였다 하더라도, 국가에 무슨 보탬이 있으며 신민臣民에게 무슨 이익이 있겠습니까? 한갓 상서롭지 못한 괴물이 될 뿐입니다. 더구나 이런 이치가 전혀 있을 수 없는 것인데도 있겠습니까? 신이 가만히 그 단서를 만들어 낸 까닭을 살펴보니, 반드시 전하의 사람 죽이기를 좋아하지 않는 어짊을 믿은 것입니다. 비록 그러하나 일은 크고 작은 것이 있고 죄는 경하고 중한 것이 있는데, 지금 이 요승妖僧은 위로는 전하를 속이고 아래로는 공경公卿, 사서인士

庶人을 속였는데, 이것은 온 나라 사람을 모두 술책 가운데에 빠뜨리려 한 것이니, 이보다 더 큰일이 어디 있겠습니까? 이것을 징치懲治하지 않으면 대중의 미혹이 어떻게 풀리며 간교하고 거짓이 많은 무리가 어떻게 징계되겠습니까? 엎드려 헤아리건대, 도성 사람 사녀가 반드시 장차 서로 모이어 말하기를, "불상이 돌아섰다는 말이 만일 과연 허망한 말이라면 전하의 강건康健한 결단으로 어찌 극형極刑에 처하지 않겠는가? 이것은 반드시 대간臺諫, 유생儒生의 배척이 망령된 것이다." 하여, 더욱 석씨釋氏의 교敎를 믿어서 이마를 불사르고 손가락을 불대우고 팔뚝을 끊고 몸에 살점을 오리어서 서로 같이 이끌어 오랑캐가 된 뒤에야 말 것이니, 이것이 어찌 작은 일이겠습니까?

(중략)

더구나 서울京師은 사방의 근본이고 인주人主는 만민萬民의 표준이어서 서울에서 하는 일을 사방에서 본받고 인주가 하는 일을 만민이 하고자 하니, 신은 두렵건대, 사방 사람들이 만일 이 일을 들으면 부처를 높이고 믿는 자가 성안의 사람보다 더욱 심할 것이고, 세상을 미혹하고 백성을 속이는 자가 원각사의 중보다 더하기를 힘써서, 백성들이 반드시 장차 말하기를, '불도가 그르다면 어찌 이 같은 영이靈異한 일이 있으랴? 이 일이 허망하다면 도성 위에는 밝은 임금이 있고 아래에는 어진 신하가 있는데, 오히려 죄주는 일이 없다' 할 것이니, 먼 지방 시골에서 비록 천백 가지 방편에 이르더라도 누가 다시 금하겠습니까? 전하께서 어찌 한두 중의 생명을 아끼어 더욱 만민의 미혹을 가져오게 하십니까? 만일 핑계하시기를 대왕대비의 명령을 어기기가 두려워서라고 하신다면, 신의 의혹이 더욱 심합니다.

신은 들으니, 공자가 말하기를, '부인은 남에게 복종하는 것이다. 그러므로 전제專制의 의義는 없고 삼종三從의 도道가 있다' 하였으니, 이것은 정히 대왕대비께서 거조擧措와 시위施爲를 한결같이 전하를 따르시는 것입니다.

(중략)

신이 엎드려 읽으니, 성비聖批에 말씀하시기를, "나의 치국治國하는 것을 유생에게 배운 뒤에 허물이 없겠는가? 본래 공경公卿과 대간臺諫이 있다." 하시었는데, 신이 크게 실망하였습니다. 그러나 오히려 공경과 대간에게 바람이 있었는데, 또 삼공三公이 청請하고 대간이 간諫하기를 두 번, 세 번 하였어도 모두 윤허하지 않는 것을 들은 연후에 다시 바랄 것이 없다는 것을 알고 통곡하며 흐르는 눈물을 감당하지 못하였습니다. 알지 못하건대 전하께서 이미 유생의 말을 듣지 않으시고 또 대간의 말을 받아들이지 않으시고 또 삼공의 청을 윤허하지 않으셨으니, 누구를 따라서 과실을 들으시며, 누구를 따라서 사정邪正을 통촉하시겠습니까? 원하건대 전하께서는 여러 아랫사람이 일을 말할 때에 당하여, 비록 혹시 중도에 지나치더라도 허심탄회하게 받아들이시어 언로言路를 넓게 열어서 그 정상을 불쌍히 여기고 그 죄는 기록하지 마소서. 태학생太學生 등은 뜻이 임금에게 충성하고자 하는데, 도리어 '참람하게 궁궐에 비겼다僭擬宮闕'라는 말로 임금을 속였다는 이름을 얻었으니, 신하 된 사람의 죄가 무엇이 임금 속이는 것보다 더 큰 것이 있겠습니까? 가의賈誼가 한漢나라 문제文帝에게 말하기를, "서인庶人의 옥벽屋壁이

황제의 복색을 할 수 있고, 창우倡優, 하천下賤이 황후의 복식을 할 수

있다." 하였으니, 한나라 문제 때를 당하여 예의禮義가 흥하였다고 말할

만하겠으나, 당시의 서인庶人과 창우倡優가 어찌 참으로 황제의 의복과

황후의 복식을 하였겠습니까? 그러나 일찍이 그를 그르게 여긴 자가 없

었습니다. 뜻이 나라를 근심하는 데에 간절하여 말이 과격한 것을 깨닫

지 못한 것입니다. 이것이 무슨 죄이겠습니까?

바라건대 전하께서는 일월日月의 밝음을 돌이키시고 뇌정雷霆의 위엄

을 베풀어서 수악首惡의 죄를 끝까지 심문하여 시조市朝에 공개하여 죽

여서 사방 후세로 하여금 모두 전하께서 간사한 것을 버리는 데에 의심

함이 없는 것을 알게 하시면 다행함을 이기지 못하겠습니다.

―《성종실록》11년 6월 16일자

　스물다섯 살 난 청년의 글이 어찌 이리도 해박하고 도도할 수가 있는

가. 게다가 임금(성종)을 향한 충정의 직언이 어찌 이리도 간절하면서도

칼날 같을 수가 있는가. 또 성종의 모후이면서 위엄 있었던 인수대비의

과실을 지적하는 준엄함에 이르러서는 숙연해질 정도의 당당함도 드러

난다.

　《조선왕조실록》에 등재된 상소문의 원형이라 하여도 손색이 없을 명

문이 아닐 수 없다. 다시 말하면 조선 지식인의 정치 참여는 그 기본을 도

덕적, 윤리적인 근간을 두고 있었기에 근원적으로는 이상 국가를 지향하

게 된다. 바로 이 점이 어려서 인성을 몸에 익히게 하면 나라가 편해진다

는 맥락이다.

성종은 마치 장강과도 같은 도도한 문장에 학문의 깊이가 철철 넘치는 한훤당 김굉필의 상소문을 읽고서도 가납할 수가 없다. 만에 하나라도 상소문의 진언을 따른다면 어린 자신을 임금의 자리로 이끌어 준 어머님(인수대비)에 대한 불효가 되기 때문이다.

이같이 강도 높은 상소문이 채택되지를 않는다면 지어서 올린 사람이 불운을 자초하게 된다. 그러나 행동하는 양식이 자신의 불운을 자초하더라도 역사의 수레바퀴를 앞으로 굴러가게 하지 않으면 안 되는 것이 지식인의 소임이다.

三

한훤당 김굉필은 스승 김종직의 문하에서 육경六經의 연구에 몰두하여 성리학에 정진하였고, 학문과 행실을 나누어 생각하지 아니하는 실천궁행의 정신으로 행동하여 늘 주위의 귀감이 되었다. 스승 김종직의 학문이 시문을 위주로 한 데 반해 김굉필은 실천궁행을 중요시하는 학문이기에 스승을 비롯한 문도들의 존경을 한 몸에 받았다.

여기에도 김굉필의 진면목을 보여 주는 에피소드가 전한다.

스승 김종직이 이조참판으로 있으면서 나랏일에 대해 별로 건의한 적이 없다 하여, 이에 김굉필은 시를 지어 바쳤다. 그 내용이 실로 칼날과 같다.

도道는 겨울에는 갖옷 입고 여름에 얼음 마시는 데 있으나 날이 개면 행하고 장마 지면 그침을 어찌 오로지 하랴.

난초도 세속을 따르면 끝내는 변하게 될 것이니

누가 소는 갈고 말은 탈 수만 있음을 믿으리오.

　제자의 따끔한 충언을 읽은 스승 김종직이 대답하기를 "분수 밖의 벼슬이 대관에까지 이르렀으나 나랏일을 바로잡고 세상 구제함을 내가 어찌하리오. 마침내 후배에게 옹졸하다고 조롱받겠지만 세리의 용렬함은 따를 수 없는 것이네." 하였다.

　이 일로 스승 김종직과의 관계가 뜸해지기도 하였다는 기록을 살피면서 한훤당 김굉필의 세상을 경영하는 잣대가 얼음과 같이 차고 굳었음을 알 수 있으며, 이에 그에게 배움을 청하는 문도들은 끊이지 않았다. 정암 조광조靜庵 趙光祖, 금헌 이장곤琴軒 李長坤, 사재 김정국思齋 金正國 같은 이들은 스승 김굉필의 학문과 행실을 고스란히 이어받은 사람들이다.

　한훤당 김굉필의 학덕이 고매하여 경상관찰사 이극균李克均에 의해 성종 25년(1494) 유일遺逸로 천거되어 주부, 감찰, 형조좌랑 등을 역임하였다.

　한훤당 김굉필의 인품에 관한 사료는 비교적 많은 편이지만,《대동야승大東野乘》이나《연려실기술燃藜室記述》에 전하는 몇 가지를 인용해 보는 것도 그의 사람됨을 살피는 데 도움이 되지 않을까 싶다.

　〈내칙편內則篇〉을 모방하여 가범家範을 짓고, 의절儀節을 마련하여 자손들에게 가르쳐 더욱 인륜人倫을 중하게 여기고 아래로는 남녀 종들에게까지도 안팎의 직책을 분별하여 각기 명칭이 있었으니 안의 일은 계집종으로 주관하게 하고, 그 명칭을 도주都主 주적主績 주사主辭 주포라 하였으며, 밖의 일은 사내종으로 주관하게 하고 그 명칭은 도전都典 전사典辭 전시라고 하였다.

능력을 헤아려 임무를 맡기는데, 절하고 꿇어앉아 작업하는 것에 모두 일정한 규칙이 있었다. 봉급의 차이도 부지런하고 게으른 것을 비교하여 더 주기도 하고 감하기도 하였으며, 길사吉事와 흉사凶事의 경비도 풍년 들고 흉년 든 것에 따라서 늘이기도 하고 줄이기도 하였다. 또 1일과 15일에 국법國法을 읽고 훈계를 듣는 규정이 있었다.

—《경현록》

공은 늘 초립草笠을 쓰고 연자蓮子 갓끈을 매었다. 노년老年에는 단칸방에 단정히 앉아 책상을 마주 대하고 글을 보며 밤이 깊어도 자지 않으므로 연자 갓끈이 책상에 대질리어 재그락거리는 소리가 나니 그 소리로 그가 아직도 글을 보고 있음을 알 수 있었다.

—《유선록》

공이 부참봉部參奉이 되었을 때 귀복과 온갖 희롱을 일체 상관上官의 지시에 따라 행하였다. 공은 그 당시에 자신의 명망이 무거움을 알고 보통 사람과 구별되지 않으려고 힘썼다. 공은 처음에 호를 사옹이라 하면서 "비록 큰 비를 만나 밖은 젖어도 안은 젖지 않는다."라고 하였으며,

또 "이름을 지어 날리는 것은 혼연渾然히 처세하는 도리가 아니다." 하였다.

—《연원록》

공은 유학儒學을 진흥振興시키고 후생後生시키고 후생을 가르치는 것으로써 자기의 임무로 삼았다. 멀고 가까운 지방의 선비들이 소문을 듣고 사모하여 찾아와서 그가 사는 마을에는 학도들이 길거리를 메웠으니 경서經書를 배우려고 당堂에 올라도 자리가 좁아 다 수용할 수 없었다. 자기가 사는 시내 위에 작은 서재를 짓고 한훤당寒喧堂의 호를 붙였다. 또 가야산伽倻山에 내왕하면서 학문을 강구講究했는데 모재 김안국 慕齋 金安國의 시에 '듣건대 김공이 거처하는 곳이 가야산이라 하나 응당 무이산武夷山이리라' 한 것이 이것이다.

—《연원록》

정여창이 안음安陰에 현감으로 있을 때에 공이 방문하였다. 정여창이 금잔 하나를 만들어 주니 공이 책망하기를 "자네가 이런 소용없는 일을 할 줄은 생각하지 못했네. 후일에 반드시 이것으로써 남을 실수시킬 것이네." 하였다. 그 후에 고을 원이 과연 이것으로써 장물죄를 지었다고 하였다.

—《경현록》

남추강南秋江이 이른바 서로 분리되었다는 것은 지금에 와서 그 당시 어느 때 어떤 일로 해서인지 상고할 수 없다. 지금 점필재 전집에서 보더라도 다만 시문詩文만으로써 제일로 삼고 일찍이 도학道學에는 마음을 두지 않았으므로 한훤당이 이것으로써 질문한 것이다.

비록 스승과 제자의 분수가 중하다고 하지만 진실로 지기가 합하지 않으면 어찌 능히 끝내 서로 분리되지 않으며, 또 어찌 일에 드러나게 서로 배척해야만 서로 분리되었다고 이르리오.

— 《퇴계집》

한훤당 김굉필은 정여창鄭汝昌과 뜻이 같고 도가 합한다 하여 특별히 가깝게 지냈다. 도의를 연마하고 고금의 일을 토론하며 때로는 밤을 새우기까지 하였다.

일찍이 정여창이 김굉필에게 장차 "비방하는 논의가 일어날 것이니 제자를 모아 학문을 강론하는 것을 중지하라." 하고 권고한 일이 있었으나, 김굉필은 듣지 않으면서 "중僧 육행陸行이 불교를 가르칠 때 그 무리가 천여 명이나 되었다. 어떤 사람이 말리면서 '화환禍患이 두렵도다' 하니 육행은 '먼저 도를 깨달아 안 사람이 뒤늦게 깨달은 사람을 깨우치는 법이니 내가 아는 것을 남에게 알리는 것뿐이다. 재화와 복은 하늘에 달린 것이니 내가 어찌 간여하리요' 하였으니, 육행은 비록 중이지만은 그의 말은 취할 점이 있다."라고 대답하여 정여창이 김굉필의 실천궁행에 머리를 숙였다는 기록도 눈에 띈다.

四

한훤당 김굉필은 연산군 10년(1504), 갑자사화甲子士禍에 연루된다. 선비의 씨를 말리는 참화로 일컬어지는 갑자사화는 연산군의 생모 윤씨成宗妃를 복위하려는 연산군과 이를 용인하지 않으려는 인수대비의 마찰과 갈등이 빚어낸 참사를 말한다.

성종 초비 윤씨는 상궁 출신으로 인수대비와의 관계가 순조롭지를 못하여 왕비의 영화를 누리지 못했다. 윤비는 자신의 생일날 성종의 용안에 손톱자국을 냈다 하여 인수대비의 진노를 샀고 성종 10년(1479)에 폐비가 되어 사가로 쫓겨난다. 그 후에도 인수대비의 감시에서 헤어나지 못한 채 다음 해에 사약을 받고 세상을 떠난다. 당시 4세였던 연산군이 성종의 뒤를 이어 보위에 오르면서 임사홍任士洪 등의 밀고로, 폐비 윤씨의 통한을 알게 되면서 복수극을 시작한다.

연산군은 생모를 투기하여 폐비에 일조하였던 부왕의 후궁 엄嚴, 정鄭 두 숙의淑儀를 자루 속에 넣고, 그들의 아들들인 안양군(安陽君, 항), 봉안군(鳳安君, 봉)으로 하여금 몽둥이로 때려서 죽게 하였다. 이 같은 포악한 행위를 꾸짖는 친할머니 인수대비의 가슴에 연산군은 술상을 던져서 쓰러지게 하였고, 마침내 이 일로 인수대비는 세상을 떠난다.

연산군은 어머니 윤씨를 왕비로 추숭追崇하여 성종묘成宗廟에 배사配祀하고자 할 때 이에 반대한 응교應敎 권달수權達手를 처형하였고, 이행李荇에게는 귀양령을 내렸다. 또 윤씨의 폐사廢死에 찬성하였던 윤필상尹弼商, 이극균李克均, 성준成俊, 이세좌李世佐, 권주權柱, 이주李胄 등 10여 명이 사형되었고, 한치형韓致亨, 한명회韓明澮, 정창손鄭昌孫, 어세겸魚世謙, 심회沈

漁, 이파李坡, 정여창鄭汝昌, 남효온南孝溫 등은 무덤을 파헤쳐서 처단하는 부관참시剖棺斬屍에 처해진다.

조선 시대에 성종의 도학 정치를 도운 김종직도 훗날 무오사화의 원인이 된 〈조의제문〉 파동으로 물러날 때까지 자신의 문하들과 힘을 합쳐 성종의 정치적 이상을 실현할 수 있도록 뒷받침하는 역할을 하였으나, 이때 김굉필은 김종직의 문도로서 붕당을 결성하였다는 죄목으로 평안도 희천에 유배되었다. 그리고 2년 뒤 순천으로 부처지를 옮긴 후 5년에 걸쳐 문도들에게 자신의 학문을 전수하던 중 갑자사화에 연루되었다 하여 순천 적소에서 사약을 받는다.

사약이 당도하였다는 소식을 접한 한훤당 김굉필은 목욕재계를 하고, 관대를 갖추면서도 얼굴빛을 변하지 아니하였다. 손으로 수염을 손질하여 입에 물면서 "이것까지 상해를 받을 수 없다." 하며 초연히 죽음을 맞이하였다.

한훤당 김굉필에게는 중종 정묘년에 도승지를 증직하게 하고, 정축년에 특별히 우의정을 증직하였으며, 선조 을해년에 영의정을 증직하고 문경文敬이란 시호를 내렸다. 그리고 광해군 경술년에 이르러 퇴계 이황, 정암 조광조와 더불어 문묘에 배향되었다.

한훤당 김굉필은 사약을 받고 죽었어도 천 년을 살아가는 명현의 이름을 남긴 지식인의 표상이다. 어찌 이런 명현을 대한민국에서 외면할 수가 있을까. 전 장에서도 이미 세세하게 설명한 바와 같이 지금 우리는 사람다운 행실을 소중히 하는, 학덕을 갖춘 지식인 지도자를 열망하고 있다.

한훤당 김굉필, 듣기만 해도 거룩하고 아름다운 이름이다. 꼭 고용노동부 장관이 아니면 어떠랴. 어떤 자리의 장관이라도 한훤당 김굉필과 같은 책임 있는 사람들이 나랏일을 이끌어 주었으면 좋겠다.

여성가족부
장관

—

남계 박세채,
군왕을 교화하다

후궁의 치마폭에 싸이면
안 됩니다!

+ 여성가족부

여성 정책의 기획, 종합 및 여성의 권익 증진, 가족과 다문화 가족정책의 수립 및 조정, 지원, 청소년 육성 복지 및 보호, 여성, 아동, 청소년에 대한 폭력 피해 예방 및 보호가 주요 업무이다. 2008년 조직 개편되어 가족 및 보육정책의 기능은 보건복지가족부로 이관하여 여성부로 명칭이 변경되었다가, 2010년 보건가족복지부의 청소년 보호 및 다문화 가족을 포함한 가족 기능을 이관받고 여성가족부로 명칭이 변경되었다.

+ 남계 박세채 南溪 朴世采, 1631(인조 9)~1695(숙종 21)

본관은 반남潘南, 자는 화숙和叔, 호는 현석玄石, 남계南溪이며, 현석에 거주하여 현석선생, 파주 남계에 거주하여 남계선생이라고 불렸다. 18세에 사마시에 올라 성균관에 입학했으며, 고양 현석에 칩거하며 성리학에 몰두해 김상헌과 김집에게 수학했다. 송시열과는 스무 살의 나이 차를 극복하고 교분을 나누었고, 성리서와 예서를 정밀히 연구하였다. 군왕들의 부름에 조정에 들어왔다 예가 아닌 일에 마음을 쓰지 않아 번번이 다시 나가곤 하였으며, 향리에 나가 있어도 옳고 그른 일을 선명하게 주장하는 상소를 올리고는 하였다. 숙종 14년, 남구만의 천거로 이조판서에 제수되었으나 임금 앞에서 직언을 하여 그 자리에서 바로 파직되었다. 이후 그의 우국충정에 수많은 신료들이 그를 불러들일 것을 주청하였다. 숙종 43년(1717) 문묘에 배향되었으며, 시호는 문순文純이다.

여성가족부 장관을 꼭 여성으로 임명할 필요는 없다. 같은 맥락으로 대한민국 20여 명의 장관 중 반수 이상을 여성 장관으로 임명한다 하여도 조금도 이상한 일이 못 된다. 알기 쉽게 그만큼 여성의 지위가 향상되었다는 뜻이다. 그런 의미에서 대한민국의 여성부 장관도 조선 시대 여성 중 한 사람을 초치한다면 어떤 분이 적임일까 생각하며 여러 사료를 뒤지다가 조선 역사를 빛낸 지식인 여성 한 분을 생각하게 되었다.

조선 왕조 519년을 통틀어 가장 훌륭했던 지식인 여성을 한 사람만 거명한다면 아무래도 성종 임금의 모후인 인수대비仁粹大妃를 거론하지 않을 수가 없다. 소혜왕후昭惠王后라고도 불리는 인수대비는 좌의정을 지낸 한확韓確의 따님으로 태어났다. 그녀의 가계는 조선 조에서도 남다르게 특이하였다. 할아버지 순창군수 한영정은 아들 셋과 딸 둘을 두었는데, 큰딸은 명나라로 들어가 성조成祖의 후궁인 여비麗妃로 봉해졌고, 둘째 딸은 성조의 손자인 선종宣宗의 후궁인 공신부인恭愼夫人이 되었다.

명나라의 속방屬邦이나 다름이 없었던 조선 시대에 그런 광영을 누리기란 쉽지가 않아서, 아버지 한확은 명제明帝의 뜻으로 광록시소경光祿寺小卿이라는 명나라 벼슬까지 받았으니, 조선 조정의 사신으로 명나라에 다녀와야 하는 책무만도 네 번이나 맡았고, 명나라와의 외교에 있어 없어서 아니 될 명망 높은 인물로 등장하였다.

한확의 둘째 딸인 한씨는 어린 나이에 수양대군의 맏며느리로 출가를 하였다. 문종이 승하하고 소년 단종이 등극하는 등 세상이 어수선해지면서 시아버지 수양대군은 계유정난을 주도하며 영의정의 자리에 오르더니 마침내 어린 조카를 밀어내고 보위까지 찬탈하게 된다. 그런 와중에서 지아비 장璋은 다음 대의 보위를 물려받을 세자의 자리에 이르렀고, 따라서 한씨는 수빈粹嬪으로 책봉되어 세자빈의 지위에 오른다.

세조 내외는 그녀의 지극한 효성에 감복하여 효부孝婦라는 도장을 새겨서 내렸는가 하면, 또 아랫사람을 경계함에 있어 추호의 빈틈이 없다 하여 때로는 폭빈暴嬪이라고 놀리기도 하였다. 그런 모든 사연은 그녀의 높은 교양과 빈틈없는 성품에서 비롯된 것이어서 다음 대 중전의 재목으로도 손색이 없다는 칭송이 자자하였다.

그렇게 승승장구하던 수빈 한씨에게 돌이킬 수 없는 비극이 밀려온다. 세자 장이 왕위에 오르지 못하고 스무 살 아까운 나이로 세상을 떠났기 때문이다. 수빈은 눈앞까지 와 있던 중전 자리를 포기해야 함은 물론이고, 경복궁에서 밀려나 세조의 잠저(潛邸, 임금이 되기 전에 살던 집)로 돌아가야 하는 불운을 겪게 된다.

수빈 한씨는 어린 세 남매를 거느린 왕실의 과부로 장장 12년 동안 뼈아픈 세월을 보내면서도 기사회생의 의지를 버리지 않는 집념을 보였다. 그 결과가 한명회의 막내딸을 둘째 며느리로 맞는 결단으로 이어진다.

세조의 뒤를 이은 예종이 어린 나이로 세상을 등지자 그녀는 사돈인 한명회와 협력하면서 시어머니인 정희왕후貞熹王后 윤씨의 동정을 구하여 마침내 둘째 아들 자산군成宗을 보위에 밀어 올리는 데 성공한다.

한낱 왕실 과부에 불과했던 불운의 세월을 청산한 수빈은 권토중래의 당당한 모습으로 경복궁으로 돌아와 중전 자리를 거치지 않았으면서도 대비의 지위에 오르는 기적을 연출하며 영화와 위엄을 함께 누린다.

인수대비의 높은 학문은 산스크리트 어梵語와 한어漢語 그리고 한글의 삼자체三字體로 된 불서佛書를 저술할 정도였다. 한학에 조예가 깊은 것이야 동양 삼국韓, 中, 日에서 으뜸간다는 여류 시인 난설헌 허초희蘭雪軒 許楚姬도 있지만, 산스크리트 어로 된 불서佛書를 읽고 쓸 수 있었다는 것은 참으로 놀라운 경지가 아닐 수 없다. 다만 인수대비 한씨가 무슨 공부를 어떻게 하여 그런 수준에 이르게 된 것인지를 상고할 수 없는 것이 안타까울 뿐이다.

인수대비 한씨는 조선 부녀자들을 훈육하기 위해 몸소《내훈內訓》을 찬술하였다. 조선 조가 남존여비의 시대였으므로 부인들에게 글을 가르치지 않았다고 믿는 사람들에게는 충격이고도 남을 일이 아닐 수 없다.

그《내훈》의 서문에,

한 나라의 정치의 치란治亂과 흥망은 비록 남자 대장부의 어질고 우매함에 달려 있다고는 하지만, 역시 부인의 선악에도 달려 있는 것이다. 그러니 부인도 가르치지 않으면 안 된다.

라고, 적어서 조선 조 여성의 교육과 훈도를 앞장서서 강조하였다는 점도 눈여겨볼 대목이 아닐 수 없다.

인수대비는 단종, 세조, 예종, 성종, 연산군의 다섯 임금을 거치는 격동의 시대를 살면서 수많은 영걸들의 부침을 가까이서 지켜보았다.

시아버지 세조를 비롯하여 안평대군, 김종서, 정인지 등 석학과의 만남을 자신의 예지를 닦는 절호의 기회로 삼았고, 사돈 한명회와 신숙주의 경륜에 자신의 의지를 더하여 성종 시대의 찬란한 문물을 열었는가 하면, 성삼문, 박팽년 등과의 악연까지도 제왕학의 테두리 안으로 수용할 줄 아는 그야말로 걸출한 지식인 여성이었다.

인수대비에게 주어졌던 가장 큰 불행은 조선 여인들이면 누구나 겪어야 했던 좁은 행동반경에서의 언동의 제약이었다. 그녀가 조선 왕조에서 가장 돋보였던 지식인 여성이면서도 왕조 최대의 비극이랄 수 있는 연산군의 난정을 잉태하게 한 것은 아이러니가 아닐 수 없다.

그 또한 따지고 보면 현실 표면에 나설 수 없었던 조선 여성의 숙명을 짊어진 것이 아닌가도 싶다. 강상綱常과 윤기倫紀를 치도의 근본으로 삼았던 아름다운 도덕 국가의 왕실에서 친손자인 연산군이 던진 술상이 가슴팍을 때리는 전대미문의 패륜을 자초하여 체험한 그녀의 비극은 생각할수록 안타깝고 아쉬울 뿐이다.

아무리 몸에 밴 지식이라 하더라도 그 쓰임이 잘못되면 뜻하지 않은 재앙을 불러들이는 것처럼, 진실로 아름다운 교양이라 하더라도 어떻게 발휘되는 것이 온당한지에 대해 인수대비의 파란 많은 생애가 우리에게 너무도 많은 것을 가르치고 곱씹어 보게 한다. 바로 그녀의 독선이 우리의 여성가족부 장관으로 초치하기에 부적절하겠다는 느낌이 들었다.

조선 사회가 남녀를 불공석不共席 운운하면서 유별하였으면서도 정치적으로는 왕후나 후궁의 일로 문제가 심각해진 경우가 허다하게 많다. 숙종 때 희빈 장씨라고 불리던 여인이 왕비에 올랐다가 지아비 숙종에게 죽임을 당하는 전대미문의 사건을 겪는 동안 이조판서이던 남계 박세채南溪

朴世采가 숙종에게 장氏의 문제를 끝없이 타이르고 훈계한 과정은 조선 역사에서는 좀처럼 찾기 어려운 일이다. 그러므로 남계 박세채를 여성가족부 장관으로 충분이 초치할 수 있을 것으로 여기게 되었다.

二

조선 시대에 살면서 관직에 나가기 위해서는 초시에 합격하여 진사나 생원이 되어야 하고, 성균관에 입학하여 중시科擧를 준비하는 동안에는 선비의 도리와 학문의 기반을 닦아야 한다. 문묘는 바로 성균관 대성전이어서 젊은 선비들은 문묘에 배향된 열여덟 분의 학덕과 인품을 기리면서 자신들의 이상적인 모델로 삼는다.

조선 조 예학禮學의 종주이자 거벽인 사계 김장생沙溪 金長生은 후학을 가르치는 그 처방을 확실하게 제시하였다.

법으로 규제하면 피동적인 국민이 되고, 예禮를 가르치면 스스로 알아서 행동하는 상식적인 국민이 된다.

무려 400여 년 전의 기록인데도 오늘 우리의 현실을 눈여겨 살펴보면서 적은 글로 착각하게 한다. 예로써 청소년들을 가르치면 스스로 알아서 행동하는 상식적인 국민이 되기에 나라는 화평하게 되고, 지식(법)으로써 청소년들을 가르치면 아는 척하고 나대는 통에 나라는 어지러워지게 된다. 예는 의義와도 같아서 언제나 바른 도리로서 흘러간다는 사실을 역사는 끊임없이 가르치고 있다.

우리 역사에 기록된 이 같은 선현들의 가르침은 당대에도 교육의 기본이 되었기에 무수한 젊은 사람들을 양성해 낼 수가 있었고, 배우고 익힌 바는 반드시 실천해야 한다는 신념을 심어 주었기에 목숨을 걸고서라도 직언하는 일을 실천하게 된다.

직언이 많아지고, 직언한 사람들이 다치는 시대는 권세만을 탐하는 사람들이 임금을 에워싸서 우매하게 하는 것이 특징이다. 연산군이나 광해군의 시대가 특히 그러하였고, 그 결과 포악한 임금을 반정反正으로 쫓아냈다. 그런 임금을 둘러싸고 무소불위의 권세를 누렸던 사람들도 어김없이 형장의 이슬로 사라져 갔다. 그럼에도 똑같은 일이 반복되는 것은 배우고 익힌 바를 실천하는 용기가 없었기 때문이다.

연산군이나 광해군과 같이 폭군의 이름을 남기지 않았어도 자신의 의지를 뚜렷하게 세우지 못해 권력만을 탐하는 신하들에게 휘둘리면서 어려움을 겪었던 임금도 허다하다. 인조의 시대가 그러하였고, 선조 말년이나 영조의 말년도 참담하기가 그지없었다. 예외의 경우가 있다면 숙종의 시대가 해당된다.

얼핏 숙종 임금은 총비 장옥정(張玉貞, 장희빈)으로 인해 혼주混主의 대명사처럼 느껴지지만, 실상은 알게 모르게 자신의 의지를 철저하게 관철한 현명한 군왕이었다. 유독 숙종 시대에 환국(換局, 정권 교체)이 많았던 것은 대부분 숙종의 의지에 따라서 정권을 교체한 것이지, 훈신들이나 간신들에 의해 이루어진 정권 교체로 보기는 어렵다. 이러한 일련의 사태가 모두 숙종의 자의에 의한 것이리면, 물불을 가리지 않고 희빈 장씨를 사랑하여 중전(인현왕후)을 내친 부도덕은 숙종의 사랑 놀음일 뿐, 정치적인 배경에 의한 것이라고 보기는 어렵다.

폐비로 버렸던 정비 인현황후를 다시 복위하게 하고, 이미 세자까지 둔 희빈 장씨를 그토록 잔인하게 사사한 것이 이를 잘 말해 준다. 그러므로 《숙종실록》에 등재된 정치적 흐름은 기복이 엄청나다. 그러면서도 '예'를 따지고, '현인'을 가리는 기사가 넘쳐 나는 것이 무엇을 뜻하는가. 가치의 흐름이 변질되지 아니하고 늘 제자리에 있었음을 의미한다. 그 대표적인 예가 남계 박세채의 경우가 아닐까 싶다.

남계 박세채를 거명한 기록은 《숙종실록》에만 357차례나 등재되어 있는데, 그 패턴이 모두 같다는 점이 신기하다. 가령 박세채가 사임을 하고 벼슬에서 떠나면 수많은 사람들이 숙종에게 그를 다시 불러서 중히 쓰라는 상소를 올린다. 그가 올라와 직언을 아끼지 않으면 모두 열광하고, 그의 뜻이 관철되지 않아서 다시 조정을 떠나면 또다시 그를 불러야 한다는 상소가 빗발치듯 올려 진다.

남계 박세채는 향리로 물러나 있어도 대궐이나 왕실에서 도리에 어긋나는 일이 생기면 거침없이 상소문을 올려서 임금을 교화한다. 다음에 소개할 상소문은 정치적인 것이 아니라 왕실 풍속을 살필 수 있는 재미난 일화(상소문)여서 우리를 미소 짓게 한다.

임금이 두질痘疾을 앓을 때 막례莫禮라는 무당을 불렀던 모양이다. 막례는 요사스러운 술법으로 대궐 안을 어지럽히고 다녔다. 예컨대 대비에게는 매일 차가운 샘물로 목욕할 것을 청하는가 하면, 궁인들을 꾀어서 재화와 진보珍寶를 많이 취하였으며, 대궐을 출입할 때면 항상 교자轎子를 타고 다녀 보고 듣는 사람들이 해괴하게 여겼다. 이에 헌부憲府에서 부리府吏를 놓아 막례를 잡아 가두었으나, 임금이 즉시 논계論啓하지 않고 뒤로 미룬다는 소식을 접한 박세채는 참지 못하고 향리에서 상소문을 올린다.

"신이 듣건대, 성상께서 두질을 앓으셨을 때, 한 요사스런 무녀가 함부로 궐내로 들어와 감히 허망한 사설邪說의 술법을 자극慈極께 청하였다고 하니, 질병의 근원은 실로 이에서 빌미된 것입니다. 또 복을 빈다고 핑계를 대고서 참람되게도 곤복袞服을 입고 흉악한 짓을 제멋대로 행하므로, 물정이 분울憤鬱하고 살을 저며 씹어 먹고자 생각하였습니다. 어찌 당당한 성조聖朝로서 궁곤宮閫의 숙목肅穆한 곳에 요사스런 무녀를 용납해 그 사이에서 팔을 휘두르고 혀를 놀려 오늘날의 화변禍變을 이루었다 하겠습니까? 엎드려 바라건대 특별히 유사에게 명하시어 요사한 무녀의 본말本末을 캐내고 그 실상을 알아내어 왕법王法을 행하시고 천주天誅로 바로 다스리시어 군하群下의 지극히 원통함을 풀어 주소서."

하고, 끝에 말하기를,

"대신臺臣이 지금 수계囚械를 씌워 놓고 있는데, 전혀 거론하지 않으니, 더디고 의심스러운 잘못을 면할 수 없습니다."

하고, 또 말하기를,

"당시에 오직 앓을까 근심하는 것은 스스로 다른 사람과 달라서 그 극極

을 쓰지 않는 바가 없는데, 어찌 위로 성모聖母에게 해롭게 하면서 한결

같이 사람들이 말하는 것과 같이 할 수 있겠습니까?'

하였다. 임금이 비답하기를,

"요사스런 무녀가 금중에 출입하면서 난잡한 짓을 자행한 한 가지 사실

은 오랫동안 병중에 있었기 때문에 까마득히 몰랐는데, 이제 경의 소疏

의 말을 보니 참으로 원통하고 놀랍다. 마땅히 유사로 하여금 죄상을

안핵按覈하여 법에 의거해 처치하겠다. 다만 자성慈聖의 위예違豫한 환

후가 요사스런 무녀에게서 말미암았다고 말하는 것은 놀랍고도 의아하

다. 자성께서는 평소에 견식이 고명하시어, 무격巫覡 따위의 불경한 일

을 깊이 미워하시고 통렬하게 끊으셨으니, 어찌 무녀에게 신혹信惑했

을 리가 있겠는가? 단지 과매寡昧의 불효 때문에 이와 같은 놀라운 말로

자성께 누를 끼치게 하였으니, 더욱더 통탄스럽다. 이는 대개 여항간閭

巷間에서 잘못 전문한 데서 나온 것이나, 알면 말하지 아니함이 없는 경

의 정성을 가상하게 여긴다."

하였다.

― 《숙종실록》 9년 12월 15일자

임금과 신하의 아름다운 소통을 만대의 후손이 읽어 볼 수 있도록 기록

해 놓고 있음을 보게 된다. 위대한 유산 《조선왕조실록》에 적힌 내용이

모두 정치적인 기사가 아니라는 점도 새삼 느끼게 한다.

三

남계 박세채는 고려 조의 직제학 상충尙衷의 후손인 금계군錦溪君 박동량朴東亮의 손자이며, 중봉中峰 의澍의 아들로 인조 9년(1631) 한양에서 태어났다. 본관은 반남潘南이며, 자는 화숙和叔, 호는 현석玄石, 남계南溪라 하였다.

자품이 명수明粹하고 덕성이 온순하여, 18세에 사마시司馬試에 올라 성균관에 입학했다. 이후 이이, 성혼의 문묘 종사에 반대하는 사람들을 탄핵하다가 효종의 꾸지람을 받자 "임금의 선비를 이렇듯 경박하게 대하니 어찌 종사의 대계를 염려하지 않으리!"라는 엄한 말을 남기고 고양高陽의 현석玄石으로 내려가 칩거했다.

현석에서 박세채는 성리학에 몰두해 청음 김상헌과 신독재 김집을 찾아 수학했다. 우암 송시열과도 교류하게 돼 스무 살의 나이 차에도 도의지교道義之交를 맺을 정도로 교분을 두터이 하였다. 이후 박세채는 오로지 성리서性理書에 뜻을 기울여 이학理學에 빠져들었고, 예서禮書를 정밀히 연구하여 상례常禮, 변례變禮의 의심나고 불분명한 것에 대해 많은 고증을 하기에 이르자 전국에서 학도學徒들이 모여들어 일세一世의 유종儒宗으로 존경을 받는다.

저서가 매우 많아 수십 종에 달하니, 사람들이 그 박식함에 탄복하였다. 일찍이 천섬薦剡에 올랐으나 불러도 나가지 않았고, 현종 때는 누차 춘방春坊과 대헌臺憲으로 불렀어도 역시 명에 응하지 않았다.

군왕들은 떠나고자 하는 그를 언제나 가까이 부르기를 더욱 간절히 하였기에 결국 조정에 들어오게는 되었어도 예가 아닌 일에는 일체 마음을 쓰지 않아서 번번이 다시 나가곤 하였다. 설혹 향리에 나가 있다 하여도 옳고 그른 일을 선명하게 주장하는 상소를 올리기를 게을리하지 않았다.

숙종 9년(1683)에는 예의 무녀에 대한 상소문을 올렸고, 숙종 14년(1688)에는 역종逆宗을 논하였으며, 숙종 20년(1694)에는 명의名義를 제창하고 윤기倫紀를 부식하였다. 또 송준길宋浚吉 등 여러 현인과 뜻이 같고 도가 부합하여 반드시 《춘추春秋》의 존왕양이尊王攘夷의 의리를 우선으로 삼았다. 때문에 조정에서 벼슬을 제수하는 고신告身에 특별히 청淸나라의 연호를 쓰지 않음으로써 그 의지를 펴도록 하였다. 처음에 현석에 거주하니 학자들이 현석선생玄石先生이라 불렀고, 나중에 파주의 남계南溪에 거주하니 또한 남계선생南溪先生이라 일컬었다.

숙종 14년 여름, 영의정 남구만南九萬은 남계 박세채를 이조판서에 제수하여 숙종의 곁에 두고자 했다. 그가 아니고는 소의 장씨(후일 장희빈)에게 빠진 숙종의 심기를 바로잡게 해 줄 사람이 없겠다는 생각에서다. 남구만은 곧장 파주 남계로 박세채를 찾아갔다. 남구만은 그곳에서 사흘이나 머물며 박세채를 설득하였다. 종사를 걱정하고 숙종과 소의 장씨의 일을 거론하자면 그가 필요했기 때문이다.

군자란 무엇인가. 강자에게는 강하고 약자에게는 자애로우며, 친구와의 사귐에는 의리와 예로써 하며, 공명하고 정대한 사회를 만들기 위해 몸소 몸을 던져 실천하는 사람이 아니겠는가. 박세채는 남구만의 간청을 저버릴 수가 없었다.

마침내 7월 13일, 박세채는 남구만의 천거로 이조판서에 제수되었다.

이날의 일을 기록한《숙종실록》은 우리를 감동하게 한다.

이조판서 박세채가 성城 밖에 이르자, 임금이 잇따라 사관史官을 보내어 속히 들어오라고 하였는데, 박세채가 숙명肅命하고 임금이 사대賜對하니, 박세채가 대략 규계規戒를 아뢰고 소매에게 1통의 차자箚子를 내어 바쳤다.

(중략)

엎드려 듣건대, 지난해 김만중이 귀양 갈 때에 전하께서 크게 노하시어 옥에 가두고 힐문하시어 마침내 먼 변방으로 내쫓았는데, 이것은 진실로 세도世道의 큰 변이라 아니할 수 없습니다. 김만중이 항간의 소문을 그대로 믿고 남을 해치려 하는 의도에서 그런 말을 했다면 마땅히 벌을 받아야 할 것이겠으나, 만일 혹시 그 말이 항간에 파다하게 돌아다니는 데도 전하 혼자만 듣지 못한 것을 우려하여 전하께 알려드렸다 하면 그 일이 어째서 죄가 될 수 있겠습니까.

삼대三代, 夏, 商, 周의 임금 중에 그 정사를 닦을 수 있었던 이로 제가齊家를 근본으로 하지 아니한 이가 없습니다. 제가란 대개 남자는 밖에서 그 위치를 바르게 하고 여자는 안에서 그 위치를 바르게 하여 집안을 정제한 것을 가리키는 말입니다. 또 처妻는 위에서 남편과 동등하고, 첩妾은 아래에서 명령에 복종하게 하여 적서嫡庶의 분分을 명확하게 정하는 것을 가리키는 말입니다. 만일 그렇지 못하고 또 예경禮經의 교훈에 어긋나면, 마침내는 집이나 나라의 근심이 끊임없이 생겨나게 마련입니다. 따라서 신하들이 임금에게 경계의 말을 올릴 때에는 언제나 이것을 우선으로 하는 것입니다.

엎드려 살피건대, 이징명, 한성우의 소는 비록 지나친 바가 있으나, 궁중의 일을 말했다 하여 죄를 주는 것은 성대聖代의 기상이 아닙니다. 세도世道가 점점 낮아지고 인심이 착하지 못하여 어느 특정인에게만 사랑하심이 유별나서 봉작을 높여 주었거나(소의 장씨), 또는 자주 대궐을 들어가 뵈옵는 것이 혹 다른 사람과 같지 않은 점이 있으므로(동평군), 듣는 사람들이 어떻게 하여 그렇게 되었는가를 캐물을 때, 혹자가 대답하기를 '여차여차하여 임금의 총애를 이렇게까지 받게 되었다' 하게 되면, 급기야는 그 지목하고 얘기하는 것이 점점 임금에게까지 침범되는 경우도 없지 않으니 참으로 삼가지 않을 수 없는 일입니다.

엎드려 듣건대, 지난해에 사간원에서 동평군 항이 혜민서 제조가 된 것을 논란한 지 퍽 오래되었는데도 그 자리를 바꾸지 않으시니, 이것은 실로 세조 조 이후에 없었던 일로 사옹원에서 임금의 수라를 감검하는 직책과는 다릅니다. 전하께서 즉시 대간의 말을 좇지 않는 것이나 대간에서 고집하는 것은 상하에 모두 잘못이 있지 않나 사료되옵니다. 따라서 전하께서 특별히 제조의 특명을 취소하시고, 그 외에도 물건을 내려 주시는 것이나 들어가 뵈옵는데도 반드시 여러 종친과 균일하게 하여 조금도 다른 점이 없게 하시어, 위로는 편중하시는 은혜를 끊어 버리시고, 아래로는 여러 종친에게 균첨하는 혜택이 있으면, 진실로 종친에게 친후親厚하는 지극한 도리가 될 것입니다. 만일 그렇지 않고서 홀로 유별나게 하시면, 그 말류末流의 폐단은 전하의 성덕에 누가 되는 것에만 그치지 않을까 염려되옵니다.

— 《숙종실록》 14년 7월 13일자

아, 박세채의 참선비 됨을 오늘의 일과 비교해 본다. 행정안전부 장관으로 임명된 사람이 청와대 임명장을 받는 자리에서 대통령의 잘못을 통렬하게 비판하고, 정부의 무기력한 하자를 하나하나 지적하고 있는 것과 조금도 다름이 없다. 과연 이런 일이 오늘의 지식인들에게 가능한 일이겠는가. 역사를 읽으면서 배워야 할 점이 있다면 바로 박세채와 같이 배우고 익힌 바는 반드시 지행知行하는 조선 선비의 덕목이다. 물론 박세채는 숙종의 반응을 알고 있다. 그 반응에 의해 자신이 큰 고초를 당할 것도 알고 있다는 사실이 오늘을 사는 우리를 소스라치게 한다.

숙종은 붉으락 거리던 안색을 간신히 바로 하며 입을 연다. 섬뜩할 만큼 차갑고 냉랭한 어조다.

"경의 차자를 들으니 과인은 몸 둘 바를 찾지 못할 지경이오. 허나, 오랫동안 조정을 떠나 있던 경이 어찌 내 주위의 일을 바로 알 수 있음인가."

숙종은 잠시 말을 끊고 박세채를 쏘아보다가 말을 잇는다.

"과인이 취선당(희빈 장씨의 거처)에 드나드는 일은 경이 입에 담을 일이 아닐 것이며, 또 과인은 동평군 항을 함부로 불러들인 일도 없었거니와 물품을 내렸다 해도 그것이 상례에 벗어나지 않았을 것이오. 사실이 이와 같은데도 외방에 있던 경이 무례한 차자를 적은 것을 보면 누군가 근거 없는 말을 만들어서 경에게 전한 것이 분명하오. 국록을 받는 관원들이 궁인과 편을 짜서 인군을 모함하고 종친을 시기한다면, 이보다 더한 불신이 어느 천지에 다시 있겠는가."

"전하, 신의 뜻은······."

박세채는 상체를 굽히며 소리치듯 숙종을 부른다.

"잠자코 들으시오! 과인은 경을 나무라고 있는 것이 아니라 조정에 만연한 유언비어를 뿌리 뽑고자 함이오. 종친부의 유사당상有司堂上들은 명심하여 들으시오. 동평군을 시기하여 모함한 자를 찾아서 아뢰시오. 이 일이 매듭지어지지 않고서는 종친들의 입궐을 금할 것이니 당장 지금부터 시행하시오!"

중신들은 난감해진다. 숙종의 어의를 따르자면 옥사를 거치지 않고서는 결말이 나지 않을 것이기 때문이다. 영의정 남구만은 기위 이렇게 된 바에는 박세채의 차자를 기정사실로 만들지 않을 수가 없다.

"전하, 신 영의정 남구만 아뢰옵니다. 종친들이 대신들과 짜고 남을 모해하는 말을 냈다는 것은 참으로 받자옵기 민망하옵니다. 방금 이조판서가 올린 차자는 모두 신등의 뜻이옵니다. 대왕대비마마의 혈손인 동평군이 대궐을 출입하는 특권은 다른 종친과는 같지 않을 것이오나, 혜민서 제조를 일찍이 종친에게 맡긴 전례가 없으니 여러 신료들의 뜻에 맞지 않은 것은 당연한 일이옵니다. 또한 가까운 종친이 자주 궁중에 출입하고 여러 사람들이 전하의 은총을 빙자하여 도리어 교만하고 분수에 넘치는 언동을 하고 있다면 종사의 어지러움이 하늘에 닿아 있음이 아니리까. 박세채가 차자로 고한 것은 바로 이 점을 염려한 때문이옵니다. 지금 신등 또한 이 점을 깊이 우려하고 있음을 헤아려 주오소서."

남구만의 주청 역시 만만치 않다. 단순히 박세채를 변호하는 데 그치지 않고 동평군을 비롯해 소의 장씨를 떠받드는 사람들이 방자하게 행동했음을 드러내놓고 꼬집은 것이나 다름이 없다.

숙종의 안색이 더욱 창백하게 변한다. 그리고 숙종은 평정을 잃고 분노를 터뜨렸다.

"고얀, 참으로 고얀······. 남구만, 박세채를 어찌 나의 신료라 하리. 저들이 힘을 모아 나를 무고하고 능멸하려 든다면, 장차 종사의 안위를 어찌 지켜 갈 수 있으리······!"

숙종의 옥음은 한 호흡으로 이어 가지를 못한다. 숨이 가빠질 때마다 말을 멈추었다가 다시 잇곤 하였지만, 옥음은 점점 높아지기만 했다. 불길한 조짐이 아닐 수 없다. 이성을 잃었어도 왕명은 왕명이 아니겠는가.

우의정 여성제呂聖齊가 더듬더듬 떨리는 목소리로 입을 연다.

"전하, 고정하소서. 영의정이 진언한 참뜻은 그것이 아니옵고, 전하의 지나친 편애로 인하여······."

"닥치라! 너희가 편을 짜서 나를 능멸하며 곤경에 빠뜨리고 있음을 내가 아는데, 이는 필시 인군을 능멸하려는 불충이 아니더냐!"

숙종은 연상을 내려치며 몸을 일으켰다. 그리고 비틀거리는 걸음으로 편전을 나가 버린다. 박세채가 입을 연다.

"영상 대감, 송구스럽습니다. 제가 차자를 올린 것은······."

"허허, 그만 되었습니다. 화숙의 차자에 하자가 있는 것이 아니라 내 직간이 도를 지나친 듯싶소이다. 내일 다시 주청을 드린다면 전하의 노여움도 풀리시겠지요."

빈청으로 돌아온 신료들은 침통한 한숨소리만 쏟아 낼 뿐이다. 난감한 지경이란 이를 두고 하는 말인 것이리라.

다음 날, 3정승과 6판들이 다시 모여 숙종의 배알을 청했으나, 모든 것은 이미 끝나 있었다.

영의정 김구만을 파직하여 경흥에 위리안치하고, 우의정 여성제는 경원에 위리안치하라. 이조판서 박세채는 정상을 참작하여 문외출송하라!

이로써 박세채를 이조판서로 맞아 조정에 새 바람을 불어넣으려던 남구만의 구상은 물거품으로 돌아갔다. 직언하는 신하마저 축출되는 마당이니 이제 조정에는 아첨을 좋아하는 소인배만 득실거리게 생겼다. 이 때문에 조정이 더욱 문란해지는 것은 당연한 이치다.

속俗이 세를 따라 흐르는 것은 고금이 다르지 않다. 숙종의 마음을 휘어잡은 소의 장씨의 주변은 소인들로 들끓었고, 바른말을 하는 신하들은 삼복의 폭염을 이기지 못하는 풀포기처럼 하나하나 시들어 가기 시작했다. 그러나 물러난 박세채는 다시 상소를 올린다.

이조판서 박세채가 상소하여 사직하고 인하여 책자冊子를 올리고, 시무時務 12조條를 논하였다.

1조는 큰 뜻을 분발해야 한다는 것인데, 왕도王道를 살피고 대의大義를 밝게 하라는 두 절목節目이 있었다.

2조는 성학聖學을 힘써야 한다는 것으로 경연에 부지런하고 대본大本을 바르게 하며, 군자君子를 가까이 하고 소인小人을 멀리하라는 네 절목이 있었다.

3조는 내치內治를 바르게 해야 한다는 것인데, 궁위宮闈를 엄격히 하고 절약과 검소를 숭상하라는 두 절목이 있었고, 궁위를 엄격히 하는 데에 또 작은 절목이 있는데, 내수사內需司를 폐지하고 환시宦侍를 경계하며 척속戚屬을 가르쳐야 한다는 것이었다.

4조는 규모를 세워야 한다는 것인데, 충후忠厚함을 숭상하고 엄격함으로써 관용寬容을 도와야 한다는 두 절목이 있었다.

5조는 기강을 진작振作해야 한다는 것인데, 상벌賞罰을 공정하게 하고 현사賢邪를 분변하며 붕당을 타파하고 요행僥倖을 억제하라는 네 절목이 있었고, 붕당을 타파하는 데에 또 작은 절목이 있었는데, 2현二賢을 포양褒揚하고 영남嶺南을 수합하며 교계敎戒를 엄하게 하라는 것이었다.

6조는 현재賢才를 구해야 한다는 것인데, 논천論薦하고 통용하라는 두 절목이 있었다.

7조는 언로言路를 열어야 한다는 것인데, 구언求言과 납간納諫의 두 절목이 있고, 구언하는 데에 또 작은 절목이 있는데 책기責己와 간상관看詳官을 둔다는 것이었다.

8조는 치법治法을 제정해야 한다는 것인데, 정사 듣기를 부지런히 하고, 정부의 옛 제도를 회복하며, 삼공三公, 육경六卿, 삼사 장관, 팔도감사를 선임하고, 장리長吏를 선택하며, 구임久任, 초천超遷, 출척黜陟의 여섯

절복이 있고, 선임에 또 자은 절목이 있는데, 스스로 낭료郎僚를 불러 쓰는 것이고, 장리長吏를 뽑는 데 또 작은 절목이 있는데, 치적治績이 이루어지면 불러 쓰되 내외로 교차交差하는 것이고, 출척하는 데에 또 작은 절목이 있는데, 특별히 어사御史를 파견해야 한다고 했다.

9조는 선조의 법전을 찬술撰述해야 한다는 것인데, 경제사經濟司를 설치하라는 한 절목이 있고, 또 작은 절목이 있는데, 《경제육전經濟六典》을 참고해 쓰고 《속록續錄》을 수정하며, 선정先正의 소장疏章을 채택하여 옛 폐단을 개혁하고 새 법제를 반포하라는 것이었다.

10조는 선왕을 본받아야 한다는 것인데, 향당鄕黨, 경계經界, 학교學校에 대한 세 절목이 있고, 향당에 또 작은 절목에 있는데, 사민四民을 명백히 분변해야 한다는 것이고, 경계에 또 작은 절목이 있는데, 농상農桑, 수리水利, 사창社倉이며, 학교에 또 작은 절목이 있는데, 존현당尊賢堂, 선사법選士法, 공거貢擧, 향약鄕約에 관한 것이었다.

11조는 군정軍政을 정돈해야 한다는 것인데, 내정과 군제를 정하고, 장재將才를 뽑고, 훈련을 밝게 하라는 네 절목이 있고, 군제를 정하는 데에 또 작은 절목이 있는데, 5위衛를 회복하여 친병親兵을 정선精選하는 것이고, 장재를 뽑는 데에 또 작은 절목이 있는데, 병법을 강론하라는 것이며, 훈련을 밝게 해야 한다는 데에 또 작은 절목이 있는데, 기계器械를 수선修繕하고, 양자粮資를 저축하며, 전마戰馬를 준비하라고 하였다.

12조는 수어守禦에 전심專心해야 한다는 것인데, 산성을 수리하고, 행영行營을 설치하며, 연변沿邊에 큰 진鎭을 설치하라는 세 절목이 있고, 산성을 수리하는 데에 또 작은 절목이 있는데, 험한 곳에 의거依據하고,

들판에 적군의 이용물을 철거하라는 것이며, 연변에 큰 진을 설치하라는 것에 또 작은 절목이 있는데, 토병土兵을 모집하여 둔전屯田을 설치하고, 여러 섬島들을 개발하여 수전水戰을 익히고 전함을 준비하라는 내용이다.

끝에 또 군주의 심학心學의 요령을 남김없이 논한 것이 처음에서 끝까지 수만 자나 되었는데, 임금이 우악優渥한 비답을 내렸다. 이에 앞서 박세채가 현종 조에 있으면서 진선進善에 제수되었을 때 이 조문條文을 지어 장차 올리려다가 마침 현종께서 승하하고, 계해년에 입조入朝하자 또 시의時議가 서로 격렬激烈하였으므로 올리지 못했다가, 이때에 이르러서야 올린 것이다.

— 《숙종실록》 14년 6월 14일자

남계 박세채가 나라를 생각하는 우국충정은 그가 어디에 거처하고 있건 주춤거리거나 멈추지를 않았다. 이조판서의 자리에서 물러나자 주위의 많은 신료들이 그를 다시 부르기를 주청하였고, 숙종은 다시 간곡히 그를 불렀으나 응하지를 않는다. 그러면서도 쉬지 않고 국정의 방향을 정하는 길고 긴 상소문만 다시 올리곤 하였다.

숙종은 박세채를 정승의 반열인 우의정으로 높여서 다시 불렀어도 상소문만 올라올 뿐, 사람은 오지 않는다. 마침내 숙종은 개과천선하여 이미 중전의 자리에 올라 원자까지 생산하였던 장녀(희빈)를 폐하고, 궐 밖에 나가 있던 인현왕후가 중전 자리에 복위하게 한다. 일찍이 남계 박세채가 간절히 원하던 일이었다. 이를 계기로 숙종은 남계 박세채를 좌의정에 제수하는 특단의 조서를 내리게 된다.

좌의정 박세채가 청대請對하여 입시했다. 박세채가 붕당을 경계하는 교서를 제진製進하니, 임금이 명백하고 적실하다고 칭찬했다. 이어 박세채가 당론의 원위源委를 하나하나 진달하고, 또 아뢰기를,

"이 글은 비록 문구文具에 가까운 것 같기는 합니다마는, 바라건대 성상께서는 지극히 공정한 마음을 가지시고 용사用舍와 출척黜陟을 조금도 균평均平하지 않은 것이 없이 하시되, 이런 마음을 잡아 놓치지 마시고 오랫동안 해 가신다면 군신들이 저절로 감동되고 편당의 풍습이 스스로 없어지게 될 것입니다."

하니, 임금이 그대로 받아들였다. 박세채가 또 아뢰기를,

"성상께서 마음에 통쾌하게 결단하시고 중궁을 복위하셨으니, 지난날의 조신朝臣 중에 혹시라도 중궁을 모함하는 짓을 한 사람이 있다면 의리상 마땅히 토죄討罪해야 할 것인데, 국모를 모해했다는 말이 마침 성상의 분부 속에서 나왔습니다. 대저 위를 모해하려 한 역적이 어느 시대인들 없었겠습니까마는, 이들과 같은 자는 있지 않았습니다. 중궁께서 세자께 대하시기를 한漢나라의 마 황후馬皇后가 장제章帝에게, 송宋나라의 유 황후劉皇后가 인종仁宗에게 한 것처럼 하시어, 지극한 인정이 진실로 차이가 없으십니다. 세자께서 영예英睿하고 숙성夙成하신데, 어찌 대간과 신민들의 뜻을 알지 못하겠습니까? 영상領相이 매양, '희적(希賊, 장희재)이 죽게 되면 희빈이 불안하고 희빈이 불안하면 세자가 또

한 불안하게 된다' 하고 말했습니다. 국가를 위해 깊이 근심하고 지나치게 염려했음은 여러 신하들이 미칠 수 있는 바가 아닙니다마는, 의리로 말한다면 극진하지 못한 듯합니다. 국모를 모해하려 한 자가 죽지 않음을 불안하게 여기지 않고, 도리어 사척私戚들이 죄를 입는 것을 불안하게 여겼으니, 이는 세자에게 올바른 도리를 바라지 아니한 것입니다. 전하께서 일찍이 영상에게 유시諭示하시기를, '천하의 일이란 처리하기 어려운 것이 있어, 혹은 앞날에 반드시 장차 창황蒼黃하여 어찌할 수 없는 것이 있을 것이기에 이렇게 참작하여 처리한 것이라'라고 하셨는데, 신은 그윽이 그렇지 않다고 생각합니다. 영상이 희적을 용서하려고 하여, 뒷날 처리하기 어렵게 될 것을 들어 말하였음은 진실로 충성을 다하려 한 뜻이기는 합니다. 그러나 성상께서 마땅히 분부하시기를, '설사 처리하기 어려울 것이 있다 하더라도 내가 어찌 합당하지 않게 처리할 수 있겠는가? 과히 근심할 것 없다'라고 하신다면, 대신이 또한 우러러 보며 믿고서 근심할 것이 없을 것입니다. 이번에 대신이 처리하기 어려움을 말하자, 성상께서 답하신 말씀도 또한 그럴 것이라고 하셨으니, 무슨 일이십니까? 전하께서는 온 나라 신민들의 주인이 되시어, 안으로는 궁중에서 밖으로는 신료에게까지 진퇴를 뜻대로 하시니, 어찌 앞날에 처리하기 어려운 일이 있겠습니까? 비록 혹 있게 된다 하더라도 전하께서 궁리窮理하고 수신修身한 학문을 가지고 처리하시기에 무슨 어려움이 있기에 미리 창황하게 어찌할 수 없을 것을 염려하시는 것입니까? 이는 성상의 마음에 또한 주장主張하시지 못할 바가 있어, 마치 딴 사람의 일을 말하듯이 하신 것이니, 방해가 될 것은 마땅히 어떠한 일이겠습

니까? 만일 전하께서 성심을 확고하게 정하시어 아래로 국가의 대체大
體를 살펴보시고서, 수상首相에게 전날 실언했다는 뜻으로 깨우치고 이
어 대간이 논계論啓한 대로 따르신다면, 중궁, 세자, 희빈이 모두 편하게
될 길이 여기에 있게 될 것입니다."

하니, 임금이 이르기를,

"경의 말은 참으로 좋은 말이다. 다만 천하의 일이란 처음에 조심하는
것보다 좋은 것은 없는 법이다. 내가 장희재에게 죄가 없다고 생각하는
것이 아니고, 대개 중시해야 하는 바가 있기 때문이다. 또 장희재가 민
암閔黯의 말을 듣고서 언서諺書를 만든 것이므로 조언을 한 자와는 차
이가 있다."

하였다. 박세채가 근독謹獨의 뜻을 누누이 전달하고, 희로喜怒의 폭발
을 들어 경계하니, 임금이 아름답게 여기며 받아들였다. 또 아뢰기를,

"임영林泳은 학식과 인품이 조정 진신搢紳들 중에서 뛰어난데 병으로
일을 맡지 못하고 있고, 아망雅望이 있는 신익상申翼相, 학식이 있는 김
창협金昌協, 문학文學에 능한 이여李畬, 효우孝友가 있는 정시한丁時翰,
재행才行이 있는 이동표李東標, 식견識見이 있는 송광연宋光淵, 간직簡直
한 신양申懹이 모두 조정에 있지 않으니, 같이 권장하고 임용하는 것이
합당합니다."

하였다. 또 자주 어사御史를 내보내 염문廉問하고, 또한 효종孝宗의 유
의遺意를 본받아 군사軍事를 잘 살필 것을 청하니, 임금이 옳게 여겼다.
마지막에는 또 정부, 육조, 승정원, 삼사, 태학太學, 경조京兆와 팔도의
관찰사로 하여금 경학經學에 밝고 행신이 닦아진 선비를 추천하게 하

여, 초사初仕를 엄선하고 수령의 임용을 신중하게 할 것을 청하니, 임금이 묘당廟堂으로 하여금 품하여 시행하도록 하였다. 그 뒤에 비국備局에서 복주覆奏하기를,

"박세채가 아뢴 대로 이미 초사를 가리고 수령도 가리게 하려면, 마땅히 이미 6품에 올랐거나 일찍이 천장薦章에 들어 있어 조정에서 이름을 알고 있는 사람은 추천하지 말도록 하고, 모든 관사의 장관長官은 각기 두 사람씩 추천하게 하고, 정부에서는 삼공三公 및 동서벽(東西壁, 찬성과 참찬으로 동서벽을 삼는다)이 모두 추천하게 하며, 외방의 여러 도道 중에 삼남三南은 본래 인재의 부고府庫라는 곳이니, 혹시 추천할 만한 사람이 있다면 수에 구애받지 말도록 하는 것이 합당합니다. 천목薦目이 '경명행수經明行修'이므로 반드시 그만한 사람이 많지 않을 것이니, 이 이외에 다시 '경술정통經術精通'과 '행의순고行誼純固'로 두 가지의 천목을 만들어 겸하여 취하게 하소서."

하니, 임금이 좋다고 하였다.

— 《숙종실록》 27년 7월 19일자

희빈 장씨로 인한 한 시대의 폐해를 수습하기 위한 방책으로도 나무랄 데가 없다. 그러나 남계 박세채는 좌의정으로도 오래 머물지 않았다. 숙종은 그가 떠날 때마다 간곡하게 다시 부르곤 하였으나 끝내 조정으로 돌아오지 않고 세상을 떠나니 향년 56세였다. 시호는 문순文純이며, 문묘에 배향되었다. 그의 졸기는 다음과 같다.

임금이 전교하기를,

"좌의정 박세채는 일세一世의 중망重望을 짊어지고 사림의 영수가 되었다. 평생의 언행은 반드시 예법을 따랐고, 재상의 지위에 오르자 정색을 하고 조정에 섰다. 연석筵席이나 장주章奏에다 간절히 아뢴 것은 모두가 속마음에서 우러나지 않은 것이 없었다. 내가 의지하기를 주석柱石과 같이 할 뿐만이 아니었는데, 지난겨울에 마침 사고事故로 인하여 처자를 남겨놓고 서울을 떠났다. 바야흐로 승지를 보내어 나의 지극한 뜻을 타이르고, 마음을 바꾸어 조정에 나오기를 손꼽아 기다렸는데, 한 번 걸린 병환이 더욱 위중해져 흉한 소식이 문득 들려오니, 눈물이 옷깃을 적시고 슬픔을 억제하기 어렵다."

하였다. 해조該曹에 명하여 제수祭需를 넉넉히 주도록 하고, 녹봉도 3년 동안 그대로 지급하도록 하였으며, 특별히 도승지를 보내어 치조致弔하였다.

— 《숙종실록》 21년 2월 5일자

四

남계 박세채, 숙종이 그리도 총애하여 왕비 자리에까지 오르게 하였던 희빈 장씨를 물리치고, 폐비가 되어 궐 밖에 쫓겨나 있던 인현왕후를 복위하게 하는 일련의 사건이 모두 남계 박세채의 직언 상소를 계기로 이루어진 일이라면 그의 기개가 놀랍지 않을 수가 없다.

더구나 이조판서로 제수된 바로 그날, 희빈 장씨를 비롯한 그 주변의 불행한 일들을 칼날과도 같은 상소문과 직언으로 아뢰고, 바로 그 자리에서 파면을 자초한 남계 박세채의 사람됨이 바로 오늘 우리 공직자의 표상이어야 하는 것이 당연하다.

아무리 축첩이 일반화되었던 시대라 할지라도 임금도 가정사를 소중히 하여야 나라가 평온해진다.

제가란 대개 남자는 밖에서 그 위치를 바르게 하고 여자는 안에서 그 위치를 바르게 하여 집안을 정제한 것을 가리키는 말입니다. 또 처妻는 위에서 남편과 동등하고, 첩妾은 아래에서 명령에 복종하게 하여 적서嫡庶의 분分을 명확하게 정하는 것을 가리키는 말입니다. 만일 그렇지 못하고 또 예경禮經의 교훈에 어긋나면, 마침내는 집이나 나라의 근심이 끊임없이 생겨나게 마련입니다.

이 간단한 이치를 유장한 상소문으로 올리고, 또 성심을 다한 직언을 하여 숙종으로 하여금 인현왕후를 복위하게 하였다면, 이것이야말로 여성가족부 장관의 소임을 완벽히 다한 것이라고 생각된다.

국토해양부
장관

—

담헌 홍대용의
종횡무진한
학구열

조선 실학의 개척자

+ 국토해양부

대한민국 정부 수립과 함께 교통부로 시작되어 건설부, 건설교통부를 거쳐 2008년 해양수산부를 통합해 국토해양부로 개편되었다. 국토의 체계적인 개발과 보존, 쾌적한 도시 공간 창조 및 국민 주거 안정 도모, 지역 균형 개발 및 산업단지 개발, 해양 환경 보전 및 해양 영토의 관리 강화, 댐과 상수도 건설, 교통 물류 산업의 선진화와 관련한 업무를 수행한다. 정부 부처 중 가장 많은 자산을 보유하고 있다.

+ 담헌 홍대용 湛軒 洪大容 , 1731(영조 7)~ 1783(정조 7)

본관은 남양南陽, 자는 덕보德保, 호는 홍지弘之, 당호는 담헌湛軒이다. 일찍이 총명하였던 그는 당대의 유학에 거부감을 보이고 고학이나 수리, 음악에 깊은 관심을 보였고, 아버지 홍력이 그를 김원행의 문하로 들여보내 넓은 학문의 길을 열어 주었다. 그는 열여섯 때부터 거문고를 탄주했으며, 실심실학의 실행자로 조헌과 이지함을 존경했다. 경학과 자연과학 서적을 섭렵하며 새로운 인식을 자신의 학문에 도입하고, 박지원과 교유하며 그 깊이를 더했다. 영조 41년(1765), 숙부 홍억의 천거로 자제군관이 되어 연경에서 새로운 학문과 문물을 접한 그는 조선으로 돌아와 혼천의 제작에 착수한다. 아버지 홍력의 지원 아래 나경적, 안처인 등과 연구를 거듭했으며, 끊임없는 학구열로 조선에 실학이 뿌리내리게 하였다.

―

　담헌 홍대용湛軒 洪大容은 멋을 아는 조선의 지식인이요, 실학에서도 북학北學의 선구자이다. 그는 언제나 선글라스風眼鏡를 쓰고 다녔고, 등에는 비스듬하게 거문고를 메고 다닐 정도로 음률에 능했다. 신지식에 대한 지대한 관심으로 그때 이미 지구의 자전설을 주장하여 세간을 놀라게 하였다. 사신을 수행하여 연경에 갔을 때는 북경 교외의 남성당에서 서양 신부가 지켜보는 가운데 난생 처음으로 대하는 파이프 오르간으로 조선의 음률을 연주하여 주위를 놀라게 할 정도의 재능을 갖춘 조선의 수재이기도 하였다.

　홍대용은 영조 7년(1731) 3월 초하룻날 충청도 천원天原에서 태어났다. 본관은 남양南陽이고, 선대는 고려 조의 금오공金吾公을 중시조로 하여 정효공파貞孝公派로 번성했다. 그의 5대조 홍진도洪振道는 인조반정의 공으로 정사공신이 되었으며, 할아버지 홍용조洪龍祚는 충청관찰사를 지냈다. 그러나 홍대용은 이 같은 가문의 영예를 출세의 수단으로 삼지 않을 만큼 남다른 학구열과 출중한 재능을 가지고 있었다.

　홍대용은 열두 살이 되던 해, 아직 대과 전이라 관직에 나가지 않은 아버지 홍용조의 뜻에 따라 도암 이재陶庵 李縡의 실심실사實心實事 학통을 잇고 있는 김원행金元行의 석실서원石室書院에 입문함으로서 조선 선비로서는 특이한 길을 걷게 된다.

　《조선유현연원도朝鮮儒賢淵源圖》에 따르면 신라 때부터 조선 말기까지 조선 유학의 기원선생起源先生은 모두 열아홉 사람으로 되어 있는데, 그중 열세 사람이 조선 시대의 유학자들이다. 퇴계 이황, 율곡 이이, 성호 이익 등이 그들인데, 이재 또한 여기에 포함되는 인물이다. 김창협金昌協의 문인으로 벼슬길에 올랐으나, 영인군(후일의 영조)의 세제 책봉을 둘러싼 이른바 신임사화辛壬士禍에서 '노론 사대신老論 四大臣'의 파당으로 몰려 정계를 떠났다. 그 뒤 설악산에 숨어 성리학 연구에 몰두했고, 다시 경기도 용인으로 옮겨 후진 양성에 이바지하다가 일생을 마쳤다. 이 같은 이재를 문하로 두었던 김창협은 김원행의 조부이다.

이재에서 김원행으로 이어지는 실심실사의 학통이란 일찍이 묻고 배우는 것이 참마음에 있고, 실심으로 실사를 행하면 허물이 적고 업을 이룩할 수 있다는 실학의 바탕이었다.

홍대용이 문자에 눈뜨고 학문의 길에 들어선 것은 할아버지, 아버지, 숙부 등으로부터 시작된 것이었으나, 그의 총명함은 곧 당대를 풍미하던 유학에 대한 거부감으로 나타났고, 유학보다는 고학古學이나 수리數理, 음악 등에 깊은 관심을 보이자, 아버지 홍력이 김원행의 문하로 들어가게 하여 보다 넓은 학문의 길을 열어 주었다. 김원행은 홍대용의 당고모부가 되는 사람이기도 했다.

석실서원은 홍대용이 새로운 학문과 기상에 눈뜨게 한다. 스승 김원행의 가르침은 물론, 함께 공부하는 서생들에게 얻는 것도 많았다. 또 자연의 경관도 학문만큼이나 영향을 미쳤다.

석실서원의 반경은 북한北漢의 사원寺院과 도봉道峯의 서원, 미천尾泉의 정사精舍, 석실의 사우祠宇가 중심이었으니, 봄가을에는 도봉서원과 석실

사우에 제사를 지내며 수려한 경관에서 자연의 이치를 터득하기에는 안성맞춤이었다.

또 여주에 김원행의 생가가 있었으므로 자주 강가驪江에 나가 자연과 친화하였다 하여 석실서원을 '여강서원'이라 부르기도 한다. 게다가 여주와 가까운 광주廣州 땅 첨성리瞻星里에 성호 이익이 머물면서 안정복安鼎福, 이중환李重煥, 이가환李家煥 등의 후학을 양성하고 있었으니 가히 기호학파의 중심지요, 실학의 태동지라 아니할 수가 없다. 이 같은 발군의 환경에서 홍대용은 무려 10여 년 동안 자신의 학문 체계를 갖추고 넓혀 나갈 수가 있었다.

홍대용이 거문고의 탄주를 익히게 된 것은 열여섯 살 때부터였다. 석실서원의 분위기는 시詩와 서書, 운韻을 소중히 여겼고, 또 그것은 아雅의 깊이를 깨닫는 첩경이기도 하였다. 홍대용은 거문고를 잡는 순간부터 천부의 재질을 발휘하였다. 그의 거문고 탄주는 광대廣大라고 손가락질받을 정도로 능란하였다. 그는 소리의 깊이와 신묘함에서 운韻과 아雅를 깨달았다. 이때부터 죽는 날까지 홍대용은 거문고를 손에서 놓지 않게 된다.

홍대용이 실심실사의 학문, 다시 말하면 실심실학의 실행자로 존경한 사람은《토정비결土亭秘訣》로 이름을 떨친 이지함李之菡과 임진왜란 때의 의병장 중봉 조헌重峯 趙憲이었다. 이지함은 율곡 이이와 친분이 두터웠다. 율곡이 그에게 성리학을 배우라고 권고했을 때, "나는 욕심이 많아 배울 수 없다."라고 한 일화는 너무도 유명하다. 그런 이지함은 떠도는 사람들流民을 모아 자신의 집에 수용하고 수공업을 가르쳐서 자급자족의 이념을 실행에 옮겼으며, 아산현감이 되었을 때는 실학에 바탕을 둔 실사구시實事求是의 자세로 민폐를 척결했다. 이 같은 이지함의 행적은 홍대용에게 큰 영향을 주었다.

중봉 조헌의 행적도 그랬다. 그는 임진왜란을 미리 예견이나 한 듯 왜 승倭僧 현소玄蘇의 처단을 상소했고, 당시 영의정인 이산해李山海의 무능함을 탄핵하여 죄주게 할 정도로 강직한 인물이다. 물론 이들이 실학을 학문으로 승화시킨 사람들은 아니었다. 그러나 이미 100여 년 전에 몸소 그것을 행동으로 보여 주었으니 얼마나 감동적인 지식인의 표상이던가.

그 밖에도 홍대용에게 크나큰 영향을 준 사람들에는 동료 서생도 있었다. 스승 김원행의 아들 삼산재 김이안三山齋 金履安은 아홉 살 연상이었고, 심정진沈定鎭과 서형수徐迥修는 여섯 살 위, 비슷한 연배로는 주도이周道以, 박윤원朴胤源 등이 있었는데, 이들은 모두 벼슬길에 초연한 채 학문에만 몰두하고 있었으니, 홍대용 또한 벼슬길에 관심을 둘 까닭이 없었다.

여기서 우리는 한 가지 간과해서 아니 될 중요한 사실을 알게 된다. 담헌 홍대용과 연암 박지원의 만남이 바로 그것이다. 박지원은 박윤원의 척분이어서 가끔 석실서원에 드나들었다. 이들의 나이 차는 6년, 홍대용이 의욕에 불타는 청년으로 성장하고 있을 때 박지원은 아직 소년이었다. 그러나 조선 중기의 실학이 홍대용과 박지원을 양 기둥으로 하고 있음을 생각한다면 이들의 해후는 가히 역사적인 만남이라 아니 할 수가 없다.

이들 두 사람의 뒤를 이은 실학의 대가들이 이덕무李德懋, 유득공柳得恭, 박제가朴齊家, 이서구李書九 등 이른바 북학파北學派의 4대가로 불리며 영조의 다음 대를 이어 가는 정조 치세의 근간을 마련하였으니, 석실서원의 영향력이 얼마나 컸던가를 쉽게 알 수 있다.

담헌 홍대용은 20대 초반으로 들어서면서 석실서원을 떠나 한양의 남산木覓山 밑에 머물게 된다. 이 무렵의 5년이 그에게는 또 의미 깊은 시절이다. 유학 외에도 불경 등의 경학과 자연과학에 관한 서적을 섭렵하여 새로운 인식을 자신의 학문 체계에 도입함으로써 학문에 대한 회의와 방황을 매듭지었기 때문이었다. 이로 인해 고학古學의 육예六藝로 일컬어지는 상수象數, 명물名物, 음악音樂, 천문天文, 율력律曆, 병법兵法에 대한 연구도 활발히 하여 그 깊이가 날로 더해 갔다. 연암 박지원과의 교유가 더욱 빈번해진 것도 이 시절이었다.

二

영조 41년(1765) 동짓달 초하룻날. 연경으로 가는 하정사賀正使가 떠나는 날이다. 지금의 서울 서대문 밖 홍제동에 자리한 홍제원弘濟院은 아침부터 사람들로 분비고 있다. 추운 날씨에도 예닐곱 달 동안의 이별을 아쉬워하는 가솔들이 하얀 입김을 날리며 모여들었기 때문이다.

홍제원은 중국 사신들이 도성 안으로 들어오기 전에 잠시 쉬며 예복으로 갈아입던 공관이고, 중국으로 가는 조선 사신들이 친지들과 전별의 자리를 마련하는 곳이기도 하다. 따라서 공식 사절 서른 명에 대소 수행원 500명 정도가 따르는 대규모의 하정사 행렬이 가족 친지들과 이별하는 북새통이 이어진다.

이날 하정사 행렬의 정사正使는 순의군順義君 훤煊, 부사는 김선행金善行,

서장관은 홍억洪檍이었다. 영조는 이들의 장도를 위로하며 음식과 글을 내렸다.

저문 해에 시종 신하를 연경에 보내니

특별히 불러 음식을 주고, 내 마음 창연하도다.

무역이 활발하고 교통 시설도 발달한 오늘날에도 외국 여행의 기회를 한 번도 얻지 못하고 삶을 마치는 사람이 있는데, 당시에 중국 여행의 기회를 얻은 사람들은 그야말로 하늘에서 별을 땄을 때의 기쁨을 누리는 사람들이나 다름이 없다.

걸어서 북경에 이르는 기간이 두 달이요, 그곳에 머무는 기간이 두세 달, 돌아오는 기간이 또 두 달이다. 겨울에 떠나는 동지사의 경우는 고생길이나 다름이 없어도 신문물에 관심이 있는 사람들에게는 영광의 길이 아닐 수 없다.

서장관 홍억이 차일 밖으로 나오고 있다. 이어 그의 형인 홍력洪櫟이 따랐고, 그 뒤로 조카 담헌 홍대용이 따른다. 역시 홍대용은 갓과 도포 차림에 거문고를 비스듬히 메고 있다.

홍대용의 나이 이때 35세. 누구에게 주의를 받을 만큼 어린 나이가 아니었지만, 처음으로 이역 먼 길로 보내는 아버지의 마음은 그렇지가 않다. 아버지 홍력은 잊은 것이 있다는 듯이 소매에서 봉서 하나를 꺼내며 잔잔하게 웃어 보인다.

"아비의 마음을 시로 적어 너를 보내는 것이니 가다가 쉴 때 펴 보도록 해라."

담헌 홍대용이 이번 하정사의 행렬에 끼게 된 것은 숙부인 홍억의 지극한 배려가 있었기 때문이다. 하정사의 정사, 부사와 서장관은 각각 한두 사람의 군관軍官을 거느릴 수가 있다. 그 군관의 추천과 임명은 대개 자벽自辟의 제도를 따랐다. 다시 말하면 자신의 의사에 따라 사람을 쓸 수가 있었다.

지난 6월, 홍억이 하정사의 서장관으로 내정되었을 때, 조카 홍대용을 떠올린 것은 홍대용이 궁구하는 신학문에 대한 의욕 때문이었고, 홍대용이 벼슬에 전혀 관심을 두지 않은 '숨은 선비'의 기상을 간직하고 있어서였다. 홍대용은 주자학만을 숭상하는 조선 선비들의 허학虛學에 크게 실망하고 있었고, 파당의 이득에만 매달린 정치 풍토에 대해서도 통탄하였다. 게다가 홍대용은 보다 원대한 포부로 우주宇宙의 섭리에 관심을 두고 이를 탐구하는 데 혼신을 기울이는 보기 드문 집념의 사내라는 점이 마음에 들어서다.

"어떠냐, 중원의 학문에 접해 볼 생각은 없느냐?"

담헌 홍대용에게는 이보다 더 놀랍고 기쁜 일이 없을 터이다. 자신이 추구하고자 하는 실학의 성과가 미미하여 좌절감을 느끼고 있을 때 중원의 학문과 문물을 접할 수만 있다면 도약의 계기를 마련할 수 있을 것이 아니겠는가.

마침내 담헌 홍대용은 숙부 홍억의 자제군관子弟軍官으로 천거되었다. 이날부터 홍대용은 중국의 지리와 노정을 살피는 한편, 역관들과 교통하여 한어漢語를 익히는 등 만전의 준비에 임했고, 또 중국 학자들을 만났을 때 자신을 소개할 문서를 마련하는 등 완벽한 준비를 갖추고 마침내 가슴 설레는 출발의 날을 맞은 셈이다.

행렬의 기치가 올려져 바람에 날린다. 홍억은 행렬 앞쪽의 말에 올랐고, 홍대용은 가운데쯤 자리했다. 홍력은 홍대용의 뒷모습을 보며 새삼 실소를 흘린다. 봇짐 외에 비스듬히 거문고를 멘 모양이 장도의 염려스러움 속에도 우스꽝스러워 보였기 때문이다.

아버지 홍력은 어둠이 밀려오는 홍제원 앞길에 서서 행렬에 묻혀 멀어져 가는 아들의 모습을 오래오래 바라보고 있다.

너를 생각하니 본디 병이 많은지라
이것이 내 근심이 펴이지 못하노라.
길에 있으매 반찬을 더하고
관館에 머물매 기거를 조심하라.
어찌 기하旗下에 오름을 수수愁愁로이 하리오
모름지기 문여의 의지함을 위로하라.
돌아올 기약이 스스로 한限이 있으니
오직 평안한 편지를 기다리노라.

담헌 홍대용이 아버지의 전별시를 편 것은 살을 에는 밤바람을 해치고 40리 길을 걸어 삼경에야 당도한 고양의 벽제관碧蹄館이었다.

홍력의 전별시는 모두 일곱 수였다. 먼 길 보내는 아비의 자애로 아들의 건강을 염려하고, 행실 조심을 당부하는 한편, 북경에서 좋은 사람 만날 것을 기대하는 내용이라니 얼마나 아름다운 부정이던가.

三

담헌 홍대용이 연경에서 경험한 가장 소중한 것은 북경 교외에 있는 남성당을 방문한 일일 수도 있다. 일찍이 소현세자昭顯世子가 방문하여 독일인 신부 아담 샬湯若望을 만나《천주실의》등 천주학에 관한 서적과 신표를 받아왔던 바로 그 성당이다.

담헌 홍대용은 여기서 난생 처음 파이프 오르간과 만나게 된다. 온 벽면이 굵고 가는 파이프로 장식된 파이프 오르간에서 울려 나오는 화음은 담헌 홍대용의 숨을 멈추게 하고도 남을 현란한 사운드가 아닐 수 없다. 사물에 대한 관심, 특히 낯선 물건에 대한 이치의 탐구는 홍대용이 갖춘 장기 중에서도 장기다. 홍대용은 파이프 오르간의 구조를 세세하고도 구체적으로 살핀 연후에 자신도 한 번 연주해 보고 싶다고 청한다.

"조선에도 이 같은 풍금風琴이 있습니까?"

물론 홍대용은 없다고 대답한다. 서양 신부는 의아하게 생각하면서도 홍대용의 소청을 받아들인다. 아마도 홍대용이 메고 있었던 거문고에 대한 관심인지도 모른다.

이윽고 홍대용은 오르간의 의자에 앉는다. 그리고 건반을 누르면서 조선 고유의 음률을 연주하기 시작한다(무슨 곡을 연주하였는지 밝혀 놓지 않은 것이 유감이다). 모르긴 해도 조선의 음률이 서양 악기에 의해 연주된 것은 이것이 처음일 것으로 짐작된다.

"이것이 조선의 음률이외다."

담헌 홍대용이 연주를 마치자 서양 신부는 놀라지 않을 수가 없다. 어찌하여 건반 악기를 처음 만지면서 그같이 훌륭한 연주를 할 수 있다는 말인가.

"믿을 수 없습니다. 당신은 아마도 오늘 이전에 풍금을 만져 본 일이 있을 것입니다."

담헌 홍대용의 얼굴에 미소가 담긴다. 그리고 파이프 오르간의 구조와 음색에 관한 것을 일거에 입에 담아 버린다.

"경험이 있지 않고서는⋯⋯?"

서양 신부는 도저히 믿을 수 없다는 표정을 지우지 못한다. 담헌 홍대용은 그의 기를 꺾듯 동양 철학의 일단을 입에 담았다.

"조선 속담에 수재秀才는 문밖에 나가지 않고도 천하의 일을 널리 안다고 하였지요. 신부님께서는 어찌 사람을 그리도 얕보십니까?"

서양인의 앞에서 동양인이 난생 처음으로 보는 악기를 연주하고 그 구조와 소리 나는 원리를 설명하였다는 사실, 이 사실은 서양인을 감동시키기에도 부족함이 없다.

이날 이후, 담헌 홍대용은 남천주당에 두 번, 동천주당에 한 번 등 세 번이나 방문하면서 서양의 문물을 온몸으로 체험하는 등 자신의 학구열을 불태운다. 그런 탐구를 하기 위한 질문을 하는 동안 홍대용의 한어 실력이 늘어서 통역을 통하지 않고도 가능하였다는 기록은 오늘 우리를 감동하게 하고도 남는다.

지구의 자전설을 주장할 정도의 천문 지식을 갖춘 담헌 홍대용의 관심은 이때를 계기로 한층 더 공고한 바탕을 이루게 되었다.

四

영조 35년(1759)의 어느 봄날, 겨우내 서경書經에 매달려 있던 연암 박지원이 오랜만에 홍대용이 머물고 있는 남산 밑 초옥草屋을 찾았다. 의문 나는 점을 토론해 보기 위해서였다. 그러나 홍대용은 이미 그곳에 없었다.

"보름 전에 고향으로 내려가셨습니다."

"언제쯤 오신다 하셨는가?"

"다시 올 기약이 없다고 하시며, 짐을 모두 꾸려 떠나셨습니다."

집을 지키고 있던 노부부의 말을 듣고 크게 실망한 연암 박지원은 내친 김이라는 듯 석실서원으로 발길을 돌린다. 이때 박지원의 나이 23세였다.

연암 박지원은 부지런히 학업을 닦고 있으면서도 홍대용의 뒤를 쫓기에는 역부족이라고 자탄하였고, 특히 상수와 천문에 있어서는 까마득한 거리가 있었으므로 관상觀象에 관한 의문 나는 점은 꼭 적어 두었다가 홍대용에게 물어보곤 했다. 이번에 그를 찾아온 것도 서경에서 읽은 선기옥형璇璣玉衡에 관한 것을 소상히 알아보고 싶어서였는데 그가 없는 것이 여간 서운하지가 않았다.

"거 마침 잘되었군. 지금 천원으로 담헌을 만나러 가는 길인데, 연암도 뜻이 있으면 함께 가세나."

"이르다 뿐이겠습니까, 고맙습니다."

석실서원으로 들어섰을 때 황윤석黃胤錫을 만난 것이 얼마나 다행인지 모른다. 박지원은 황윤석과 나란히 걸으면서 뜻밖의 사실을 알게 되었다.

"천원에 당도하면 깜짝 놀랄 물건들이 만들어져 있을 것일세."

"혹 거문고를 이르심인지요? 서양의 거문고가 있다고 담헌에게 들은 일이 있사옵니다만……."

실제로 이 무렵에 오늘날의 바이올린과 비슷한 서양 악기가 들어와 있었는데, 그 정확한 이름과 유입된 경위는 확실치 않다. 다만 몇몇 사람들이 그 악기를 다룰 줄 알았다. 그것을 본 홍대용이 그 악기에 취해 똑같은 것을 만들어 보이겠다고 박지원에게 장담한 일이 있었다. 박지원은 황윤석이 말한 깜짝 놀랄 만한 물건이 그런 종류의 것이라고 짐작했다. 그러나 그것은 큰 착각이었다.

"그게 아니지. 모르긴 해도 우주의 원리를 아는 의기儀器를 만들어 놓았을 것일세."

"그렇다면 혼천의渾天儀 같은 것 말씀입니까?"

"모르긴 해도 그럴 것일세."

"우리나라에서도 혼천의를 만들 수가 있다는 말씀입니까?"

"있다마다. 암, 만들 수 있고말고. 일찍이 퇴계 이황 선생은 그 제자 이덕홍李德弘을 시켜 혼천의와 같은 의기를 만들었고, 우암 송시열 선생이 만든 의기는 비록 깨졌으나 내가 몸소 본 적도 있지. 석실 문하의 김이안도 여러 번 혼천의 제작을 두고 담헌과 뜻을 나누었지. 담헌이 혼자 그런 의기를 만들었으리라고는 보지 않지만, 필시 그와 비슷한 의기를 만들어

시험하고 있을 것일세. 담헌은 뜻이 굳고 그 부친이 항상 그 뜻을 아끼고 있어 많은 시일과 많은 돈이 들더라도 지원을 아끼지 않으니 작은 성과라 도 있을 게 아니겠나."

연암 박지원은 저도 모르게 가슴이 마구 뛴다. 너무 많은 새로운 것들 이 그의 앞에서 펼쳐지고 있었기 때문이다.

"담헌에게 듣기론 땅이 스스로 움직인다 하였는데, 저는 그 말이 놀랍 고 신기해 한동안 전적에서 답을 얻고자 하였으나 허사였사옵니다. 담헌 이 지전地轉이라 한 말은 처음 듣는 말인데 과연 사실이 그러한지요? 실심 실학에서는 또 그와 같은 생각을 가진 사람이 있다면 누구인지요?"

이른바 지구는 둥글다는 지구구형설地球球形說과 지구는 돈다는 지동설 地動說은 신비함을 업고 등장한 신학설이 아닐 수 없다.

"기실 지전地轉을 말한 이는 담헌에 앞서 김석문 선생이 《역학도해易學 圖解》를 지어 태극으로부터 만물에 이르기까지 체용體用의 원리를 나타낸 적이 있는데, 벌써 지동이란 말이 나온다네. 이 도해는 또 그 이전에 이마 두(利瑪竇, 마테오 리치, 이탈리아 선교사)라는 사람이 남긴 천문 서적에서 얻은 이치이네. 담헌의 지동 이치가 처음은 아닐세. 그러나 만물의 원리를 주 자학으로만 구하고자 하는 고루한 유학자들이 어찌 실학자들의 지동설 을 짐작인들 하겠는가."

연암 박지원은 말문이 막힌다. 실학이란 무엇인가, 실학의 실체가 무엇 이기에 자신을 이토록 무력하게 만드는가. 그는 한시라도 빨리 홍대용을 만나고 싶었다. 그리하여 실학의 실체를 배우고자 했다.

연암 박지원과 황윤석은 석실서원을 떠난 지 나흘 만에 천원에 당도하여 담헌 홍대용의 본가로 들어섰다. 홍대용은 거기에도 없었다. 그의 처 이李씨가 송구스러운 표정을 지으면서 말했다.

"혼자서 여러 가지 기구를 만드시다가 모두 허사라고 탄식하시면서 엊그제 나주로 떠나셨습니다."

"나주라니요, 거기는 무슨 일로요?"

"아버님께서 목사로 계신 곳이라 거기서 거문고나 뜯으며 지내시겠다고 하셨습니다."

"송구스러운 말씀입니다만, 담헌께서 만드신 기구를 보여 주실 수는 없으신지요."

이씨 부인은 잠시 난감해하면서도 담헌 홍대용이 쓰던 공방으로 이들을 인도한다. 그러나 만들었던 기구는 모두 부서져 있었다.

"마음에 드시지 않는지, 손수 부수어서 내다 버린 것을 제가 다시 모아 놓았습니다."

황윤석은 부서진 파편들을 집어 보며 홍대용의 좌절을 안타까이 여겼다. 그것은 곧 자신의 좌절일 수도 있을 것이기 때문이다. 박지원은 눈물이 글썽해진 얼굴로 다시 입을 연다.

"기위 예까지 오셨는데 나주까지 가시지요. 담헌을 꼭 뵙고 싶습니다."

"아픔이 가실 때까지만이라도 혼자 있도록 내버려 두는 것이 좋을 것일세. 기필코 심기일전할 사람일 테니까."

연암 박지원은 그의 말을 따르지 않을 수가 없다. 이들은 서운한 발길을 다시 북쪽으로 돌렸다.

한편 나주에 당도한 담헌 홍대용은 실의의 나날을 보내고 있었다. 그는 거문고를 등에 지고 서석산을 오르내리며 상심한 마음을 달래면서 우울한 하루하루를 흘려보낼 수밖에 없다. 나주 목사 홍력은 그런 아들을 묵묵히 지켜보고 있다가 내아로 불러들인다.

"나주에 온 지가 몇 달이나 되었느냐?"

"넉 달이옵니다."

"넉 달이라……, 아직도 상심이 가라앉질 않았느냐."

아버지 홍력의 어투는 추궁이 아닌 따뜻한 어루만짐이었다.

"그동안 공부했던 것을 유람 중에 다시금 재고했습니다. 소자가 궁구하고 시험한 일들은 대체로 너무 서둘러 했던 것으로 여겨집니다."

홍력은 자성의 빛이 역력한 아들을 지그시 바라보다가 말을 이었다.

"내일 동복同福의 물염정勿染亭으로 가거라."

담헌 홍대용은 유람 중에 동복에 있는 물염정을 지나친 일이 있었다. 겉보기에 누추해서 안에 들러 보지는 않았을 뿐이다.

"그곳에 가면 일흔 되신 노인이 한 분 계신데 제자 대여섯을 거느리고 숨어 지내시는 어른이다. 네가 가면 큰 도움을 얻을 수 있을 것이니라."

심한 궁금증이 일었지만, 설마 그곳에 바로 자신의 뜻을 실현하고 있는 인재가 머물고 있을 줄을 어찌 짐작인들 했으랴.

"너를 밝히는 소개서를 써들고 물염정의 석당石塘 선생을 찾아가거라. 필시 너를 반길 어른이시다. 이후에 두 사람이 뜻을 합쳐 궁구하고자 하는 일이 있으면 무엇이든 내게 알려라. 내가 도울 수 있는 일이면 힘껏 도울 것이니라."

담헌 홍대용은 믿기지 않았다. 도성에서 천 리나 떨어진 이곳에 자신의 학문을 이해하고 도울 수 있는 스승이 있다질 않은가.

홍대용은 밤새워 자신이 공부해 온 것과 하고자 하는 일에 대해 하나하나 적어 나갔다. 상대의 얼굴도, 또 학문의 깊이도 모르는 그였지만, 한동안의 회의와 좌절 끝에 얻은 빛을 보듯 조심스럽고 정중하게, 더 큰 배움을 얻고자 한다고 썼다.

담헌 홍대용은 아예 물염정에서 몇 달 머물 요량으로 봇짐을 꾸려 길을 나섰다. 나주에서 동쪽으로 15리 거리의 서석을 끼고 돌아 동복을 서치며 다시 물염정에 올랐을 때 홍대용은 이상한 종소리를 들었다.

"뎅…… 뎅……"

꼭 두 번 울린 맑고 경쾌한 금속성 종소리. 그 소리가 어디서 날까, 물염정 아래 선 홍대용은 종소리의 진원을 찾고자 두리번거렸으나 전혀 짐작할 수가 없다.

"어인 길손이십니까?"

뒤에서 한 사내의 목소리가 들려왔다. 돌아보니 스물네댓으로 보이는 사내가 서 있다.

"석당 선생을 뵈옵고자 나주의 아중衙中에서 왔습니다. 시생의 이름은 홍대용이라 합니다."

"관아에서 석당 선생을 찾을 까닭이 없습니다."

"시생은 나주목사로 계시는 어른의 아들일 뿐 관아와는 관련이 없습니다. 석실서원에서 실심실학을 알고, 혼자 만물의 원리를 캐며 의기를 제작하고자 하였으나 학문이 깊지 못하여 뜻을 이루지 못했습니다. 실의에 빠져 나주에 와서 유람하다가 마침 석당선생의 존함을 듣고 미천한 학문이지만 선생께 의탁하여 더 배울까 하여 찾아왔습니다."

"오, 그러십니까. 같은 길을 걷는 분이신 줄 미처 알지 못하고 결례를 범했습니다. 시생은 석당선생 문하의 안처인安處仁이라 합니다. 어서 드십시다. 선생도 참으로 반기실 것입니다."

물염정 입구에서 석당선생의 거처까지 인도되는 동안 홍대용은 그곳에서 제작되고 있는 새로운 기구들을 볼 수 있었다. 안처인의 친절한 설명이 홍대용을 놀라게 했다.

"저것은 수차水車입니다. 보십시오. 저 큰 바퀴가 돌면서 물을 떠올립니다. 저 물이 다시 떨어질 때 큰 힘을 냅니다. 저 힘으로써 많은 것을 움직이게 할 수 있습니다. 가령 방아를 찧을 수도 있습니다."

반세기 전까지도 흔히 볼 수 있었던 물레방아와 같은 자전수차自轉水車가 그곳에서 제작되고 있었다.

"처음엔 저 용미기龍尾器를 만들었지요. 저것이 높은 곳까지 물을 끌어올릴 수 있는 기구입니다. 선생께서 일부러 이 유곡에 자리를 잡으신 것이 모두 주변 자연을 이용하여 궁구할 일이 많았던 까닭입니다."

담헌 홍대용은 책에만 매달리고 생각에만 매달려 있었던 자신의 무지를 자탄할 수밖에 없다. 의기만 해도 겨우 두어 번 시도 끝에 좌절하고 말았던 자신의 몰골이 부끄럽기 그지없다.

"저건 스스로 갈리는 맷돌인데 아직 자연스럽지 못하고, 저건 항승恒升, 저건 자춘점自春砧인데 역시 완전치는 않습니다. 원리도 완전히 못하고 또 몇몇 가지는 제작에 필요한 경비가 엄청나게 들어서……."

담헌 홍대용의 가슴은 충격과 설렘으로 방망이질 친다. 무엇보다 그를 괴롭힌 것은 그 진기한 물건이 아니라 원리를 어느 정도 체득했으면서도 실행에 옮기지 못한 자신의 학문하는 태도가 한심해서였다. 그가 그렇게도 질타했던 공리공론의 늪에 어느새 자신도 빠져 있었다고 깨달은 것은 얼굴을 붉히고도 남을 부끄러움이 아닐 수 없다.

석당선생이라 불리는 나경적羅景績은 예의 그 서양 거문고라는 것을 탄주하고 있다가 홍대용을 맞아들인다. 홍대용은 자신을 소개하는 서면을 올리고 큰절을 하고 앉는다. 나경적이 소개문을 보는 동안 홍대용은 방안을 살폈다. 나경적의 책상 위에는 언젠가 한 번 본 적이 있는 서양식 시계가 놓여 있었다. 그제서야 홍대용은 물염정 초입에서 들었던 낭랑한 종소리가 거기서 울렸음을 짐작한다.

'저 자명종自鳴鐘을 선생이 손수 만드셨을까……'

그런 생각에 잠겨 있을 때 나경적은 서양 거문고를 홍대용 앞으로 내민다. 처음엔 무슨 뜻인지 몰랐으나 곧 탄주해 보라는 뜻임을 알아차린다.

홍대용은 서양 거문고를 무릎에 당겨 놓고 가느다란 활을 들어 현을 긁어 보았다. 해맑은 소리가 울려 나왔다. 이번에는 손끝으로 현을 퉁겨도 보았다.

'이치는 같은 것을!'

담헌 홍대용은 그렇게 직감했다. 그는 서양 거문고를 턱밑에 괴고 손끝으로 현을 누르며 활을 움직였다. 서양 거문고는 서툰 대로 조선 음률의 가락을 뿜어낸다.

석당 나경적과 안처인은 시선을 마주치며 놀랍다는 표정을 지어 보인다. 홍대용의 사물을 보는 눈과 적응력이 참으로 놀라운 것이었기 때문이다.

"선생님, 시생은 선생님께 의탁하여 이러한 기기들의 이치를 배우고 만들고자 하옵니다. 거두어 주소서."

"의탁이라 함은 당치않아. 그대의 학문이 도리어 내게 큰 힘이 될 것으로 믿네."

70세의 나경적과 29세의 홍대용은 그렇게 만났다. 뒷날 홍대용은 자신의 일기인 《을병연행록乙丙燕行錄》에 다음과 같이 적었다.

을묘년 봄에 나주 관아에서 머물더니, 동쪽으로 서석을 구경하고 물염정에 이르러 한 기이한 선비를 만나니, 성은 나羅요 이름은 경적景績이었다. 숨어 있어 옛일을 좋아하고 나이 이미 칠십을 넘었는지라……

또한 뒷날 담헌 홍대용과 친교하게 된 청나라의 선비 육비陸飛가 이들의 만남을 역사적인 만남이라 하며 이렇게 설명했다.

대개 나생羅景績과 안생安處仁이 담헌을 얻지 못했으면 그 특이한 재주를 베풀지 못할 것이요, 담헌이 두 사람을 얻지 못했으면 마침내 큰 제도를 이루지 못했을 것이오. 내 담헌과 더불어 객관에서 서로 친교를

정함이 없었으면 세상에 담헌이 있음을 알지 못했을 것이니, 또 어찌 나

생과 안생을 알리오? 실로 천하의 기특한 일이 드러나지 않음이 없고,

썩지 않은 사업은 반드시 멀리 전함이니, 한갓 두 사람이 담헌을 만남을

다행히 여길 뿐이 아니라, 나 또한 세 사람에게 한 가지도 한이 없으리

로다.

담헌 홍대용과 나경적이 뜻을 함께할 수 있었다는 사실은 조선의 실학, 더 구체적으로는 자연과학 분야의 기초를 다지고 그 발전의 길을 열었다는 점에서 큰 의미를 부여할 수 있다.

이들은 곧 혼천의 제작에 착수했다. 나주목사 홍력이 이들을 도왔다. 이듬해 여름에 이르러서는 나주에 혼천의 제작소를 설치하고 거기에 필요한 막대한 자본까지 전담하기에 이르렀으니 당시로서는 놀라운 지원이 아닐 수가 없다.

나경적이 기술 지도를 맡았고, 안처인을 비롯한 여러 장인들이 제작에 임했다. 홍대용은 나주와 도성을 오가며 혼천의 제작에 필요한 물자를 공급해 주었다. 시행착오가 없을 수 없다. 그때마다 홍대용은 도성에 머무르면서 김이안, 황윤석, 정철조 등 지난날 혼천의 제작에 실패한 경험이 있는 사람들에게 물어 해결책을 강구했다. 이러기를 2년여, 마침내 혼천의가 완성되는 기쁨을 맞았다. 그러나 기쁨도 잠시뿐, 그 혼천의로 천체 관측을 하려 했을 때는 너무도 많은 허점으로 실효를 거둘 수가 없었다. 나경적의 실망과 좌절은 이만저만이 아니었다.

나경적이 다시 일어나 제작에 뛰어들었다. 다시 1년 뒤 홍대용이 32세 되던 해, 꿈에 그리던 작고 실용적인 기계혼천의機械渾天儀가 완성되었다.

담헌 홍대용은 그 소식을 도성에서 들었다. 조금은 느긋하고 포만한 심정으로 나주로 발길을 잡고 있는데, 나주로부터 올라온 또 하나의 비보가 그의 발길을 가로막았다.

"석당 선생께서 혼천의 제작을 끝내시고, 닷새 만에 임종하셨습니다."

뛰어난 천체 관측기구의 제작을 완료한 직후 죽음에 이른 나경적, 그는 조선 초기에 이조참판을 지낸 나림羅淋의 8세손 나재홍羅在弘의 아들로 오직 실학의 길을 걸었던 숨은 선비였다.

담헌 홍대용은 서둘러 나주로 달려가 그의 죽음을 슬퍼하며 제문을 지어 애도하였다.

사람이 나서 하고 싶어하는 것은 오직 부富와 귀貴로다. 사방으로 번잡하게 왕래하는 사람들이 모두 이득이 있는 곳으로 모여들고, 물건 값이 세 배쯤 뛰어오르면 군자라도 이를 다툰다. 온 세상이 이욕으로만 달려가는데, 뉘라서 타고난 천성을 보존할꼬?

공公은 홀로 유연한 마음으로 남을 해치지도 않고, 두려워하지도 않았다. 오직 학식을 지니고 숨어 살다가 암혈에서 세상을 떠났네. 갈 때가 되어 승화乘化하였으니, 굽어보나 우러러보나 부끄러움이 없도다. 타

고난 천성이 깨끗한 그대로 저 하늘에 이르러 떠다니리라. 편히 살다가
순하게 죽으니 공에게 무슨 슬픔이 남아 있으랴.

담헌 홍대용의 시문과 학구열은 후학들의 귀감이어야 마땅하다.
그리면서도 겸손하여 자신의 문집을 간행할 때 실학의 동반인 연암 박
지원에게 서문을 청한다.

담헌의 벗 사귀는 도리를 알고 감탄하였습니다. 제가 지금껏 벗을 사귄
것은 도리어 어긋나 있음을 알게 되었습니다. 우리 조선이 좁고 의논과
파벌이 여럿으로 갈려 서로 벗할 줄 모르니 그들이 도를 말하는 것이 우
스웠는데 또한 제가 그 꼴인 줄 알겠습니다. 담헌의 《회우록》은 사람을
사귀는 의리로 읽는 이를 감읍시킵니다.

아무리 역사가 흘러가는 물결이라 하더라도 불과 250여 년 전에 있었
던 담헌 홍대용의 삶과 학문을 회고하면 조선 실학이 뿌리내린 경위를 알
게 된다. 나라를 사랑하는 아름다운 마음가짐이 곧 국토를 사랑하는 일임
은 더 설명한 나위도 없는 자명한 이치다.
담헌 홍대용, 그의 실학 탐구가 국가 발전의 초석을 이루는 것이었다
면, 오늘 우리 국토해양부에도 그의 끊임없고 종횡무진인 학구열이 요구
된다 아니 할 수가 없다.

검찰총장

—

정암 조광조
서른일곱 살의
검찰총장

개혁정치의 화신

+ 검찰청

검찰은 범죄 수사를 총괄 지휘하고 기소를 담당하는 수사기관, 행정 부처의 법치 행정을 자문하고 감시하는 기관, 공무원에 대한 사정기관으로서의 역할을 한다. 검찰청을 대표하는 직위가 검찰총장이며, 대통령이 임명한다. 또한 다른 청 단위 기관장들과 다르게 장관급 직위를 가지며 법무부 소속이다.

+ 정암 조광조 靜庵 趙光祖, 1482(성종 13)~1519(중종 14)

본관은 한양漢陽, 자는 효직孝直, 호는 정암靜庵이다. 중종 10년(1515), 문과 전시에서 두 번째 성적으로 등과하여 곧 성균관 전적으로 승진하면서 성균관 유생과 신진 사류의 중심인물로 급부상한다. 도학 정치사상의 구현을 위해 신분을 가리지 않고 여러 사람들과 교유했으며, 사간원 정언과 경연관을 겸하면서 임금에게 자신의 개혁 의지를 전달할 수 있었다. 중종의 총애를 받고 홍문관 부제학을 거쳐 대사헌까지 승차하며 승승장구하자 훈구 세력들은 조광조를 눈엣가시로 여긴다. 결국 강한 개혁을 추진하는 신진 사류에 염증을 느낀 중종과 조광조를 처단하려는 훈구 세력에 의해 개혁 세력은 모두 하옥되었고, 조광조는 유배지 능주에서 사약을 받았다. 선조 1년(1568), 영의정에 추증되었고, 문정文正이라는 시호를 받았다.

一

조선 왕조의 스물일곱 분 임금 가운데 타의에 의해 왕좌에서 쫓겨난 임금이 두 사람 있다. 한 사람이 연산군燕山君이요, 또 한 사람이 광해군光海君이다. 두 사람 모두 반정反正에 의해 강제 퇴출되었다. 물론 이렇게 쫓겨난 임금은 왕위에 있었다고 하더라도 '제 몇 대'라는 순위가 없으며, 종묘에 배향되지 못하여 제사도 받아 자시질 못한다.

조선 시대에는 군사를 동원하여 임금을 밀어내는 쿠데타를 반정反正이라고 한다. 그래서 연산군을 밀어낸 쿠데타가 중종반정中宗反正이다. 포악한 임금을 몰아내고 조정을 뒤엎는다면 반정의 우두머리가 임금 자리에 오르는 것이 쿠데타의 세계사적인 통념이자 생리지만, 이 원리가 유독 조선 시대에서만은 통하지 않았다.

조선 시대에 반정을 기도하자면 반드시 다음 번 임금을 먼저 정해야 하고, 반정 세력의 동의를 얻어야 가능하다. 쿠데타의 주체들이 옹립해야 할 임금은 반드시 종친(이씨)이어야 하고, 또 종친 중에서도 쫓겨나는 임금과 가장 가까운 혈육이어야 한다. 힘이 통하지 않는 이 사실이 지켜지고 있었다는 것은 조선 왕조의 도덕성을 입증하는 가장 중요한 덕목이 아닐 수 없다.

연산군의 폭정을 견디다 못한 박원종, 성희안, 신윤무 등 반정의 주체들은 진성대군晉城大君을 왕재로 지목한다. 진성대군이 성종의 적자이자 쫓겨날 연산군의 이복 아우라면 누구도 반대할 명분이 없다. 섬겨야 할 임금이 정해지면 행동을 개시하는 게 조선식 쿠데타의 생리다.

쿠데타의 주체들은 각 도에 격문을 돌린다.

태조는 나라를 처음 세우기를 어렵게 하였으며, 세종은 덕화가 밝았고, 성종은 한결같이 선대의 법도를 따라 용도를 절약하고 사람을 사랑하니 백성이 편안하고 물질은 풍성하여 세상이 태평하게 되었더니, 뜻밖에 사왕嗣王이 포학하고 인도에 벗어나서 부왕의 후궁을 때려죽이고 옹주와 왕자를 귀양 보내 죽였다. 대간의 말하는 자를 귀양 보내기도 하고 죽이기도 하였으며, 대신을 욕보이고, 충성하고 선량한 신하를 살해하였으며, 이들의 부자 형제들까지 연좌시킴이 진나라의 법보다 심하였다. 무덤을 파서 해골에까지 화가 미치게 되었으니 시체를 토막토막 베는 형벌과 뼈를 바수는 형벌은 무슨 형벌인가.

(중략)

성종이 25년 동안 신하들을 잘 대우하고 충의를 배양한 것이 바로 오늘을 위한 것인가. 진성대군은 성종대왕의 친아드님이시다. 어질고 덕이 있어 온 나라의 칭송이 그에게 돌아갔다. 이에 우리들 이과, 유빈, 김준손 등은 구월 초이틀 오시를 기해 의병을 일으키려 한다. 격서를 모든 도에 돌려 기일을 약속하여 도성을 모을 것이니, 조정에 있는 공경과 백관들은 마땅히 곧 진성대군을 추대하여 종실의 위태함을 붙들라!

마침내 진성대군이 쿠데타의 주체들에게 옹립되어 보위에 오르니 이분이 조선 왕조의 열한 번째 임금인 중종中宗이다.

쿠데타의 주체들에게 떠밀려 권좌에 오른 통치자는 힘을 쓰지 못하는 것이 동서고금의 이치다. 박원종, 성희안, 유순정, 홍경주 등 쿠데타의 주역들은 공신의 녹훈을 나누어 가지며 조정의 실권을 독차지하고 조정대사를 농락한다. 모든 서정은 그들의 입에서 나오고 대소 신료들이 그들의 눈치를 살피는 마당이다. 그렇다면 임금인 중종에게는 할 일이 없을 수밖에 없다.

二

자신을 임금의 자리에 밀어 올려 준 정국공신靖國功臣들의 눈치를 살피면서도 세월은 중종에게 임금이 갖추어야 하는 덕목이 무엇인지를 일깨워 준다. 임금의 덕목은 경연에서부터 비롯된다.

중종 12년 4월 4일의 조강에서 있었던 일이다. 특진관 이자건李自健이 중종의 면전에서 아주 혹독한 직언을 입에 담는다.

강원도에는 서리가 오고 눈이 내려 보리가 얼어 죽었다 하고, 여러 변괴

가 함께 겹쳐서 나타나고 있습니다. 신의 생각으로는 성상께서 성심이

지극하지 못하여 그런가 싶습니다.

정말 기막힌 충언이 아닐 수 없다. 임금이 정치를 잘못하여 재앙이 있다고 직언하는 것이 바로 '도덕적 용기'의 시작이다. 출중한 지도자라면 신하들의 이 같은 도덕적 용기를 상찬하며 기쁘게 받아들일 수 있는 인품이어야 한다.

이때 자리를 함께하고 있던 정암 조광조靜菴 趙光祖의 부연은 오늘 우리의 처지를 눈에 본 듯이 그려놓고 있다.

학술이 밝아 마음이 빈 거울처럼 맑으면 어찌 소인의 실태를 알지 못하겠습니까. 상하가 일체되어 조정이 화기에 차야 천재가 해소되는 법입니다. 지금 조정 안에 재상은 옳다 하고 대간은 그르다 하여, 하나의 시비 속에서 조금만 뜻에 맞지 않으면 반드시 반목하여 서로 헐뜯어 위아래가 결리하게 되니, 신은 재변이 생기는 것을 조정의 불화 때문이라고 생각합니다. 만일 재상은 아래 동료 보기를 자제처럼 하고, 아래 관원은 상관 보기를 부형처럼 하여, 상하의 사이에 은휘(隱諱, 꺼리어 숨기는 것)하는 일이 없이 서로 바로잡고 경계하여 엄숙하고 화기애애하여진다면, 자연히 군자가 진출하게 되고, 소인은 물러나게 될 것입니다.
(중략)
불행히 간사한 무리가 무식한 재상과 결탁하여, 간사하게 아첨해서 그의 술책을 부리면 한 소인이 뭇 군자를 이기게 되는 법입니다.

— 《중종실록》 12년 4월 4일자

이 같은 기록을 읽을 때마다 조선의 역사가 얼마나 준엄하게 흘러가는가를 실감하게 된다. 반정 세력의 전횡으로 임금의 설 자리까지 잃어 가던 중종에게는 젊은 특진관 정암 조광조의 직언이 하늘의 가르침이나 다름이 없다. 그것은 곧 사림 시대의 탄생을 예고하는 국면의 전환이기도 하였다.

허무하고 답답한 세월을 10여 년이나 흘려보내고서야 비로소 외로운 중종에게 서광이 비치기 시작한 셈이다. 정암 조광조로 대표되는 젊은 사림들의 등장은 그대로 조선의 희망이나 다름이 없다.

쿠데타 세력인 훈구대신들의 독단적인 국정 전횡에 좌절만을 거듭하고 있던 중종에게 '군자소인지론君子小人之論'을 설파하면서 이상 국가의 건설을 역설하는 정암 조광조의 주청은 신선한 충격이었고, 중종에게만 희망을 주는 것이 아니라 조선 전체의 젊은 사림에게도 꿈이 피어나게 하는 일대 환희가 아닐 수 없었다. 정암 조광조의 휘하에 젊은 지성들이 모이는 것은 당연하다. 그의 주장이 곧 나라의 미래를 열어 가는 꿈이기 때문이다.

사림 시대의 개막은 조선 왕조의 정신적 기초를 다지는 대단히 큰 의미를 내포한다. 조선 왕조를 왜 선비의 나라라고 하는가. 국정에 임하는 선비는 목에 칼이 들어와도 직언을 마다해서는 안 된다는 선비의 기질과 도리가 이때에 이르러 더욱 확고해지면서 젊은 선비들을 자극하게 된다.

三

개혁 의지의 대명사로 불리는 정암 조광조는 성종 13년(1482)에 태어났다. 그는 감수성이 예민했던 청소년 시절을 혼탁의 극치랄 수 있는 연산군 시대의 암울했던 현상을 몸소 체험하면서 보냈다.

조광조가 16세 되던 해(1498)에 사림들이 일거에 참살되는 무오사화戊午

土禍의 참극을 지켜보게 된다. 이때 조광조는 아버지 조원강趙元綱이 찰방으로 있는 어천(魚川, 지금의 영변)에서 학업에 열중하고 있었는데, 이 무렵 무오사화에 희생된 한훤당 김굉필이 희천熙川으로 유배되어 온다.

한훤당 김굉필은 당대의 거유 점필재 김종직佔畢齋 金宗直의 문인으로 이미 사림들의 존경을 한 몸에 받고 있었다.

하늘을 대신하여 만물을 다스리는 데는 현명하고 유능한 사람보다 더 급한 것은 없고, 현명한 사람을 가리고 유능한 사람을 뽑는 데는 소인들에 가리어지고 막히어 통하지 않는 것보다 더 걱정되는 것은 없다.

사림(지식인)이 핍박을 받으면 나라의 경영이 온전할 수가 없다는 김종직의 인재론人材論이다. 조광조는 김종직의 학통을 이어받은 김굉필의 문하가 되어 그의 사상을 전수받는다.

후일 조광조가 이상 국가를 구현하려 했던 이른바 도학道學 정치사상과 군자소인지론君子小人之論과 같은 정심법正心法으로의 접근은 김굉필의 문하에서 터득하고 다듬어진다. 성급한 것 같지만 그의 군자소인지론의 핵심부터 살펴보기로 한다.

재이災異가 일어나게 되는 것은 소인이 군자를 모함하는 데 있다. 사실 군자와 소인을 분별하는 것은 대단히 어려운 일이다. 왜냐하면 소인은

군자를 소인이라 하고, 군자도 소인을 소인이라 하기 때문이다. 그리고
소인은 주야로 군자를 공박하는 일밖에 생각하지 않는다. 소인은 인주
(人主, 임금)와의 접견 시에 예모를 갖추고 좋은 말로 수식함으로써 그를
가려내는 것이 용이할 수가 없다.

참으로 기막힌 말이 아닐 수가 없다.

개혁이란 군자연하는 소인의 무리를 다스리는 일이다. 그러나 그 같은
소인의 무리를 분별해 내기가 어려운 것이 문제가 아니겠는가. 소인의 무
리는 권력 주변에 서식하면서 언제나 듣기 좋은 말로 수식하고 있기 때문
이다.

마침내 조광조는 진사시에 장원하고 성균관에 적을 두게 된다. 조정 고
위 관직 중에 그나마 양식을 대변하고 있던 이조판서 안당安瑭은 무력해
진 조정에 새로운 기운을 진작해야 한다는 명분으로 신진 사류新進士類의
특채를 진언한다. 그렇게 선발된 사람이 조광조를 비롯해 김식金湜, 박훈
朴薰 등 세 사람이다.

34세의 늦깎이 조광조에게 주어진 첫 관직은 종6품의 벼슬인 조지서造
紙署 사지司紙였다. 맡은 임무는 별것이 아니었어도 남의 부러움을 사 마
땅한 등용이지만, 조광조는 이를 탐탁히 여기질 않았다.

이 무렵 조광조는 《소학》을 몸에 지니고 다니면서 애독한다. 결과론이
지만 후일 조광조는 성리학의 거벽으로 추앙받게 된다. 이미 그의 학문이
완숙의 경지에 이르러 있었음에도 《소학》을 끼고 다니면서까지 애독한
것은 모든 고전古典의 핵심만을 간추려 놓은 책이기 때문이다.

소인배들은 바로 이점을 비아냥거린다.

一部小學須勤讀 司紙功名自然來

일부의 소학을 부지런히 읽으라. 사지의 공명이 절로 올지니.

조광조는 자신을 비아냥거리는 따가운 눈초리도 아랑곳하지 않은 채 맡은 소임에 열중하면서 과거에 응하기로 다짐한다. 정정당당하게 입신의 길을 열어 나가기 위한 비장한 결기가 아닐 수 없다.

마침내 중종 10년(1515) 8월 22일에 시행된 문과전시(文科殿試, 임금이 참석한 과거)에서 조광조는 두 번째次上의 성적으로 등과한다(조광조가 장원급제하였다는 것은 잘못된 것이다).

등과한 조광조는 곧 성균관 전적(典籍, 정6품)으로 승진한다. 성균관은 그에게 있어 마음의 고향이나 다름이 없다. 그의 학문과 인품은 익히 알려져 있었으므로 옛 동료와 후학들은 조광조를 따뜻이 맞아 준다. 이를 계기로 조광조는 성균관 유생들과 신진 사류의 중심인물로 급부상한다.

四

조광조는 도학 정치사상의 구현을 위해서 사람을 만나는 일에도 신분을 가리지 않는다. 그 실례가 갖바치皮匠와의 교유다. 갖바치는 '가죽을 만진다'라는 뜻으로 '양수척楊水尺' 혹은 '화척禾尺'이라고 불리는 이른바 백정의 부류를 뜻한다. 철저한 계급 사회였던 조선 시대의 지배 계급인 사대부 신분으로 갖바치와 교유하면서 도학 정치사상의 구현을 꿈꾸었다는 사실이 조광조의 큰 인물됨을 말해 준다.

조광조의 개혁 의지가 중종 임금에게 전달되는 기회는 뜻밖으로 빨리 왔다. 그가 사간원 정언(正言, 정6품)으로 자리를 옮기면서 경연관을 겸하게 되었기 때문이다. 경연관으로 발탁되어 조강이나 야대에 참석하게 되면 임금과 직접 대화가 가능하였기에 신하로서는 큰 영광이 아닐 수가 없고, 또 임금의 신임도 얻을 수가 있었으므로 경연관이 되는 것은 출셋길을 보장받는 것이나 다를 바가 없다.

여기에는 약간의 부연 설명이 필요하다. 조선 왕조는 전제군주 시대로 구분되지만, 언론의 자유가 완벽하게 보장되어 있었음에 유념할 필요가 있다. 지금과 같이 신문이나 방송에서가 아니라 경연에서 직언을 서슴지 않았고, 밖에서는 상소문을 올릴 수 있는 제도적인 장치가 마련되어 있었으며, 더욱 놀라운 것은 언관言官 혹은 간관諫官들로 구성된 부처까지 있었다는 사실이다.

사헌부司憲府는 백관을 감찰하여 기강의 해이를 고발하고, 풍속의 문란을 감시하며, 억울하게 당하는 사람들이 없도록 하는 것이며, 부정과 비리를 근원적으로 발본하려는 사정司正 기관이었다. 사간원司諫院은 간쟁諫諍과 논박의 일을 관장하는 기관으로 임금의 잘못까지도 직간한다. 사헌부와 사간원을 양사兩司라고 하는 것은 기관명의 첫 자를 딴 것이지만, 요즘 식으로 설명하면 검찰청과 감사원으로 보면 된다.

개혁에 뜻을 두었던 조광조가 언관이 되었다는 것은 그의 오랜 꿈을 실현할 절호의 기회가 현실로 다가온 것이나 다름이 없다. 조광조는 언관으로서의 첫 임무를 직속 상관인 대사간 이행과 대사헌 권민수의 파직을 요구하는 것으로 시작한다.

조광조의 언론관은 이러하였다.

> 언로가 통하고 막히는 것은 종사의 흥망과 가장 깊은 관계에 있다. 통하면 다스려지고 편안하며, 막히면 어지러워지고 망한다. 임금이 몸소 언로를 넓히기에 힘써서 위로는 공경대부公卿大夫, 백집사百執事로부터 아래로는 누항, 시정의 백성에 이르기까지 모두 다 말하게 될 것이다. 그러나 언책言策이 없으면 스스로 말을 극진하게 할 수가 없으므로 종래에 가서는 언로가 막혀 임금은 백성의 일에 어둡게 된다.

요즘의 일로 바꾸어 설명하면 검찰청의 하급 관리가 검찰총장과 감사원장의 파면을 대통령의 면전에서 주장한 셈이다. 어찌 지금의 공직자들이 꿈엔들 생각할 수가 있겠는가.

직속 상관의 파직을 요구하는, 그것도 언관의 우두머리 격인 대사헌과 대사간의 파직을 직간하는 조광조의 뜻이 받아들여졌다는 사실은 조선 시대에 언로가 완벽하게 트여 있었음을 입증하고도 남는다. 훈구대신(기득권 세력)들의 오만과 독선에 시달리고 있던 젊은 지식인들은 조광조의 용기를 상찬하면서 그의 주위로 몰려든다. 따라서 훈구 세력들은 조광조를 경원하지 않을 수가 없다.

개혁 세력으로 등장한 신진 사류 못지않게 조광조에게 매료된 사람이 중종 임금이다. 그는 조광조의 도학 정치사상을 신선한 충격으로 받아들였고, 자신의 치세에 그것을 실현하리라고 다짐한다. 그는 조광조의 강론을 들을 때마다 성군의 길이 열리고 있음을 완연하게 느낄 수가 있었기에 그와의 만남을 하늘의 뜻이라고 여겼다. 조광조는 중종 임금의 신임을 한 몸에 받으면서 '성왕지도聖王之道'를 깨우치도록 충언을 거듭한다. 그것은 요순 시대를 재현하자는 것이나 다름이 없다. 그러기 위해서는 성리학의 이상을 실현해야 한다. 그러므로 조광조는 중종에게 군자소인지론을 열강한다.

큰 간신은 충신 같고, 큰 탐관은 청백리 같다.

이에 감동한 중종은 조광조를 한 달 사이에 네 번이나 승차시킨다. 즉 종5품직인 홍문관 부교리를 거쳐 응교(應敎, 정4품)에 이르게 하였으니 파격의 승차가 아닐 수 없다. 조광조가 자신의 개혁 의지를 구체화한 것은 이때부터다.

조광조가 도학 정치사상의 구현을 시도하여 성공한 첫 번째 쾌거는 고려 말의 주자학자 포은 정몽주의 위패를 문묘(文廟, 성균관 대성전)에 배향한 일이다. 성리학을 학통의 근본으로 삼기 위해서는 조선 성리학의 시조 격인 정몽주의 위상을 높여야 하기 때문이다.

그다음으로 성공한 것이 과거제도의 개혁이다. 조선 시대의 과거제도는 비리의 온상이었기에 조광조의 복안은 설득력이 있다. 한 국가의 경영을 떠맡을 인재를 선발하는 데 반나절 동안의 시문詩文만으로 평가하여 정하는 것으로는 참된 인재를 선별할 수가 없다. 또한 과거가 비리의 온상이므로 이를 기부하는 사람도 있을 것이니 각 고을의 수령 방백들로 하여금 초야에 묻혀 있는 인재를 천거하게 하여 시험을 보게 함으로써 이론과 실행을 겸비한 참된 인재를 가려 뽑아야 한다고 주장한다. 이 같은 제도는 한漢나라 때에 시행한 바 있는 현량방정과賢良方正科에서 따온 것이다. 조광조의 개혁 의지에 매료되어 있던 중종 임금이 이를 마다할 까닭이 없다. 그렇게 하여 시행된 것이 '현량과'라는 과거제도다. 이 획기적인 제도로 새로운 인재가 등용되는 것은 당연하다.

현량과 시행을 계기로 조광조는 다시 홍문관 부제학(副提學, 종3품)으로 승차한다. 결국 조광조는 조지서 사지로 관직에 나선 지 3년이 채 못 되어 당상관인 3품직에 서용된 셈이다. 이 승차가 얼마나 파격적인지 당시 사관들의 견해가《중종실록》에 적혀 있을 정도다.

조광조는 소시부터 검칙청수하여 크게 이름을 날렸다. 처음에는 조행操行으로 성균관에서 천거되어 사지가 되었고, 얼마 안 가서 과거에 2등으로 뽑혀 여러 번 청요한 벼슬을 지내다가 이때에 이르러 부제학직을 제수받게 되었다. 출사한 지 30개월이 채 못 되었음으로 사람들은 고금에 없는 일이라고 하였다. 그를 따르는 자가 날로 늘어났고, 주상도 그의 의중을 중히 여겼다. 그 사람됨이 청고淸高하고 인물의 옳고 그름을 가려 개연히 세상을 바로잡고 풍속을 정하게 하는 것으로 자신의 임무를 삼으니, 공경 이하가 모두 외경하고 혹은 피하기를 원수처럼 하는 자도 있었다.

마지막 대목에 유념해야 한다. '조광조를 피하기를 원수처럼 하는 자가 있었다'라면 그들이 누구이겠는가. 자신들의 기득권이 박탈되는 것을 두려워하는 훈구 세력이 아니겠는가. 그러므로 개혁은 적을 만들게 되고, 그 적을 다스리고서만 성과를 얻을 수가 있다.

조광조는 이상적인 임금의 조건도 제시한다.

임금의 덕은 공경恭敬보다 더 큰 것이 없고, 안에서 실천이 있은 뒤에라야 아랫사람들이 보고 감화를 일으키게 됩니다. 일을 제도하고 만물에 응하기를 마치 거울과 같이 비고 저울처럼 공평할 것이며, 임금의 용색容色도 단정하고 엄하면 환관이나 궁첩宮妾이 스스로 가까이 못하게 되는 것입니다.

중종에게 있어 조광조의 존재는 크나큰 스승이자 의지처나 다름이 없다. 이때 중종 임금의 나이 춘추 30세. 타의에 의해 임금 자리에 올라서 자신을 옹립한 기득권 세력의 눈치만 살피다가 조광조에 의해 왕도 정치에 눈뜨게 되었다. 그렇다면 당연히 자신의 치세를 요순 시대와 같은 선정의 시대로 만들고 싶어진다. 또 그것은 조광조의 도학 정치사상이 꽃피는 것과 맥을 같이한다.

조선 왕조가 창업된 지 126년, 역대 어느 왕조에 36세의 젊은 관원이 이같은 영향력을 행사한 일이 있었던가. 그러므로 조광조의 존재는 신진 사류에게는 영웅이었고, 기득권 세력에게는 원수일 수밖에 없다.

五

정암 조광조는 중종의 신임을 등에 업고 보다 본격적인 개혁 작업에 착수한다. 이때는 조광조를 중심으로 한 개혁 세력이 형성되어 있어 두려울게 없었다. 김식, 김준, 김정, 유인숙, 이청, 윤인필, 박세훈 등은 한결같이 유림을 대표하는 젊은 사류들로 모두 요직에 올라 있었다.

이들은 마침내 소격서昭格署의 혁파를 주장하고 나선다. 소격서는 중국의 도학사상에서 유래된 것으로 도교의 일월성신을 구상화한 성제단星祭壇을 세우고 그곳에서 제사 지내는 업무를 관장하는 곳이다. 겉으로 보아서는 미신타파였지만, 실제로는 비빈(왕비나 후궁)의 낭비를 근절하는 개혁의 일환이다.

비빈들이 막대한 비용을 들여 행운을 비는 풍조는 백성에게까지 전파되어 요행을 바라는 사행심을 부추기는 지경이었다. 하지만 중종 임금은 완강히 반대하고 나선다. 성군이라고 불리는 세종이나 성종도 소격서를 혁파하지 않았다는 것이 반대하는 명분이지만, 실제로는 비빈들과 종친을 비롯한 훈구 세력의 압력을 받고 있었기 때문이다.

정암 조광조를 비롯해 그를 따르는 신진 사류들은 물불을 가리지 않을 정도로 반발한다. 대간들은 사임으로 항거하였고, 조광조 등은 무엄하게도 새벽이 되도록 어전에서 물러나지 않은 채 중종의 윤허를 강요한다.

마침내 기득권 세력은 익명서(匿名書, 이름을 밝히지 않은 투서)를 만들어서 돌린다. 조광조 등의 신진 사류들이 국정을 어지럽히고, 임금을 협박하여 종사를 위태롭게 하는데 정녕 보고만 있겠느냐는 격렬한 내용이었다. 이를 계기로 개혁 세력과 수구 세력 간의 갈등과 대립 양상은 원한의 골이 파여질 만큼 깊어진다.

중종은 결사적으로 달려드는 개혁 세력의 집요한 강청을 물리치지 못한다. 중종 13년(1518) 9월, 마침내 소격서를 혁파하라는 왕명이 내려진다. 조광조를 정점으로 한 개혁 세력의 위세는 하늘을 찌를 수밖에 없다. 이제 그들이 주장하여 되지 않을 일은 없게 된 셈이다.

급기야 이해 겨울에 이르러 조광조는 대사헌의 지위에 오른다. 대사헌은 언로와 간관의 요체인 사헌부의 우두머리다. 이를 요즘 말로 바꾸면 37세의 검찰총장이 탄생한 셈이다. 오해가 있어서는 안 된다. 당시 대사헌에게 주어진 막강한 책무는 지금의 검찰총장과 비길 바가 아님을 유념해야 하기 때문이다. 그러므로 정암 조광조에게 주어진 대사헌의 자리는 용에게 여의주를 물려준 것이나 다름이 없다.

수구 세력은 이 엄청난 변화를 지켜보고만 있을 수가 없다. 자신들이 누려온 기득권이 일시에 박탈될 위험이 있어서다. 그들은 딸을 후궁의 자리로 밀어 올린 남양군 홍경주洪景舟를 중심으로 밀계를 도모한다. 기득권을 지키기 위한, 아니 살아남기 위한 방편이다. 여기에 심정, 남곤 등 권부의 실세들이 가담을 한다. 이들의 밀계란 물론 조광조 등의 개혁 세력을 일거에 제거하는 일이다.

중종의 치세는 어느 사이엔가 대간들의 손아귀에 들어가 있다. 그것은 왕명이 상소의 내용을 따르게 되었다는 뜻이다. 이젠 조광조의 발의가 없더라도 대간들은 무엇이든지 할 수가 있을 정도다. 마침내 조광조는 탄식한다. 자신이 추구했던 왕도 정치가 변질되어 가고 있음을 뼈아프게 느끼면서 새로운 방도를 강구해야겠다고 다짐했을 때, 개혁 세력임을 표방하는 신진 사류들은 참으로 엄청난 문제를 제기하고 나선다.

"정국공신들의 훈작을 삭제하라!"

정국공신이란 연산군을 밀어내고 중종을 옹립한 반정공신을 말한다. 이들의 훈작을 삭제한다는 것은 훈구 세력의 기득권을 박탈하는 것이며, 원훈들에 대한 선전포고나 다름이 없다.

이 엄청난 선언은 조광조가 처음 발설한 것이 아니지만, 기득권을 잃게 된 수구 세력이 본다면 조광조의 사주로 시작된 것일 수밖에 없다.

신진 세력들의 주장은 이러하다.

병인년(丙寅年, 1506) 반정 당시 아무 공도 세우지 않은 무리들이 박원종, 성희안, 유자광 등에 아부하여 공신의 서열에 오른 사람이 허다하다. 1등 공신까지는 용인할 수 있으나, 2, 3등 공신의 수는 줄여야 마땅하고 4등 공신은 없어도 무방하다. 공이 없는 공신들을 가려서 백성에게 알림으로써 조정이 의롭다는 것을 보일 것이니……

홍경주, 심정, 남곤 등 훈구 세력은 두 사람의 후궁과 결탁하여 중종의 심기를 뒤흔들기 시작한다. 두 사람의 후궁이란 홍경주의 딸인 희빈 홍씨와 박원종의 양녀인 경빈 박씨를 말한다. 이들에 의해 꾸며졌다는 음모가 야사에 전해지는 소위 '주초위왕走肖爲王' 사건이다.

대궐의 나뭇잎에 '주초위왕'이라는 네 글자가 새겨졌는데, 주走 자와 초肖 자를 합자하면 조趙 자가 되는 것이니 조광조가 곧 임금 될 것이라는 풍설을 퍼뜨렸다는 것이다. 하지만 실제로는 홍경주의 주청이 주효했다.

조광조 등이 작당하여 후진들을 끌어들여 궤격詭激을 일삼고, 소少가 장長을 능가하며, 천賤으로 귀貴를 방妨하니 국세는 어지러워지고 조정은 날로 말이 아니니 그 죄를 엄히 다스러서 마땅하다.

중종은 젊은 대간들의 주청과 강요에 기력이 쇠진할 만큼 지쳐 있었다. 그런 때에 홍경주의 간청이 있었으므로 며칠을 고심한 끝에 홍경주에게 조광조 일당을 단죄하겠다는 밀지를 내렸다. 특이하게도 이날의 밀지는 언문(한글)으로 되어 있다. 그 내용 중에 중종이 고심한 대목이 다음과 같이 적혀 있다.

저들을 어찌해야 좋을지 몰라 요즘에는 먹어도 맛을 알지 못하고, 자도 자리가 편하지 못하여 파리하게 뼈가 드러났다. 내가 이름은 임금이나 실상은 아무것도 알지 못하는데, 옛날에 유용근이 거만한 눈초리로 나를 보았으니, 이는 그가 나를 임금으로 여기지 않는 마음을 가지고 있기 때문이다. 경은 먼저 저들을 없앤 뒤 나에게 알리는 것이 좋을 것이다.

중종의 고심이 아무리 컸기로 어찌 이 같은 밀지를 신하에게 내릴 수가 있는가. 그렇다고 하더라도 이 밀지가 개혁의 주도 세력이었던 신진 사류의 씨를 말리는 소위 기묘사화己卯士禍의 신호탄이다.

六

홍경주에 의해 조광조와 그를 따르고 받들던 신진 사류들이 일거에 체포되어 하옥된 것은 말할 나위도 없다. 애초에 조광조를 발탁하였던 안당은 그들에게 죄가 없음을 지성으로 탄원하였고, 성균관 유생들은 자신들이 대신 죄를 받겠다고 자청하면서 거리로 뛰쳐나왔으나, 역사의 흐름을 되돌려 놓을 수는 없었다. 게다가 기득권을 잃지 않으려는 수구 세력은 자신들의 명리를 위해 개혁에 반대하는 도를 넘어서서 개혁 세력의 단죄에 나섰다면 다시 물러설 까닭도 없다.

잡혀 온 개혁의 주체들은 모질고 참혹한 고문에 시달리면서도 자신들에게 사심이 없었음을 당당히 주장하였고, 정암 조광조 또한 자신의 심회를 떳떳이 밝힌다.

신의 나이는 서른여덟입니다. 선비가 이 세상에 태어나서 믿는 것이란 임금의 마음 하나뿐입니다. 망령되게도 국가의 병통이 이욕利慾의 근원에 있다고 생각한 까닭으로, 국맥國脈을 무궁토록 새롭게 하려고 하였을 뿐, 다른 뜻은 없었습니다.

영의정 정광필과 이조판서 안당은 그들의 구명을 위해 백방으로 애썼으나 끝내 무위로 돌아갔고, 병조판서 이장곤은 옥사에 술을 보내어 그들의 마지막 밤을 위로하기까지 한다. 개혁 주체들은 그 술을 마시면서 자신들의 비장한 심회를 시로 지어서 달랬다. 그리고 다음 날에 중종 임금의 어명이 내려진다.

조광조, 김정, 김식, 김구 등에게 장 1백을 가하고, 조광조는 능주綾州, 김정은 금산錦山, 김식은 선산善山, 김구는 개령開寧, 윤자임은 온양溫陽, 기준은 아산牙山, 박세희는 상주尙州, 박훈은 성주星州로 각각 유배하라.

이에 항거하는 성균관 유생 1천여 명은 거리로 달려 나와 엄중 항의하는 소동을 피우기도 하였으나 뜻을 이루지는 못한다.

그리고 같은 해 12월 20일, 조광조는 유배지 능주에서 중종이 내린 사약을 받게 된다. 금오랑金吾郎이 압지押紙를 만들어 사약을 가지고 와서 임금의 전지傳旨라고 말한다. 그는 분연히 상소를 올리게 해 줄 것을 청하였으나 뜻을 이루지 못하고 조용히 말한다.

국가에서 대신을 대접하기를 이와 같이 초라하게 함은 옳지 못하오. 그 폐단은 장차 간사한 무리로 하여금 자기가 미워하는 사람을 멋대로 죽이게 할 것이오.

사약을 내리는 절차가 허술하면 장차 어명을 사칭하여 미워하는 사람을 사사할 수도 있을 것이라는 뼈아픈 지적을 마치고 조광조는 의관을 정제한다. 그리고 주군이 내린 사약을 마시고 38세의 극적인 삶을 마감한다. 조광조는 사약을 마시기 직전에 중종 임금을 그리는 시 한 수를 지어서 남겼다.

愛君如愛父
임금을 어버이처럼 사랑하였고
憂國如憂家
나라를 내 집처럼 근심하였네.
白日臨下土
해가 아래 세상을 굽어보니
昭昭照丹衷

정암 조광조는 조선 유학의 거벽이자 직언의 대명사요, 직언으로 목숨을 잃은 사림의 사표로 평가된다. 정암 조광조의 직언에는 언제나 칼날같은 날이 서 있었다. 그는 한훤당 김굉필의 문하에서 도학 정치사상을 몸에 익히며 이 땅에 왕도 정치를 정착하게 하는 도학 정치사상을 구현하여 새로운 요순의 시대를 열어가고자 했다. 하지만 스승 한훤당 김굉필과 마찬가지로 사약을 받고 세상을 뜬다.

조광조가 조지서 사지에서 대사헌 자리에 올라 이른바 구악을 물리치는 개혁 정치를 주도하다가 그토록 따르고 믿었던 중종으로부터 사약을 받고 세상을 뜨기까지 걸린 시간은 겨우 4년에 불과했다. 이토록 짧은 기간 관직에 머물고도 조선 왕조의 개혁을 주도한 명현의 이름을 남길 수 있었던 것은 그가 사심 없는 직언으로 공론을 이끌었기 때문이다.

신등은 모두 망령되고 어리석고 우직한 자질로 성주聖主를 만나 경연에 출입하면서 성주를 가까이 모실 수 있는 광영을 입었사옵니다.

(중략)

사류의 화禍가 한번 시작되면 장차 뒷날의 종사의 명맥을 근심하지 않을 수 없사옵니다. 성상께서 계신 자리가 너무 멀어서 생각을 아뢸 길이 없으나, 말 한마디 못하고 잠자코 죽는 것도 참으로 견딜 수 없는 일이옵니다. 다행이 친히 국문하시는 것을 허락해 주신다면 만 번 죽더

라도 한이 없겠사옵니다. 뜻은 넘치고 말이 막힘에 아뢸 바를 모르겠습

니다.

피 묻은 저고리에다 쓴 조광조의 이 옥중 상소는 병조판서 이장곤에 의
해 승정원에 접수되고, 곧 중종에게 전해졌으나 별다른 효과는 없었다.
이후 조광조를 비롯한 신진 사류들에게 곤장 100대를 때려 원방에 안치하
라는 어명이 내려졌고, 조광조는 능주에서 사약을 받으니 향년 38세의 젊
은 나이었다.

정암 조광조의 마지막 충정과 우국의 절창은 많은 사람들의 옷깃을 여
미게 했다.

임금을 어버이처럼 사랑하였고

나라를 내 집처럼 근심하였네

해가 아래 세상을 굽어보니

붉은 충정을 밝게 밝게 비추어 주리.

붉은 충정을 밝게 비추어 주리.

정암 조광조는 실천주의자였다. 성리학에서 이상으로 여기는 요순 삼
대堯舜三代의 정치만이 사회 문제를 해결할 수 있다고 보고, 관직에 나가
자마자 그 실현을 위해 노력했다. 그는 사회 모순 심화의 근본 원인이 사
장(詞章, 詩歌와 文章)을 중시하고 도학을 경시하는 학문 풍토와 예의염치를

잃어버리고 이욕에만 빠져드는 사회 풍토에 기인한다고 보았다. 그리고 이 같은 잘못된 분위기를 혁신하기 위해서는 도학을 높이고 인심을 바르게 하며, 성현을 본받고 왕도 정치를 일으켜야 한다고 주장했다.

정암 조광조의 개혁은 도덕성의 강조, 성리학 이념의 사회적 실천 등 새 시대에 대한 방향을 체계적으로 명확히 제시하였다. 또한 그의 실천적 행동은 훈척까지도 성리학의 실체를 새롭게 인식하고 성리학을 시대의 지배 이념으로 인정하지 않을 수 없게 만들 정도였다.

서른여덟 살의 짧은 삶을 마감한 지 50여 년 만인 선조1년(1568), 그가 제시한 방향을 충실히 따른 후배 사림에 의해 영의정에 추증追贈되고 문정文正이라는 시호를 받음으로써 다시 역사에 복권되었다.

후세에 정암 조광조의 치治, 政治, 이황의 도道, 道學, 이이의 학문, 김장생의 예학禮學, 송시열의 의리義理를 조선 선비의 이상으로 삼고 이들 다섯 사람을 조선 오현五賢이라 하였다.

아, 법치法治라는 말조차도 무색해진 우리가 사는 대한민국의 여러 현황에 법을 집행하는 공인조차도 지탄의 대상이 된 지가 오래다. 판사나 검사는 물론, 변호사까지 법을 지키지 않는 판국이다. 법정에서는 피고인이 의자를 돌려놓고 뒤를 보고 앉는 지경에 이르렀고, 판결을 받은 범법자가 재판관인 판사를 향해 일장훈시를 했다는 보도를 보면서 법치가 무너지고 있는 참담한 현실을 목격하게 된다.

법치가 무너지면 민주주의는 성사되지 않는다. 또 법치가 무너지면 옳고 그른 일이 가려지질 않는다. 이 같은 위험 지경을 넘어선 때 대한민국의 검찰총장으로 서른일곱 살의 지성, 정암 조광조를 다시 부른다면 무너진 법질서가 일거에 해소되고, 회복될 것은 불을 보듯 뻔한 노릇이 아니겠는가.

감사원장

—

남명 조식의 서릿발 같은 가르침

벼슬하지 않고서도

+ 감사원

헌법 제97조와 감사원법 제20조의 규정에 따라 국가의 세입 및 세출의 결산을 검사하고, 국가 기관과 법률이 정한 단체의 회계를 상시 검사, 감독하여 그 집행에 적정을 기하며, 행정 기관의 사무와 공무원의 직무를 감찰하여 행정 운영의 개선 및 향상을 도모한다. 대통령 소속 기구이나 직무에 관해 독립된 지위를 갖는다. 감사원장은 감사원의 수장으로 대한민국 공식 국가 서열 7위이며, 국회의 동의를 얻어 대통령이 임명한다.

+ 남명 조식 南冥 曺植, 1501(연산군 7)~1572(선조 5)

본관은 창녕昌寧, 자는 건중健中, 호는 남명南冥. 지방관인 부친 조언형의 영향을 받아 어려서부터 다양한 학문을 접하며 실천적이고 비판적인 의식을 지니게 된다. 중종 15년(1520) 진사 생원 초시, 문과 초시에 급제하였으나, 이듬해 문과 회시에서 낙방한 후 출세를 위한 형식적인 학문에서 벗어나 유학의 본령을 탐구하고자 한다. 이후 조식은 3대에 걸쳐 임금의 부름을 받았으나 관직에 나가기를 거부하고 은거하였으며, 조정에 불미한 일이 있을 때면 서릿발 같은 문장으로 군왕을 경계하였다. 평생 재야 지식인으로 살며 실천궁행을 강조하였으며, 그의 가르침을 받은 곽재우와 정인홍은 임진왜란 때 의병장이 되어 배운 바를 실천에 옮겼다. 또한 이황과 낙동강을 사이에 두고 지척에서 살았으나 한평생 서로 만나는 일 없이 동반자적인 경쟁 관계로 살았다.

一

　조선 시대의 역사를 읽으면서 감동하게 되는 것은 초근목피草根木皮라
는 말로 백성의 삶을 기록하면서도 권력의 상층부가 부패하지 않았다는
사실이다. 영의정이나 좌의정과 같은 최고 관직에 있었던 고관들이 빗물
이 새는 초가삼간에서 기거하였다는 기록을 자주 접하게 되는 것은 우리
역사를 읽는 즐거움이자 보람이 아닐 수가 없다. 그리고 또 하나는 임금
과 백성 간의 소통이 완벽하였다는 점이다.

　그때는 통신 수단의 수준이 오늘과 같지 않아서 신문이나 TV와 같은 대
중매체에 의한 소통은 불가능하였고, 임금이 백성의 고충을 헤아리고 개
선하는 방법은 상소문에 의해서만 가능하였다. 이 사실은 직접 소통이 이
루어지고 있었다는 사실을 입증한다. 그러므로 백성에게는 자신들의 불
만이나 요구 사항을 상세히 적어서 임금에게 올릴 권리가 있었고, 임금에
게는 그 상소문을 읽고 비답을 내려야 하는 의무가 있게 된다.

　백성이 올린 상소문은 오늘날의 대통령 비서실 격인 승정원에 접수된
다. 일단 접수된 상소문은 아무리 긴 문장이라 하더라도 짧게 요약되거
나, 그 내용이 간추려질 수가 없다. 어떤 경우에도 원문 그대로가 임금에
게 올려져야 한다. 바로 여기가 오늘날의 행정편의주의와 비교되는 대목
이다. 지금의 대통령 비서실에서는 각종 민원의 건의서(建議書, 옛 상소문)를
읽고 짧게 요약하여 대통령에게 올리고, 때로는 민원 그 자체를 해당 부
서로 이관하여 처리하게 하지만, 실상은 사문화되는 것이 상식처럼 되어
있다. 그러므로 국민과 대통령 간의 소통이 인위적으로 혹은 행정 편의에
따라 처리됨으로써 소통 자체가 거부되는 일이 비일비재하다. 대통령이

국민의 불만을 알지 못하는 마당이라면 소통이라는 말 자체에 의미가 없음은 물론, 국민 중심의 정치가 이루어질 까닭이 없다.

조선의 임금들에게 상소문 읽기가 가장 중요한 일과가 되고, 또 그 비답을 내려야 선정이 되었던 까닭으로 상소를 올린 신하들이 임금이 비답이 내릴 때까지 상소를 올린 장소에서 마치 시위하듯 기다리고 있었다는 기사를 읽으면서 내실이 있는 민주 정치가 이루어지고 있었다는 사실을 알게 되는 것을 어찌하랴.

중종 임금이 세상을 떠난 뒤, 어린 명종明宗이 왕위에 오르면서 대비 문정왕후文定王后가 임금의 뒤에 대발을 치고 수렴청정을 하게 되었다. 당시 정치적인 상황은 이른바 소윤少尹이라 불리던 대비의 친정 세력인 윤원형尹元衡 일당에 의해 조정 대사가 좌지우지되는, 참으로 한심한 작태가 연출되는 지경이었다. 임금은 어려서 아무것도 모르고, 대비가 친정 척족들의 편을 들게 된다면 정치가 혼란으로 빠져드는 것은 당연하다.

이 난정을 지적하는 칼날 같은 상소문 한 통이 승정원에 접수된다.

자선(慈殿, 문정왕후)께서는 생각이 깊으시지만 깊숙한 궁중의 한 과부에 지나지 않으시고, 전하께서는 어리시어 단지 선왕의 한낱 외로운 후사後嗣에 지나지 않습니다. 그러니 천백 가지의 천재天災와 억만 갈래의 인심을 무엇을 감당해 내며 무엇으로 수습하겠습니까.

―《명종실록》 10년 11월 19일자

문장은 준엄하고 직설적이다. 관직에도 나오지 않은 재야의 선비 남명 조식이 올린 이 상소문은 양사(兩司, 사헌부와 사간원)는 물론, 모든 언관들을 격분하게 한다. 아무리 상소문이라고 하더라도 수렴청정에 임한 대비를 과부라고 적었고, 아무리 춘추 어리다 하여도 임금을 고아에 비유한 문장은 지나친 표현이라고 비판하면서 죄주기를 청할 기미가 보였다. 의례적으로 임금이 직접 나서 남명 조식의 인품을 칭송하는 것으로 상소에 대한 비답을 대신하기에 이르자 험악하였던 분위기는 일단락되었다.

이 대쪽과도 같은 상소를 올린 남명 조식南冥 曺植은 스스로 출사하기를 사양한 재야의 우뚝한 지식인이었다. 그는 모든 학문에 선행하는 것이 실천궁행實踐躬行하는 것임을 강조한다. 남명 조식의 문도들이 유독 국가관에 투철하여 나라가 임진왜란과 같이 누란의 위기에 처하였을 때 스스로 의병장이 되어 스승의 가르침에 호응하였다는 사실은 오늘 우리들에게도 시사하는 바가 참으로 크다.

전하의 국사가 이미 잘못되고 나라의 근본이 이미 망하여 천의天意가 이미 떠나갔고 인심도 이미 떠났습니다. 비유하자면 마치 일백 년 된 큰 나무에 벌레가 속을 갉아먹어 진액이 다 말랐는데 회오리바람과 사나운 비가 언제 닥쳐올지를 전혀 모르는 것과 같이 된 지가 이미 오래입니다.

—《명종실록》10년 11월 19일자

참으로 절절한 상소문이 아니고 무엇인가. 오늘 우리가 처한 현실을 지적한 내용이라 하여도 아무 하자가 없는 글이다. 국가는 예나 지금이나 늘 같은 일로 곤경을 겪고 있기에 역사는 귀중한 교훈으로 우리 곁에 존재하게 된다.

조선 시대의 지배 구조를 관통하는 성리학은 지식인들에게 '지행知行'을 가장 큰 덕목으로 가르쳤다. 물론 지행이란 '배운 바를 실행으로 옮기라'라는 실천 요강이다. 그러므로 조선 시대에는 말로만 떠드는 고위 관직보다 묵묵히 실행하는 상민이 더 존경을 받는다.

오늘날 고위 공직자들은 자리보전을 위해서라면 당연히 해야 할 바른 말을 포기하는 것이 다반사가 되었고, 더 구차하게 아첨까지 일삼는 고위 공직자들을 보고 있노라면, 학문과 윤리로 무장한 옛 선비들의 대쪽 같은 선비 정신이 사무치게 그리워질 때가 많다.

조선 시대에 모든 선비로 하여금 실천궁행할 것을 강조하고, 스스로 앞장서서 실천해 보인 참선비가 남명 조식이다.

조식은 연산군 7년(1501) 경상남도 합천군 삼가현 토동兎洞에서 태어난다. 공교롭게도 같은 해에 퇴계 이황이 강(낙동강) 건너에서 태어난다. 두 사람 모두 선후를 가릴 수 없는 조선 중기의 학덕을 갖춘 명현名賢으로 우뚝한 존재들이지만, 낙동강을 사이에 두고 70평생을 지척에서 살았으면서도 한평생 서로 만난 일이 없는 동반자적인 경쟁 관계로 일관하였다.

남명 조식과 퇴계 이황이 살았던 이 땅의 16세기는 정치가 극도의 난맥

상으로 이어지면서 기성 정치 세력인 훈구파와 젊은 사림 간의 갈등과 대립이 꼭 요즘 보수와 진보로 갈라지는 것과 흡사한 시절이기도 하였다.

평생 관직에 나가기를 거부하고 초야에 은거한 남명 조식은 "선비의 큰 절개는 오직 출처(出處, 들어가고 나가는 일) 하나에 달려 있다."라고 문도들에게 가르쳤다. 그러므로 제자들에게는 벼슬에 나갈 때가 아니라고 생각되면, 군왕의 명이 있다 해도 응하지 말 것을 강조하였다. 그리고 본인은 그 실천에 앞장서서 한평생 벼슬길에 나서지를 않았으면서도 조정에 불미한 기미가 있을 때마다 서릿발과도 같은 문장으로 군왕을 경계하였다.

재야에 묻혀 있으면서도 혹독한 문장으로 군왕을 비판하는 직소直訴를 올려야 했던 것은 '조정의 관원 중에 충의忠義로운 선비와 근면한 양신良臣이 없음'을 질타한 것이나 다름이 없다.

그러나 선비가 수기修己하면 당연히 치인治人의 단계로 들어가서 학자 관료가 되는 것이 상식이던 시절이다. 그리하여 퇴계 이황은 34세(1534)가 되던 해 문과에 급제하여 승문원 부정자로 입사하여 관료의 길에 나섰지만, 남명 조식은 끝까지 그 길을 거부하고 스스로 재야 지식인의 길을 선택하였다.

二

남명 조식이 지조의 사상가로 평생을 재야에서 살았다. 그는 현실과 타협하는 자를 소인小人 보듯 하였으며, 모든 선비로 하여금 실천궁행할 것을 강조하였다.

그의 가르침을 받은 곽재우와 정인홍 등은 임진왜란이라는 미증유의 국란을 당하자 모두 의병장이 되어 배운 바를 실천에 옮김으로써 스승의 가르침을 실천하였다.

남명 조식은 3대에 걸쳐 임금으로부터 지극한 부름을 받았으면서도 끝내 관직에 나가지 않고, 오히려 시폐時弊 열 가지를 낱낱이 열거하면서 선정할 것을 충언하였다. 그러면서도 자신에 대한 도야는 엄격하기 그지없었다. 홀로 앉아서 책을 읽을 때는 '성성자惺惺子'라는 방울을 옷깃에 달고 그 소리로써 자신의 몸가짐이 흐트러지는 것을 경계하였고, 때로는 목 밑에 날이 선 칼을 세우는 것으로 곧은 자세를 유지하였다. 후일 이 칼은 수제자인 정인홍鄭仁弘에게 전해졌다. 이 때문인지 그 또한 스승 못질 않은 올곧은 성품으로 의병장으로 활동하였다.

三

남명 조식이 처음부터 벼슬길에 나가는 것을 거부한 것은 아니었다. 그 또한 다른 사대부가의 자제들과 마찬가지로 과장에 나갔고, 생원 초시와 문과 초시에 급제했다. 하지만 대과에 실패하면서 삶의 진로를 바꾸는 계기를 마련하게 된다. '대장부가 벼슬길에 나가서는 아무 하는 일이 없고, 초야에 있으면서도 아무런 지조를 지키지 못한다면, 학문을 닦고 지조를 세워서 무엇에 쓰겠는가'라는 《성리대전性理大典》의 명구가 젊은 조식을 자극하였다. 이때부터 남명 조식은 독학으로 유학(성리학)의 본령을 탐구하게 된다.

조식의 실천적 의지는 경敬과 의義로 모아진다. '군자는 경으로써 안을 곧게 하고, 의로써 밖을 바르게 한다'라는 《주역周易》의 가르침이 그의 사상 체계를 지배하면서 그의 행동거지는 오직 이 한곳에 모아지게 된다. 그가 책을 읽을 때 턱밑에 세웠던 칼에 '안에서 밝히는 것이 경이요, 밖에 결단하는 것이 의다'라고 새겼을 정도라면 자신이 세운 의지를 실천하는 것이 곧 하늘의 뜻임을 천명한 것이나 다름이 없다.

중종 21년(1526), 부친이 세상을 떠나자 조식은 어머님의 허락을 받고 의령의 자굴산으로 들어가 학문의 보완에 전력을 다한다. 그리고 2년 뒤, 가족과 함께 김해로 이사하여 산해정山海亭이라는 독서당을 짓고, 학문의 궁구에 열중하기에 이른다.

그 후 명종 10년(1555), 남명 조식은 재야의 인재로 발탁되어 단성현감으로 조정의 부름을 받았으나, 단호한 상소문으로 입사를 거부한다. 이른바 〈단성소丹城疏〉라 불리는 상소문의 골자는 이러하다.

전하의 나랏일은 이미 잘못되었고, 나라의 근본은 이미 없어졌으며, 하늘의 뜻도 이미 떠나 버렸고 민심도 이반되었습니다. 낮은 벼슬아치들은 아랫자리에서 시시덕거리며 술과 여자에만 빠져 있습니다. 높은 벼슬아치들은 버둥거리며 뇌물을 받아 재산 모으기에만 여념이 없습니다. 온 나라가 안으로 곪을 대로 곪았는데도 누구 하나도 책임지려 하지 않습니다.

역사란 얼마나 준엄한가. 마치 오늘 우리의 처지를 질타한 문장이나 다름이 없지를 아니한가.

명종 16년(1561), 남명 조식은 김해에서 다시 지리산 아래 산청 덕산으로 이사하여 산천재山天齋를 짓고 후학을 가르치는 일로 만년을 보낸다. 오덕계, 정한강, 곽재우 등 수많은 인재들이 그와의 인연을 같이하였다.

윤원형을 비롯한 외척 세력이 활보하던 명종 대를 지나 선조가 즉위하면서 남명 조식에게 벼슬이 내려졌으나, 이때도 남명 조식은 완곡히 사양했을 뿐이다.

선조 5년(1572) 2월, 남명 조식이 72세를 일기로 세상을 떠나게 되었을 때, 임종 직전에 제자인 김우옹이 스승의 사후 칭호를 무엇이라 할지 물었다. 살아서 한평생 벼슬을 하지 않았던 까닭으로 위패나 묘비에 '학생부군學生府君'으로 적어야 하는데, 어찌 고매한 스승 남명의 위패에 '학생부군'이라 적을 수가 있던가.

남명 조식은 '처사處士'라 적으라고 대답한다. 이후 벼슬하지는 않았더라도 인품과 덕망을 갖춘 사람들의 위패나 묘비에는 '처사'라고 적는 사람들이 많게 되었다.

四

조선 선비의 반이 영남에 있다는 말은 야은 길재가 선산에 씨를 뿌린 결과라 하여도 과언이 아니다. 훗날 정조도 "영남에서 절의 있는 선비가 배출된 것은 조식의 힘 때문이니, 후세에 어찌 중도의 선비를 얻을 수 있겠는가. 이런 사람도 얻기가 쉽지를 않다." 하고 평한 것도 같은 맥락이나 다름이 없다.

　남명 조식은 같은 시대를 살면서도 서로 얼굴을 맞대지 않던 선의의 라이벌이자 동갑내기 퇴계 이황이 세상을 떠났다는 소식을 접하고 한없이 많은 눈물을 흘리면서 저간의 소회를 토로하였다.

　같은 해에 태어나고 살기도 같은 경상도에 살면서 70년을 두고 서로 만나지 못했으니 어찌 운명이 아니리오. 이 사람이 가버렸다니 나도 아마 가게 될 것이다.

　남명 조식은 실천궁행을 으뜸으로 삼았던 지조 높은 지식인이었다. 그의 실천적 학풍은 많은 제자들에게 그대로 계승되었고, 특히 임진왜란과 같은 국란을 당하였을 때 유독 남명의 고제高第들이 의병장으로 활동한 것을 어찌 우연이라고 볼 수가 있으랴.

　이른바 남명학파의 대통이라 할 수 있는 애제자 정인홍이 반역으로 처형되면서 큰 타격을 입은 것도 사실이지만, 그의 경과 의를 바탕으로 한 숭고한 유지는 면면히 이어져 내려오고 있다.

　지금 우리에게는 남명 정신이 살아나야 한다. 부정한 일들, 있어서는 아니 될 일들이 다반사로 일어나도 이를 통탄하는 공직자들이 없다. 이른바 정경유착으로 인한 비리가 끊이지 아니하고, 낙하산 인사로 국영 기업체의 사장들이 메워지는 불합리한 일들이 역대 정권마다 되풀이된다. 그럼에도 이를 탓하는 지식인들이 없다면 그런 불미한 일들이 앞으로도 끝없이 이어질 것이 분명하다.

지금 우리 시대에 무엇보다도 필요한 사람은 남명 조식과 같이 정론正論을 위한 일이라면 물불을 가리지 않는 실천적인 지식인이다. 정부는 물론이며, 기업 안팎에 만연한 부정과 부패를 일거에 뿌리 뽑을 용기를 갖추었으면서도 결단코 자리에 연연하지 않았던 남명 조식이 감사원장 자리에 있다면, 부정이 사후에 관리되는 것이 아니라 미연에 방지될 수 있음을 확연히 보여 줄 것이 분명하지 않은가.

오직 사람됨이 표준이다

◆◆◆ 조선 시대에 공직에 나가기 위해선 일단 과거에 등과하여야 한다. 물론 선조들의 공헌으로 공직에 나가는 음서蔭敍라는 제도가 없었던 것은 아니지만 흔한 일은 아니었다.

지금도 공직에 나가기 위해서는 행정고시, 사법고시, 외무고시 등에 합격해야만 사무관으로 입사할 수가 있다. 그러나 행정고시는 행정 일반에 대한 공부만 하면 되고, 사법고시는 법률에 관한 공부를, 외무고시는 우선 외국어 구사 능력이 우수하면 되는 까닭으로 인간의 품성이나 깊은 학문의 경지를 평가할 방법이 없다. 그러나 조선 시대의 경우는 평가 대상은 학덕學德을 기준으로 하였기에 오늘의 경우와 비교가 되지를 않는다.

과거에 합격하기 위해서는 일단 사서오경四書五經에 통달해야 한다. 사서오경의 모든 내용은 사람의 도리를 가르치고 있으므로, '사람의 도리를 바로 알고 실행'하는 내용을 인지하고 실천하는 것이 공직자가 되는 길이다.

동양 지식인 최고의 경전이랄 수 있는 사서오경의 내용이 곧 인성을 바르게 하는 길이며, 가정을 바르게 하는 길이며, 또 정치를 바르게 하는 교범이다. 그러므로 모든 공직자는 사람의 도리를 갖추는 기본인 '사람의 구실'을 제대로 이행하여야 한다. 바로 그러한 지식과 다짐을 답안지에 써야 하는데, 요즘과 같이 사지선다나 OX로는 판단할 수가 없다. 그러므로 자신의 생각을 문장으로 옮겨야 하는데, 대개는 답안 양식이 시詩나 거기에 버금가는 고급 문장이어야 평가를 받을 수가 있다.

이 같은 관문을 통과하려면 벼락치기 수험 준비는 있을 수가 없다. 어려서부터 《천자문》이나 《명심보감》, 《소학》 등을 몸에 배도록 암송하고 이해하여야 하며, 나이가 들어서는 《통감》과 사서오경을 읽어야 하는데, 책을 묶은 가죽 끈이 닳아서 끊어질 때까지 읽었다는 구절을 대하게 된다. 이 같은 경지에 들면 사서오경은 대개 외우게 되는 것이 자연스럽다.

그러고도 과거에 등과하지 못하는 경우가 허다하다. 사서오경의 내용을 숙지하고 있으면서도 그것을 정치 현실에 맞도록 아름다운 문장으로 담아내지 못하기 때문이다.

이쯤 되면 과거에 장원이나 차상으로 합격한 젊은이들이 갖춘 학덕의 가치를 생각해 보지 않을 수가 없다. 그와 같은 학덕과 식견을 간직하고 공직에 든 사람들의 생각이나 언동의 수준은 짐작하고도 남을 일이다.

요즘 행정고시나 사법고시 그리고 외무고시에는 인성人性을 평가할 수 있는 기준이나 방법이 없다. 사서오경과 같은 수준 높은 철학적인 지식은 애초부터 기대할 수가 없고, 오직 전문지식만을 평가 대상으로 삼는다. 그렇다면 그들에게 맡겨진 모든 업무를 전문지식으로 판단할 수는 있어도 인성으로 판단할 수가 없다. 비근한 예가 되겠지만, 학교에서 일어나는 '왕따'와 폭력의 문제, 사회에 만연된 성범죄나 마약과 같은 일들은 전문지식으로 해결될 일이 아니라 오직 인성으로 해결될 일이다. 그 해결책은 사서오경과 같은 고전에 이미 망라되어 있다.

일테면 인문학人文學을 외면한 정치는 정치를 하는 사람들에 의해 망조가 들게 마련이다. 지금 우리의 처지가 이런 지경에 있음은 천하가 모두 아는 사실이다. 사람의 구실이 뭔지 모르는 사람들에게 정치가 맡겨지고, 무엇이 우선 순위인 줄 모르는 사람들이 지엽말단의 일에 매달려 있기 때문이다. 그런데도 그것을 지적하고 개선하겠다는 사람이 없는 지금 우리의 처지가 너무 황당하지 않은가.

◆◆◆ 조선 왕조는 참으로 가난하고 빈곤한 나라였다. 그때는 GNP라는 말이 생겨나기 전이어서 얼마나 가난하였는지를 수치로 산출하기가 어려워 말 그대로 초근목피草根木皮로 연명했다고 적는다. 설혹 그렇다고 하더라도 애써 상상하여 GNP가 10달러 정도였다고 가정한다면, 그렇게 가난한 왕조가 어찌하여 500년이라는 장구한 세월 동안 왕권을 유지하였느냐는 문제에 봉착하게 된다. 그렇더라도 대답은 하나밖에 없다.

양식을 가진 지식인에 의해 나라가 경영되었기 때문이다. 이 엄연한 사실이 우리의 자랑스러운 유산인《조선왕조실록》에 아주 세세하게 기록되어 있다.

예컨대 퇴계 이황이나 율곡 이이가 판서의 지위인 장관 자리에 있었다면 당연히 오늘의 장관들과 비교하게 되지만, 학문의 깊이와 덕망의 수준으로는 비교될 수가 없다. 그들은 자신들의 학문과 식견을 나라를 다스리고 경영하는 일에 아낌없이 쏟아 부었다. 그들에게 경제학 박사니 교육학 박사니 하는 세분화된 학문을 평가하는 학위는 없었더라도 사서오경으로 평가되는 지식 전반을 완벽하게 갖추고 있었기에 모든 판서의 자리를 고루 맡아 수행하면서도 언제나 공직자의 귀감이 되었다.

나는 이 책을 쓰는 과정에서 여러 사람에게 자문을 구했다. 그 과정에서 예컨대 행정안전부 장관을 거론하면서 그 후보자 여럿을 평가한 다음, 그중 적임자 한 사람을 선정하게 된 경위를 설명하면 독자에게 큰 도움이 될 것이라는 의견이 뜻밖으로 많았다. 바로 여기에 조선 시대와 지금 현실에 엄중하게 다른 갭이 있음을 설명하는 데 많은 시간이 필요하였다.

앞에서도 누누이 적었지만 조선 왕조 시대에는 전공 분야로 사람을 가리는 경우란 별로 없다. 일테면 세종 시대의 수학자數學者로는 단연 정인지鄭麟趾와 이순지李純之가 으뜸이어서 그 방면을 지도하고 이끌어 가기는 하지만, 그 능력이 판서가 되는 기준이 되지는 않았다. 학문과 덕망으로 사람을 평가하였기 때문이다.

그러므로 이 책에서 거론된 20여 명의 장관들은 누가 어느 부서의 일과 관련이 있는가가 아니라, 학덕과 덕망을 위주로 하였기에 한 사람의 지식인이 여러 자리의 장관을 고루 돌아가면서 맡아도 아무 문제가 되지를 않는다는 사실이 전제되었다.

　지금과 같이 전공 분야가 세분되었다 하여 의학 박사 학위를 가진 사람만이 보건복지부 장관에 적임이라거나 교육학 박사 학위를 가진 사람이 교육과학기술부 장관에 적임이라는 투의 선입견은 아무 의미가 없다. 전문지식은 차관이나 국장에게 맡겨도 아무 하자가 없다. 그러나 장관이라면 첫째 덕목도, 둘째 덕목도 사람됨이어야 한다. 그 덕목으로 맡은 소임을 다할 수 있기 때문이다.

　조선 시대에 학덕을 겸비한 지식인이 판서나 정승의 자리에 오르는 것처럼 오늘 대한민국의 총리나 장관들의 기본 조건도 사람됨으로 평가하여야 한다.

　정치란 무엇인가. 그건 학문으로 따질 일이 못 된다. 오직 사람의 덕목이 표준일 뿐이다. 옳은 일을 옳다고 주장하지 못한다면 사람의 덕목을 갖추지 못한 결과다. 옳지 않은 일을 보고서도 고치고자 하지 않는 것 역시 사람의 덕목을 갖추지 못한 까닭이다. 모든 일을 법대로(순리대로) 하면 악덕惡德은 발붙일 곳이 없다. 좋은 법을 두고서 실행을 못하는 것도 지식인들이 변변치 못해서다.

　역사는 사람의 일을 기록하면서 후대의 교훈을 세워 간다. 사람다웠던 사람들로 나라를 이끌게 하였던 아름다운 조선 왕조도 연산 조나 광해 조와 같이 못된 사람들에 의해 망조가 들었던 시대가 있다. 그것이 역사를 적어야 하는 도리이자 필연이라면, 사람을 가리는 일이야말로 나라를 다스리는 첫 출발이고도 남는다.